Dr. Paul Seitz

Kompost
und Boden

FRANCKH-KOSMOS

In Zusammenarbeit mit
mein schöner Garten

Vorwort

Kompost

Mulchen

Vorwort

*„Der Staat darf die Verantwortung
für den Boden nur seinen besten
Köpfen übertragen.
Der Boden ist des Lebens höchstes Gut."*

(L. J. M. Columella
1. Jahrhundert nach Christus)

Siebzehn Millionen Gärten im vereinten Deutschland bewirtschaften 8000 Quadratkilometer Boden, nahezu dreimal so groß wie das Saarland. Etwa 30 Millionen Bundesbürger beschäftigen sich mit dem eigenen Grün und nutzen diese sinnvolle Freizeitbeschäftigung zur Selbstversorgung mit Obst und Gemüse sowie zur Erholung. Für die bewirtschafteten Flächen der Gartenkulturen sind zum Ausgleich der Nährstoffentzüge durch das Pflanzenwachstum und unproduktiver Verluste beachtliche Mengen an Düngestoffen erforderlich. Würde der gesamte Düngebedarf aus Komposten gedeckt werden, bei einer jährlichen Gabe von 1,0 kg Kompost/m², könnten über 8 Millionen Tonnen Kompost sinnvolle Verwendung finden. Dies bedeutet unter Berücksichtigung des Schwundes beim Kompostieren 10 – 12 Millionen Tonnen organische Masse und würde damit die gesamte Menge des errechneten Müllanfalles für Deponien umfassen. Damit ist gemeint, daß in dieser Größenordnung Müll erst gar nicht entsteht, weil die Reststoffe aus Haus und Garten sofort sortiert und verrottbare Anteile dezentral bereits vor Ort kompostiert Verwertung finden. Tatsächlich ist diese Möglichkeit richtig erkannt und in den Abfallkonzepten von Bund und Ländern mit einem hohen Stellenwert berücksichtigt worden. Die organische Masse im Hausmüll wird damit zum wertvollen Rohstoff für unseren wichtigsten Bodendünger im Garten zur naturgemäßen Humuswirtschaft und als Nährstoffquelle für das Pflanzenwachstum.

Humus wird von der jüngeren Humusforschung als „Immunsystem des Bodens" bezeichnet, weil durch die Eigenschaften und Wirkungen des Humus Struktur, Bodenfruchtbarkeit und -gesundheit erhalten und gefördert werden. Humusaktive, dynamische Böden können zudem im Ökotop Garten die natürlichen Widerstandskräfte der Kulturpflanzen stärken und Krankheiten vorbeugen. Durch kluge Humuswirtschaft erhält der Boden sein ursprüngliches Filter- und Bindevermögen zurück. Nährstoffe werden in der durchwurzelten, belebten oberen Bodenschicht festgehalten, Schadstoffe abgebaut oder in Kolloiden gebunden, inaktiviert, und das Grundwasser wird nicht durch Auswaschungen belastet.
Frühere Behauptungen, gärtnerische Böden mit höheren Humusgehalten neigen zu stärkeren Nitratausträgen, sind Halbwahrheiten. Entscheidend ist der Humuszustand, seine biologische Aktivität in ausreichend mit Sauerstoff versorgter Bodenschicht. Mit diesen neueren Ergebnissen der Bodenforschung wird die Bedeutung der Humuswirtschaft für den gesamten Pflanzenbau unterstützt. Das sollte auch das Selbstbewußtsein des naturgemäßen Gartenbauers stärken, wenn er nach den Regeln der Humuswirtschaft arbeitet. Sein Wirken ist ökologiefreundlich, nicht umweltbelastend, und die Gärten, die sich wie ein Mosaik über das ganze Land verteilen, wirken im Verbund überaus positiv auf den Naturhaushalt.
Boden, Wasser und Luft, die Grundlagen allen Lebens, sind nicht nur in den Industrieländern, sondern weltweit gefährdet. Raubbau und einseitige Nutzung, Immissionen und bedenklicher Humusschwund bedrohen die Kulturfläche, wachsende Wüsten, zunehmende Verkarstungen und weitere Verluste an Regenwäldern beeinflussen die Klimaentwicklung. Deswegen hat die Welternährungsorganisation (FAO) ein Schwerpunktprogramm zur Sicherung der Böden entwickelt und allen Staaten empfohlen,

mit eigenen Bodenschutzgesetzen die Bestrebungen zu unterstützen.

Es wurde richtig erkannt, daß eine weltweite Kreislaufwirtschaft der Stoffe die einzige Alternative ist für unsere übervölkerte Erde mit ausgesprochen ressourcen- und energiezehrenden Wirtschaftsweisen. Das Bodenschutzgesetz der Bundesrepublik will vor allem dazu beitragen, Belastungen des Bodens zu vermeiden. Mit Empfehlungen zur schonenden Behandlung und zum Humushaushalt wird auch gleichzeitig die Aufbereitung organischer Reststoffe aus Haushaltsabfällen vor Ort verbunden, um damit wertvollen Kompost herzustellen und ohne Transportenergie den eigenen Boden naturgemäß zu düngen. Humuswirtschaft ist angewandter Bodenschutz, und Boden schützen, heißt Leben schützen.

Schwierige Probleme und Situationen erfordern intelligente Lösungen. Beispielhaft ist beim Stoffkreislauf der organischen Masse, als Teil der Abfallentsorgung, die Herstellung von Komposten. Die verschiedenen Kompostarten wiederum fördern durch überlegte Humuswirtschaft Bodenentwicklung und Bodenfruchtbarkeit. Für den naturgemäßen Garten war es die größte Herausforderung, ohne chemischen Pflanzenschutz, ohne synthetischen Stickstoff und leicht lösliche Mineraldünger befriedigende Ertragsleistungen zu erbringen. Schließlich stehen inzwischen dem Nutzgarten fast ausschließlich nur hochgezüchtete, anspruchsvolle Sorten und Herkünfte (Untergliederungen der Sorten) zur Verfügung. Mit Kompostieren, Mulchen und Gründüngen hat sich die neuzeitliche Humuswirtschaft im naturgemäßen Gartenbau überzeugend durchsetzen können.

Im vorliegenden Buch werden vielfältige, praktische Erfahrungen, mit modernen wissenschaftlichen Erkenntnissen der Bodenkunde und Humusforschung kombiniert, dargestellt. Sie sollen die häufig recht komplizierten Vorgänge der Bodendynamik und Zusammenhänge mit der Ernährung der Pflanzen auch laienverständlicher machen, zum Nachdenken, zu mehr Beobachtungen und zum selbsttätigen Weiterentwickeln anregen.

Das Buch „Kompost und Boden" ist zum Selbststudium für alle Garten- und Naturfreunde geeignet, als Leitfaden für Kurse und Lehrgänge der gartenbaulichen Erwachsenenbildung, aber auch für Selbsthilfegruppen, die sich verantwortungsbewußt für sinnvolle Abfallverwertung sowie für Boden- und Wasserschutz einsetzen. Erfreulich ist, daß nach aktuellen Hochrechnungen über 65 % der Gartenbesitzer bereits ihre Anbauweise geändert und auf naturgemäßen Gartenbau umgestellt haben oder dies konkret beabsichtigen. Gerade auch dieser Interessentenkreis verdient es, mit erweitertem Fachwissen und praktischen Ratschlägen in seinen achtbaren Bemühungen unterstützt zu werden.

Kompost

„Wenn es das natürliche Regulativ Humifizierung nicht gäbe, wäre unsere Welt längst ein einziger lebloser Abfallhaufen. Kompostierung ist sinnvoll gelenkte Humifizierung, Recycling im Substanzkreislauf."

Kompostierung heißt, organische Stoffe bewußt in den Stoffkreislauf der Natur zurückführen. Verrottbare Abfälle werden zu Wertstoffen und das Produkt Kompost zu einem unersetzlichen düngenden Boden-Verbesserungsmittel. Kompost, abgeleitete Bezeichnung von compositus (= lateinisch), bedeutet treffend „geordnet zusammengesetzt".

Nach Mitteilung des Bundesumweltministeriums entstehen im Gesamtbereich der Bundesrepublik jährlich 40 Millionen Tonnen Siedlungsabfälle, regional unterschiedlich 400 bis über 500 kg Müll je Einwohner und Jahr. Die Ausschöpfung der Vermeidungs- und Verwertungspotentiale, z. B. durch die Umsetzung der Verpackungsordnung und Einführung der Altpapierverordnung, kann zu einer Gewichtsreduzierung von etwa 25% führen. Wenn weiterhin 9 Millionen Tonnen Müll jährlich verbrannt werden, bleiben noch immer 21 Millionen Tonnen zu entsorgen.

Hausmüll enthält 40–50% organische Bestandteile, die zu wertvoll sind, um sie auf Deponien teuer zu vergraben. Deshalb ist die landesweite, flächendeckende Anordnung zur kommunalen Kompostierung sinnvoll, wobei in ländlichen Gebieten die Gemeinden Sammlung, Aufbereitung und Verwertung von Grün- und Bio-Abfällen zwischenzeitlich auch ortsansässigen Landwirten und deren Maschinengemeinschaften mit Erfolg übertragen haben. Unbestritten am sinnvollsten ist, wenn überall in den 17 Millionen bundesdeutschen Haushalten mit eigenen Gärten erst gar kein Müll aus verrottbaren Reststoffen entsteht, weil selbst daraus Kompost gewonnen und damit gedüngt werden kann. Die beachtliche Entlastung der kommunalen Müllentsorgung durch dezentrale Klein-Kompostanlagen ist zwischenzeitlich richtig erkannt und in allen abfallwirtschaftlichen Konzepten berücksichtigt. Deshalb fördern Gemeinden und Landkreise vernünftige Kompostierungs-Initiativen, aber auch durch Aufklärungsarbeit und Zuschüsse für private Investitionen unterstützt man die erkennbare, erfreulich eingesetzte „Selbstmotorik" zur Eigenkompostierung vor Ort.

Selbstverständlich sind die beachtlichen Erwartungen an die Gartenkompostierung nur dann erfüllbar, wenn es zunächst gelingt, auch tatsächlich wertvolle Rotteprodukte herzustellen. Überzeugt wird schließlich jeder erst dann, wenn er damit die Fruchtbarkeit seines Gartenbodens erhalten, auch steigern und qualitativ wertvolle Erzeugnisse ernten kann.

Für alle, die heute noch allenfalls mehr oder weniger brauchbare Komposterde, statt

Kompostmiete, von Hochbeeten umgeben

Ein Gemüsegarten liefert Rohstoffe für den Kompost, braucht aber auch am meisten Kompost und Mulchmaterial.

hochwertige Komposte gewinnen, ist es wichtig zu wissen, daß richtiges Kompostieren keine Kunst, sondern ein erlernbares praktisches Arbeitsfeld der naturgemäßen Gartenbewirtschaftung ist. Neuere wissenschaftliche Bestätigungen, daß mit hochwertigen Komposten die Sanierung kranker Böden erreicht, bodenbürtigen Krankheitserregern entsprechend entgegengewirkt und die Pflanzengesundheit insgesamt gefördert werden kann, werden

Schlamm aus dem Bachlauf kann zu Kompost verarbeitet werden.

die Bemühungen um sorgfältiges Kompostieren sicherlich künftig noch mehr bestärken. Weil immer mehr Gärtner auf naturgemäßen Anbau umstellen, weder Torf noch mineralische Dünger und chemische Pflanzenschutzmittel einsetzen, wird künftig der eigene kostengünstig hergestellte Kompost unersetzlich.

Mit erfreulichen Erfolgen arbeiten Kompostierungsgemeinschaften in größeren Städten, auch Schreddergruppen von Obst- und Gartenbauvereinen oder die schweizerische Initiative „Kompostierung im Quartier". Bemerkenswert ist auch die Anlage von Garten-Kompostlehrpfaden, z. B. der Stadt Stuttgart. Mit Informationstafeln, Exponaten und Kleinbroschüren werden die Abläufe vom Sammeln der Rohstoffe bis letztlich zur Verwendung des fertigen Kompostes als Bodendünger verständlich dargestellt. Allen Bemühungen gemeinsam ist der Grundsatz „motivieren, voneinander lernen und miteinander verwirklichen".

Geschichte der Kompostbereitung

Warum blieben über 4000 Jahre lang Felder und Gärten in China, Korea und Japan ungeschmälert fruchtbar? Im Auftrag der amerikanischen Regierung bereiste im Jahre 1909 Professor F. H. King fernöstliche Länder, um dieses Phänomen der Landbewirtschaftung ohne Verlust der Bodenfruchtbarkeit zu studieren. In einem weltweit beachteten Bericht führte King die Landbauerfolge dieser dicht besiedelten Völker auf ihre intensive Kompostbereitung und Kompostanwendung zurück. Die Erfahrungen der Humuswirtschaft mit Heißgärverfahren (= Erhitzen des Kompostes während der Rotte) sind von Generation zu Generation bis in die Neuzeit überliefert worden. Organische Stoffe aus Garten, Feld und Haus, einschließlich Fäkalien, wurden sorgfältig gesammelt und in Kompostgruben oder eigens dafür errichteten Komposthäusern systematisch aufgearbeitet.

Die Herstellung des chinesischen Grünkompostes mit Klee und Schlamm aus den Kanälen, Bach- und Flußläufen zeigt die enge Verknüpfung von Fruchtfolgeplanung und Abfallverwertung. Die oberirdischen Kleeteile von Wechselflächen werden verkompostiert, nur Stoppeln und Wurzeln verbleiben als Gründüngung im Boden. In 0,9 m tief ausgehobenen Gruben mit ungefähr 0,6 m hoch aufgeworfenen Wällen schichten die Chinesen Klee und Schlamm wechselweise auf und lassen das Material 20–30 Tage lang bis zur Weiterbehandlung fermentieren. Die Sickersäfte werden von einer kräftigen Schicht Winterkompost auf dem Boden der Grube aufgefangen. Dieses nährstoffreiche Material, genügend ausgereift, gilt als ausgezeichneter, schnellwirkender Dünger.

Auch aus dem Vorderen Orient gibt es Zeugnisse früher Abfallverwertung. Von Alt-Jerusalem wird berichtet, daß im Kidrontal gesammelter Müll sortiert wurde, um verrottbare Materialien zu kompostieren. In den hochangesehenen Landbaukulturen Ägyptens und Alt-Griechenlands spielten gesammelter Dung von Haustieren und Aschen eine wichtige Rolle zur Erhaltung der Bodenfruchtbarkeit und Ernährung der Kulturpflanzen.

Walahfrid Strabo von der Reichenau rühmt in seinem Gartengedicht „Hortulus" um 840 n. Chr. die Wirkung der Nährstoffe kräftigen Mistes, der auf den Boden gestreut wird. Erst spät in der europäischen Geschichte des Gartens wird über Kompostierung geschrieben. Das Wort „compostum" findet man erst im Mittelalter. Im 16. und 17. Jahrhundert war Kompost zwar nicht als Begriff verbreitet, jedoch Empfehlungen zur Verwertung der Gartenabfälle. So die folgenden Hinweise aus einem Gartenbuch: „Was man im Garten auswietet und bei der Reinigung zusammenschüppet, da es im Winkel erst verrottet, kann mit verrottetem Mist, Sägemehl und Lederabfällen zu guter Erde werden."

Die erste systematische Anleitung zur Kompostierung gibt Dr. E. von Hartenfels in seiner Veröffentlichung „Neuer Gartensaal" im Jahre 1746. Danach soll man eine Grube mit vier bis fünf Schuh Tiefe ausheben und diese lagenweise mit Laub, Kuhmist, Gartenerde, Trester oder ähnlichem füllen und dann mit Weinhefe begießen.

Anfang des 19. Jahrhunderts begründete Albrecht Thaer seine Humustheorie. Für ihn war die Anwesenheit von Humus Voraussetzung für erfolgreiche Pflanzenproduktion. Im Gegensatz zur nachfolgenden

Stallmist war lange Zeit der Dünger schlechthin. Im Garten verwenden wir ihn vorverrottet.

Mineralstoff-Theorie von Sprengel und Liebig nahm Thaer an, daß die Nährstoffe in Form von kleinen Humusbestandteilen aufgenommen werden.

Im Jahre 1924 empfahl Rudolf Steiner die aerobe Aufbereitung von organischen Massen in Erdhügeln, verbunden mit der Anwendung biologisch-dynamischer Präparate. Wesentliche Impulse für die Kompostentwicklung weltweit vermittelte Sir Albert Howard mit den Ergebnissen seines Indore-Kompostverfahrens (siehe Seite 43), wobei unter trockenwarmen Bedingungen Indiens Mischungen von organischen Materialien vorteilhaft in Gruben kompostiert wurden.

Bis in das 20. Jahrhundert hinein, der Zeit verstärkten Mineraldüngereinsatzes, sind in den Nutzgärten zur Düngung Stallmist und in flüssiger Form – weniger hygienisch – Jauche und Latrine verwendet worden. Diese organischen Dünger wurden erst mit steigendem Wohlstand nach dem zweiten Weltkrieg durch verstärkten Einsatz mineralischer Handelsdünger und Torf vernachlässigt. Gleichzeitig wuchsen in den Industrie- und Ballungsgebieten unserer modernen Wegwerfgesellschaft die Müllberge in sorgenvolle Höhen. Pionieren der Abfallbeseitigung gelang zwar die großtechnische Kompostierung von Stadtmüll mit Klärschlamm, doch das Produkt Müll-Klärschlamm-Kompost war mehr oder weniger stark, je nach Ausgangsmaterial, mit bedenklichen Rückständen, mit Schwermetallen und Chlor-Kohlenwasserstoffen, belastet. Zwischenzeitlich wurde die Anwendung von Müll-Klärschlamm-Komposten für den Anbau von Obst und Gemüse verboten.

Das seit einigen Jahren erfreulich zunehmende Umweltbewußtsein und die wachsende Aufgeschlossenheit der Bevölkerung für alle Naturzusammenhänge sowie die Suche nach gesunden Ernährungsweisen führten zu einem Umdenkungsprozeß in nie vorhergesehenen Ausmaßen. Daraus entstanden vielfältige Initiativen. Beispielhaft seien genannt: die Grüne Mülltonne, Gemeinschaftsmaßnahmen zur Abfallsortierung und Kompostierung verrottbarer Materialien, Sammeln der Gartenabfälle mit gesonderter Aufbereitung, Bildung von Schreddergemeinschaften und nicht zuletzt die breit angelegte Offensive dezentraler Selbstverwertung aller organischen Restmaterialien aus Küche und Garten durch Haufen- und Flächenkompostierung auf eigenem Grundstück.

Unbeirrt von allen Zeitströmungen haben sich die Methoden des alternativen Gartenbaues durchgesetzt mit der Weiterentwicklung der Kompostierungsverfahren, immer in Verbindung mit Gründüngungsmaßnahmen. Wenn auch die Empfehlungen manchmal im Detail etwas differieren, so haben sie doch alle ein gemeinsames Ziel: unter größtmöglicher Schonung der Umwelt rückstandsunbedenkliche Erzeugnisse erwirtschaften. Im Mittelpunkt aller Überlegungen und Maßnahmen stehen die Erhaltung und Förderung der Bodenfruchtbarkeit. So gesehen sind unsere alternativen Anbausysteme die Fortsetzung der altostasiatischen Landbaukulturen, und sie münden ein in den breiten Strom 4000 Jahre alter Erkenntnisse und Einsichten.

Gartenkomposte selbst herstellen?

Im ungestörten Naturhaushalt verlaufen alle Prozesse rationell, ohne Energieverschwendung und Verursachung von Abfällen. Deshalb kennt die Natur auch keine eigentliche Haufenkompostierung. Warum wir trotzdem diese Form der Humifizierung durchführen, hat folgende Gründe:

❀ Verrottbare Ausgangsstoffe stehen kostengünstig zur Verfügung und ermöglichen statt Abfallvermehrung sinnvolle Verwertung.

❀ Weil die Rotte vor Ort erfolgt, entstehen keine Transportaufwendungen.

Gemauerte Kompostmiete

❀ Es sind damit stabile Humusformen am schnellsten erreichbar.

❀ Kompost ist das beste organische Bodenverbesserungsmittel mit düngender Wirkung.

❀ Weil die Ausgangsstoffe bekannt sind, sind keine bedenklichen Nebenwirkungen durch Fremdstoffe zu befürchten. Richtig ist, die Abfälle am Ort des Entstehens sofort zu sortieren, damit sie nicht mit anderen belasteten Materialien in Berührung kommen.

❀ Zusätzliche positive Effekte der Kompostanwendung auf Boden- und Pflanzengesundheit sind unbestritten, Bildung und Wirksamkeit von Wirk- und Hemmstoffen im Kompost allerdings nur teilweise erst erforscht. Trotzdem bezeichnet man heute schon den Humus aus hochwertigem Kompost als „Immunsystem des Bodens". Durch die angeregte Tätigkeit der Mikroorganismen in einem gesunden Boden können Krankheitskeime in ihrer Entwicklung tat-

sächlich unter der Schadensschwelle gehalten werden.

❀ Kompost gibt dem Boden sein ursprüngliches Filter- und Festhaltevermögen zurück. Nährstoffe werden in der belebten oberen Bodenschicht verfügbar gehalten, und auch Wasser wird besser gespeichert.

❀ Trotz höherer Energieverluste beim Rotteprozeß gegenüber Mulchen und Flächenkompostierung sind Haufenkomposte in der Energiebilanz nicht ungünstig zu bewerten.

❀ Wird die Kompostanlage mit Sammelplatz geschickt angeordnet, muß sie im Garten nicht störend empfunden werden. Unangenehme Gerüche entstehen ebenfalls nicht, wenn die Rotte ordnungsgemäß abläuft. Unser Kompostplatz im Garten ist schließlich kein wilder Abfallhaufen, sondern ein sinnvoll eingeplantes, gepflegtes und unverzichtbares Gartenelement.

❀ Zur Kompostherstellung siehe ab S. 24.

Die Kompostei – der Kompostplatz im Garten

Beim Planen einer Kompoststätte für einen neuen Hausgarten, oder wenn diese nachträglich einzurichten ist, sollen einige Grundregeln berücksichtigt werden, um eine reibungslose und zweckmäßige Abwick-

Strohmatten und ein Kürbis spenden Schatten.

lung des An- und Abtransportes, der Umsetzungen und Aufbereitung des Kompostmaterials zu gewährleisten.

❀ Der Standort sollte nicht zu weit vom Haus entfernt und trockenen Fußes, z. B. auf Plattenwegen oder Trittplatten, erreichbar sein.

❀ Größere Gärten benötigen befestigte Zuwege zur unbehinderten An- und Abfahrt.

❀ Ideal für den Kompostplatz sind windgeschützte halbschattige Lagen. Falls kein Baumschatten möglich ist, läßt sich die Anlage auch vor Sonnenhitze durch Ansaat

von Mais, Sonnenblumen, Tobinambur oder Stangenbohnen schützen, die jährlich neu anzubauen sind. Kürbisse werden zur Beschattung nicht direkt auf den Kompostmieten kultiviert, sondern an den Rändern gesät. Man leitet später nur die Ranken über den Komposthügel, um die Rottevorgänge beispielsweise wegen Wassermangels nicht zu beeinträchtigen. Vollschatten an der Nordseite von Gebäuden ist besonders dann ungünstig, wenn Schnellkompostierungen beabsichtigt sind, weil vor allem in den Übergangszeiten die nötige natürliche Wärme fehlt und Vernässungen nur mit zusätzlichem Aufwand verhindert werden können.

❀ Sichtschutz ist durch gemischte Gehölzanpflanzungen mit einzelnen Obstbäumen, Strauchbeerenobst und verschiedenen Blütensträuchern sinnvoll. Für alternative Gärten werden bevorzugt Holunder

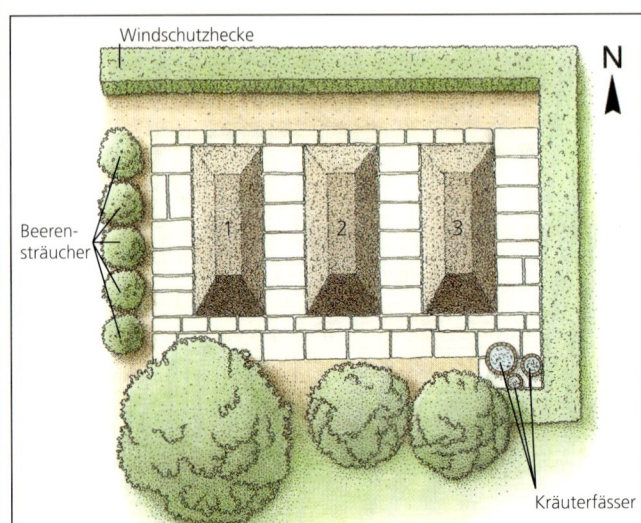

Kompostplatz im Garten mit drei Kompostmieten (1–3): Im Süden stehen Bäume, um Schatten (während der Mittagszeit) zu spenden.

Neben dem Kompost steht das Faß, in dem Kräuterjauche angesetzt werden kann.

Oben: Auch Laub kann im Sack kompostiert werden.

Links: Kompostgewinnung im Sack.

und Haselnuß zur Umpflanzung empfohlen.

❀ Im allgemeinen wird die Fläche des Kompostplatzes zu klein bemessen. In Abhängigkeit von der Gesamtgartengröße sollten wir je 100 m² Nutzfläche mindestens 3–4 m² Kompostfläche vorsehen, damit wenigstens drei Unterteilungen, nämlich eine zum Sammeln und zwei zum Verrotten sowie Lagern möglich sind. Für alternative Gärten brauchen wir zusätzlich daneben genügend Fläche zum Aufstellen von Fässern für das Ansetzen von Kräuterbrühen bzw. -jauchen und zum Einweichen von kompostierfähigem Papier oder Pappe.

Bei größeren Gärten und Nebenerwerbssiedlungen sollte die Kompostfläche so zugeschnitten sein, daß 1,50 m breite Kompostmieten in beliebiger Länge angelegt werden können.

In Kleinstgärten verwendet man bevorzugt Kompostsilos, sog. Komposter, hergestellt aus verschiedenen Materialien, auch einfach gelochte Kompostsäcke. In diesen Fällen muß das Kompostgut besonders gut zerkleinert werden. Zudem ist es empfehlenswert, Kompoststarter zuzufügen. Großsäcke, sogenannte Bigbags, für die Mengenkompostierung sind noch in der Erprobung.

❀ Der Untergrund des Kompostplatzes muß durchlässig sein, also nicht asphaltiert oder betoniert. Selbst Kompostsilos brauchen Bodenschluß, müssen die Verbindung mit dem gewachsenen Boden behalten. Die einzelnen Abteilungen der Kompostei können wir mit Plattenwegen oder Bohlen sauber trennen und begehbar machen.

❀ Zweckmäßig ist ein Wasseranschluß in unmittelbarer Nähe, damit Zusatzbewässerungen in Trockenzeiten möglich sind; außerdem ein Stromanschluß – Wechsel- oder Drehstrom –, wenn z. B. mit Elektroschreddern das Kompostmaterial zerkleinert werden soll.

Geeignete Rohstoffe für den Kompost

Alle organischen Reststoffe aus Haushalt und Garten sollen durch die eigene Kompostierung sinnvolle Verwertung finden. Darüber hinaus wird nicht selten brauchbares Kompostierungsgut zusätzlich angeboten. Die Rohstoffe sind im einzelnen unterschiedlich zu bewerten. Dabei spielt die Zusammensetzung der Inhaltsstoffe, im besonderen das Verhältnis von Kohlenstoff zu Stickstoff, das sogenannte C/N-Verhältnis, eine wesentliche Rolle beim Kompostierungsprozeß. Das C/N-Verhältnis der gebräuchlichen Kompostrohstoffe schwankt zwischen $10:1$ bei Gras bis $500:1$ bei trockenem Holz oder Sägemehl. Ein mittleres C/N-Verhältnis von $30:1$ ist optimal und sollte durch Mischung der Materialien angestrebt werden. Im allgemeinen gelten ältere, verholzte Stoffe als kohlenstoffreicher, und frische grüne Pflanzenteile sind dagegen stickstoffhaltiger.

Kohlenstoff/Stickstoff-Verhältnis (C/N-Verhältnis) organischer Materialien

Kompostmaterial	C/N-Verhältnis
Mistkompost	10:1
Rasenschnitt	12–20:1
Reine Gemüseabfälle	13:1
Leguminosen-Gründüngungsmasse	15–25:1
Gemischte Gartenabfälle	20:1
Stallmist	20–30:1
Schilf	20–60:1
Gemischte Küchenabfälle	23:1
Rinde	35:1
Laub	40–50:1
Kiefern- und Fichtenstreu	50:1
Stroh	50–125:1
Sägemehl	500:1

Ein Kohlenstoff/Stickstoff-Verhältnis von 20–30:1 ist ideal für die Kompostierung. Bei weiterem C/N-Verhältnis verlangsamt sich die Rotte, bei engerem sind Stickstoffverluste möglich.

Die pH-Werte liegen bei den Rottestoffen eingangs über 8,5. Während des Rottevorgangs fallen sie auf etwa 7,5. Im einzelnen sind die Kompostrohstoffe wie folgt zu bewerten:

Haushaltsrückstände, vor allem Küchenabfälle von Gemüse, Fleisch, Fisch, Käse und andere Speisereste, auch bereits verdorbe-

Küchenreste, wie z. B. von Obst und Gemüse sowie Kaffeesatz, sind für den Kompost geeignet.

ne Nahrungsmittel, ergänzt durch Tee- und Kaffeesatz mit Filtertüten sowie Eierschalen (zerdrückt, damit sie schneller abgebaut werden können), sind die häufigsten Küchenreststoffe, gut geeignet zur Mischung mit anderen Materialien. Wenn Kaffeesatz in größeren Mengen anfällt, z. B. in Gaststätten, ist seine physiologisch saure Reaktion zu berücksichtigen und vorteilhaft durch zusätzliche Kalkgaben zu neutralisieren. Kaffeesatz enthält etwa 2% Stickstoff, 1% Kalium und 0,4% Phosphorsäure, daneben Restkoffein, Zucker, einige Vitamine und Spurenelemente. Er wird besonders gerne von Regenwürmern verzehrt.

Größere Mengen von Schalen der Zitrusfrüchte, die mit Konservierungsstoffen behandelt wurden, hemmen die Rotte; sie sind abzulehnen, wenn die spätere Unbedenklichkeit des Kompostes nicht durch Analysen nachgeprüft werden kann. Dagegen gelten Bananenschalen als vorzügliche Rottezusätze.

Tierische Überreste der Küchenverarbei-

Die Meinungen über die Eignung von verschimmeltem Brot und Obst für die Kompostierung sind geteilt. Noch fehlen exakte Untersuchungen über das Verhalten des gefürchteten Stoffwechselgiftes Aflatoxin, das in den verschimmelten Nahrungsresten vorkommt. Teilbereiche der Wurmforschung zeigten, daß Kompostwürmer, ähnlich wie Asseln, Sporen von Schimmelpilzen mit dem Boden aufnahmen und im Darmtrakt mit Mineralstäuben zerrieben und verdauten. Innig mit Bodenteilchen vermischt, wurden sie dann unschädlich als Losung abgesetzt. Deshalb versorgen Wurmzüchter ihre Kulturen auch mit verschimmelten Speiseresten. Solange die genauen Zusammenhänge bei der Verrottung nicht vollständig geklärt sind, ist eine zurückhaltende Verwendung größerer Mengen verschimmelter Stoffe sicherlich richtig.

tung, z. B. Haut, Muskeln, Knochen und Blut, sind bevorzugte Nahrungsquellen für Boden-Mikroorganismen, beschleunigen die Rotte und begünstigen die Kompostqualität. Diese strukturschwachen Haushaltsabfälle ergeben, gemischt mit stengeligen und faserigen Gartenresten, einen vorzüglichen Kompost. Sie müssen stets sofort mit Erde abgedeckt werden, um nicht Fliegen, Mäuse und Ratten anzulocken.

Wegen der verbreiteten Salmonellenerkrankungen in den letzten Jahren wurde immer wieder die Frage gestellt, ob über Kompost Infektionen möglich sind. Nach dem heutigen Stand des Wissens der Hygiene-Experten erfolgt eine sichere Abtötung der Salmonellen bei sachgemäßer Kompostierung und entsprechender Hitzeentwicklung. Bei Kleinkompostanlagen sind diese Voraussetzungen bestimmt nicht immer gegeben. Trotzdem ist das Befallsrisiko äußerst gering, weil Salmonellen im Freien und im Boden nicht lange überleben. Es kommt hinzu, daß wenige Salmonellen noch keine Infektion auslösen können.

Gartenabfälle als Ernterückstände, Unkräuter, Laub, Gras, Staudenstengel, Zweige, Stroh, auch Topfpflanzen, ergeben – möglichst zerkleinert – zusammen mit Resten aus Küche und Haus die Hauptmasse der Kompostrohstoffe. Sie besitzen unterschiedliche Stickstoff- (siehe C/N-Tabelle, Seite 16) und Wassergehalte. Bei ordnungsgemäßer Kompostierung werden Unkrautsamen und Krankheitskeime in der Heißgärungsphase vermindert. Weil jedoch in Kompost-Kleinanlagen die erforderlichen Hitzetemperaturen nicht in allen Schichten erreicht werden, ist das Ergebnis nicht immer gesichert. Deshalb wird häufig empfohlen, pilz-, bakterien- oder viruserkranktes Pflan-

zenmaterial nicht zu verkompostieren. Jedenfalls ist es richtig, weder kohlherniekranke Wurzelstrünke noch welkekranke Astern- und Tomatenpflanzen oder fauliges Wurzelgemüse mit weißem Pilzgeflecht und schwärzlichen Kügelchen auf den Kompost zu bringen, weil die Dauerformen dieser Krankheiten sehr widerstandsfähig sind und die Gefahr einer weiteren Verbreitung im Garten nicht auszuschließen ist.

Nach neueren Untersuchungen bestehen keine Bedenken gegen das Kompostieren von befallenen Pflanzen mit Mehltau, Rost und Sternrußtau der Rosen, Gemüse, Obst und Zierpflanzen mit Blattfleckenkrankheiten, schorfigen oder wurmigen Äpfeln, geschredderten Zweigen mit Spitzendürre, Rotpustel- und anderen Holzkrankheiten sowie Tomaten und andere Pflanzen mit Weißen Fliegen, Blattlaus- und Milbenbefall. Es liegt sogar die Vermutung nahe, daß solch erkranktes Material beim Kompostierungsvorgang die Bildung von Antibiotika bewirkt und einen Pflanzenschutzeffekt des Kompostes auslösen kann.

Um die Unkrautbelästigung zu verringern, breiten erfahrene „Kompostierer" das nahezu fertige Material in 20–30 cm starken Schichten aus, lassen die Unkrautsamen kei-

Fortsetzung auf Seite 20

Gartenabfälle kommen immer zerkleinert auf den Kompost.

Mit Mehltau befallene Rosen können trotzdem kompostiert werden.

Kompostierbare Stoffe
(enges C/N-Verhältnis)

Kompostierbare Stoffe
(weites C/N-Verhältnis)

① ② ③ ④ ⑤ ⑥

Fertigkompost

Fertigkompost

Fertigkompost

Zum Kompostieren ungeeignete Stoffe

Frischkompost

⑦

Rund um den Kompost

Kompostierbare Rohstoffe werden nach ihrem C/N-Verhältnis (siehe auch S. 16) unterschieden: Ein **enges C/N-Verhältnis** (grün unterlegt, oben links) haben z. B. Rasenschnitt, Mist, Garten- und Küchenabfälle, Hornmehl sowie Gründüngungspflanzen.
Ein **weites C/N-Verhältnis** (rot unterlegt, oben Mitte) haben dagegen Nadelstreu, Sägemehl, Gehölzschnitt, Laub und Rinde sowie Papier und Pappe.
Für die Kompostierung **ungeeignete Stoffe** (braun unterlegt, oben rechts) sind Plastik-, Glas- und Metallabfälle sowie Textilien, auch behandelte Zitrusfrüchte sowie von Kohlhernie befallene Pflanzen und samentragende Unkräuter, wenn sie vorher im Jauchefaß nicht ihre Keimfähigkeit verlieren.

Der Kompost kann geschichtet mit Drainage (**1**), geschichtet ohne Drainage (**2**) oder ungeschichtet und gemischt (**3**) aufgebaut werden. Vorteilhaft sind alle Systeme, die stets eine ausreichende Zufuhr von Luftsauerstoff für die Abbauvorgänge gewährleisten. Als Zuschlagstoffe für die Förderung der Rotte (**4**) stehen Knochen- und Hornmehl, Steinmehl, Kalk und Holzasche sowie Gartenerde (Komposterde) zur Verfügung.

Fertigkompost wird gesiebt und drei Teile dieser gesiebten Komposterde mit je einem Teil Gartenerde, Rindenkultursubstrat und Sand gemischt für Aussaat und Jungpflanzen verwendet werden (**5**). Ein- und Umpflanzen von Topfpflanzen erfolgt zumeist im Frühjahr: Den Kompost für die Erden bereiten wir am besten schon im Herbst vor.
Reifer Kompost kann aber auch, mit Gartenerde gemischt, beim Pflanzen von Gehölzen und Stauden in die Pflanzlöcher gegeben werden (**6**).
Mit dem Kultivator wird **Fertig- oder Frischkompost** oberflächig in den Boden eingearbeitet (**7**). Leichtere Böden bevorzugen Frischkompost, schwere Fertigkompost.

men und setzen dann das Substrat nochmals um. Werden samentragende **Unkräuter** zuerst zur Gewinnung von Pflanzenjauchen verwendet, können wir auf diese Weise lästige Unkrautsamen zum großen Teil eliminieren.

Teile von **Giftpflanzen** aus dem Garten, gemeint sind Fingerhut, Seidelbast, Eiben, Goldregen, auch Maiglöckchen und Eisenhut, sind unbedenklich zu kompostieren, weil die Giftstoffe während der Rotte abgebaut werden.

Stallmist und **Kleintiermist** ergänzen mit ihrem günstigen C/N-Verhältnis den Kompost vorteilhaft. Gemischt mit Erde und Grünabfällen, erzielen wir besonders gehaltvolle Schnellkomposte.

Rasenschnitt sollte nur angewelkt in dünnen Schichten oder durchmischt mit anderen sperrigen Materialien in die Mieten kommen, um Fäulnis und Geruchsbelästigungen vorzubeugen.

Gründüngungspflanzen sind eiweißreich, verrotten schnell und ergeben zusammen mit Stroh und Erde ebenfalls nährstoffhaltige, gerne verwendete Schnellkomposte.

Kräuterkomposte können zur Bodengesundung vielfältig eingesetzt werden. Abgesehen von Wermut, Rainfarn und Medi-

Kräuter ergeben einen wertvollen Zusatz zum Kompost.

zinal-Rhabarber sind, zerkleinert und gemischt, alle Heil- und Gewürzkräuter vorzüglich zur Kompostierung geeignet. Wenn nach neueren Untersuchungen in flachen Haufen von 0,25 m Stärke das Heilpflanzenmaterial kompostiert wird, unterbleibt eine höhere Wärmeentwicklung und besonders heilkräftige Stoffwechselprodukte bleiben geschont. Dieser bemerkenswerte Sonderkompost wird allen interessierten Kompostpraktikern zur Weiterentwicklung und Nachprüfung empfohlen.

Holzasche hat beachtliche Düngeeigenschaften mit Kalium- und Magnesiumgehalten bis 10%, Phosphorsäure 2–4% und Kalk 20–30%, je nach Holzart. Aschen von behandeltem Holz und von Braunkohle, auch von Ruß, sind wegen ihrer Schadstoffgehalte zur Kompostierung ungeeignet. Wenn regelmäßig größere Aschemengen trotzdem kompostiert werden sollen, sind Schadstoffuntersuchungen unumgänglich, um Belastungen der Gartenböden vorzubeugen.

Laub enthält zwar viele Gerüststoffe, ist aber nährstoffarm. In dicken nassen Schichten eingebracht, klumpt es im Komposthaufen undurchlässig zusammen und beeinträchtigt die Rotte. Zerkleinert und aufgelockert mit dem Rasenmäher und dabei gemischt mit Rasenschnitt, wird Herbstlaub zu einem vorzüglichen Kompostrohstoff. Bei gerbsäurehaltigen Laubarten (Eiche, Walnuß) werden Zusätze von Kalk und Tonmehl Bentonit empfohlen.

Papier und **Pappe** verrotten zufriedenstellend, wenn sie vorher zerkleinert und in Wasser oder Kräuterjauche eingeweicht worden sind. Wichtig ist, daß angefeuchtetes Papier oder Papierschnitzel aus dem Reißwolf ebenfalls nicht in Klumpen in die Kompostmiete gelangen dürfen, sondern zwischen sperrigem Material aus dem Garten und nährstoffhaltigen Küchenresten. Nach ausdrücklicher Versicherung der Papierindustrie sind die heute gebräuchlichen Druckfarben absolut schadstofffrei. Der verwendete technische Ruß wird im Kompost rückstandslos abgebaut. Hochglanzpapiere, Kunstdrucke und Illustrierte werden trotzdem nicht gerne kompostiert, weil sie hartnäckig Wasser abweisen und nur langsam verrotten.

Trester als Rückstände der Wein- und Apfelweinherstellung enthalten u. a. noch Restzucker, die zu Alkohol vergären und nicht zuletzt deshalb von Regenwürmern bevorzugt werden. Bei größeren Trestermengen sollten wir unbedingt Kalk mit zusetzen. Hopfentrester neigen leicht zur Fäulnis und sind deshalb sorgfältig mit anderen Arten zu durchmischen.

Sägemehl, immer stickstoffarm (weites C/N-Verhältnis) und schlecht rottend, können wir mit Grünmasse mischen, aber auch mit Brennesseljauche, Hornspänen und Rhizinusschrot den Stoffabbau beschleunigen. Als Stalleinstreu verwendetes Sägemehl läßt sich anschließend leichter kompostieren.

Baumrinden als Rohmaterial sind zwar nährstoffreicher als Sägemehl, aber auch hier können wir stickstoffhaltige Stoffe, z. B. Hühnermist, Harnstoff oder organische Handelsdünger, zumischen. Bei der Kompostierung von Rindenmaterial wird je m³ Masse 10 kg Kalk zugesetzt. Besonderheiten und Einsatzmöglichkeiten der Rindenmaterialien, auch als Torfersatz, sind in der Übersicht auf Seite 67 dargestellt.

Stroh und **Heu**, vorteilhaft kurz gehäckselt, binden in der Miete Feuchtigkeit und begünstigen die Luftführung. Beide Materialien werden immer in Verbindung mit anderen stickstoffhaltigen Stoffen, z. B. mit Grünmasse oder Küchenabfällen, kompostiert.

Straßenkehricht ist dann ungeeignet, wenn er, wie das auf stark frequentierten Verkehrsstraßen der Fall ist, viel Abrieb von Asphalt, Reifengummi und Ölresten enthält.

Als **Erzzusatz**, etwa 10%, empfehlen wir vorteilhaft lehmige Erde. Dadurch erfolgt Begünstigung der Bildung stabiler Krümel und Ton-Humus-Komplexe, geringere Nähr-

stoffverluste und insgesamt ein weniger faseriger, mehr krümeliger, erdiger Kompost.

Ungeeignete Rohstoffe für den Kompost

Fremdkörper im Kompost sind Glas, Metallteile, Draht, Tonscherben, Kunststoffe, Batterien, Textilien, Altöl, Farbreste und andere Chemikalien, auch Spritzmittelrückstände, Alufolien, Ruß, Bauschutt und ähnliches. Stadtmüll, Klärschlamm und Fäkalien verwenden wir aus hygienischen Gründen und wegen der Gefahr von Schadstoffanreicherungen nicht für unsere Haufenkompostierung.

Der Kompostierungsvorgang

Die Rottevorgänge sind biochemische Prozesse, die sofort nach dem Anhäufen organischer Stoffe einsetzen, erkennbar am schnellen Erwärmen, beispielsweise von angehäuftem Rasenschnitt. Natürlich müssen

Diese Rohstoffe sind nicht für den Kompost geeignet.

Feuchtigkeit, genügend Luft und Wärme als Voraussetzungen stimmen. Dagegen sind die ebenfalls erforderlichen Mikroorganismen in jedem Material immer enthalten. Zumindest ihre Sporen sind sehr beweglich und können rasch große Materialmengen besiedeln. Die mikrobiellen Abbauvorgänge sind im Oberbegriff „Verwesung" zusammengefaßt. Als „Fäulnis" werden Prozesse bezeichnet, die anaerob, d.h. ohne Luftzutritt bei Sauerstoffmangel, stattfinden; feststellbar an der Bildung übelriechender Stoffwechselprodukte, z. B. Methan, Schwefelwasserstoff, Ammoniak, Buttersäure, Indol und Skatol. Verläuft der Abbau bei genügender Sauerstoffzufuhr, also aerob, mit luftatmenden Bodenlebewesen, sprechen wir von „Rotte", die für alle Kompostierungsvorgänge anzustreben ist. Charakteristisch ist der angenehme Walderdegeruch, verursacht vor allem durch die Tätigkeit der Strahlenpilze.

> Um hochwertige Komposte zu erhalten, müssen alle Maßnahmen darauf abgestellt werden, Rotte zu fördern und Fäulnis zu vermeiden.

Die Rotte ist das Gemeinschaftswerk sauerstoffliebender Mikroorganismen, die sich beim Abbau von toter organischer Substanz ernähren und ihre Lebensenergie nicht vom Sonnenlicht, sondern aus der Oxidation von Kohlenstoff zu Kohlendioxid gewinnen. So können eigentlich alle natürlichen Kohlenstoffverbindungen angegriffen und aufgeschlossen werden.

Die Rottevorgänge sind vielschichtige Prozesse mit kontinuierlichem Verlauf. In den verschiedenen Umsetzungsstufen arbeiten die Mikroorganismen in Lebensgemeinschaften solange, wie Nahrung angeboten wird, sterben dann ab und bilden mit ihrer Körpersubstanz und den gewonnenen Spaltprodukten Raum und Ernährungsgrundlage für die jeweils folgenden Populationen.

Die Oxidationsvorgänge mit beachtlich freiwerdender Wärmeenergie nennt man auch „Verbrennung ohne Glut und Flamme" und, weil die gesamten Energieumsätze in der Miete bis zur vollkommenen Kompostreife so gewaltig sind, den Komposthaufen einen Bioreaktor.

Die Gesamtrottedauer bei Gartenkomposten beträgt je nach Anforderung an die Kompostqualität sechs bis zwölf Monate. Die Rottephasen verlaufen anfangs sehr schnell und verlangsamen sich in den späteren Entwicklungsstadien. Wird während der Rottezeit der Kompost umgesetzt, um auch Randschichten des Haufens besser zu aktivieren, sinkt die Mietentemperatur zunächst ab, um kurz danach wieder neu belebt anzusteigen. In Großkompostanlagen erfolgen die Umsetzungen abhängig vom gemessenen Sauerstoffgehalt der Miete im allgemeinen mehrmals je Rottewoche.

Kompostrotte in fünf Phasen

Trotz gleitender Übergänge sind bei der Kompostherstellung fünf Rottephasen zu unterscheiden, die nachfolgend beschrieben werden.

Rottephasen der Gartenkomposte

1. Abbauphase oder Vorrotte

Charakteristisch ist die schnelle Erwärmung im Mieteninnern, nicht selten bis 70 °C, oft innerhalb weniger Stunden. Eingeleitet wird der Prozeß von Bodenorganismen, die sich von leicht abbaubaren Stoffen wie Eiweiß und Zucker ernähren. Ab Temperaturen über 40 °C übernehmen wärmeliebende Pilze und sporenbildende Bakterien die Abbauaktivität und verarbeiten bereits auch Zellulose und Fette. Zwischen dem dritten und siebten Tag liegt bei Gartenkomposten im allgemeinen das Temperaturmaximum bei 50–70 °C. Durch diese Hitzeentwicklung, auch als Heißgärung bezeichnet, werden teilweise Unkrautsamen, Keimlinge und Schadorganismen abgetötet. Der pH-Wert sinkt leicht ab.

2. Umbauphase

Nach dem fortgeschrittenen Abbau leicht umsetzbarer Substanzen sinkt die Tempe- ratur auf etwa 35 °C ab. Gegenüber der bisher dominierenden Bakterientätigkeit nimmt jetzt das Pilzwachstum noch stärker

Rottephasen des Kompost (genaue Beschreibung im Text):

1 Abbauphase (Vorrotte) mit den Bodenorganismen: a Schimmelpilz, b und c Strahlenpilze, d Eubakterien, e und f schraubenförmige Bakterien und Spirillen;
2 Umbauphase mit den Bodenorganismen: a Strahlenpilze, b Pinselpilze, c Hefepilze, d und f Köpfchenschimmel, e Spirillen, g Springschwanz;
3 Aufbauphase mit den Bodenorganismen: a und q Rollassel, b Hefepilze, c und f Köpfchenschimmel, d Pinselschimmel, e Gießkannenschimmel, g Strahlenpilze, h Kompostwurm, i und m Springschwanz, j Hornmilbe, k Skorpionsfliegenlarve, l Tausendfüßer,

n Laufkäfer, o Haarmückenlarve, p Larve der Kleinen Stubenfliege, r Schwebfliegenlarve;
4 Reifung mit den Bodenorganismen: a Weberknecht, b Springschwanz, c Wiesenschnake (Larve), d Vogelmiere, e und f Laufkäferlarven, g Mistwurm, h Assel, i Hornmilbe, j und n Schnecke, k Milbe, l Raubmilbe, m Aaskäferlarve, o Ameise, p Engerling, q Hefepilze, r Schnurfüßer, s Maulwurfsgrille, t Pinselschimmel;
5 Vererdung mit den Bodenorganismen: a Springspinne, b Ameise, c Springschwanz, d Fadenwurm (Nematode), e Laufkäfer, f Blatt mit Nematoden (Querschnitt), g Schnellkäfer, h Assel, i Gartenspitzmaus, j Schnurfüßer, k Großer Regenwurm, l Hornmilbe, m Alge, n Maikäfer.

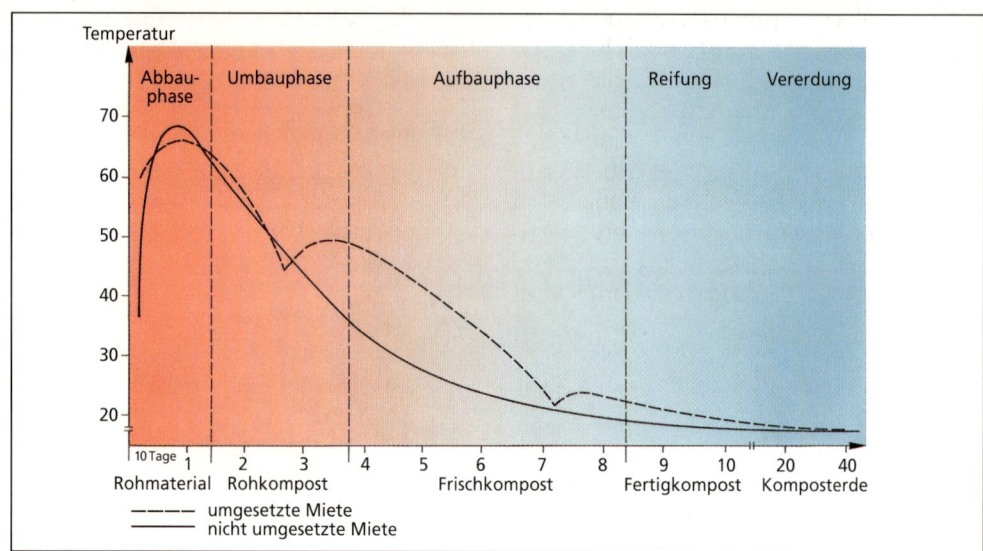

Temperaturverlauf während der Rotte

zu. Ein höherer Gasaustausch ist feststellbar. Ammoniak kann organisch gebunden werden, und das C/N-Verhältnis wird enger. Dieser Entwicklungsabschnitt dauert bei Gartenkomposten zwei bis drei Wochen.

3. Aufbauphase
Bei Temperaturen um 20 °C erfolgt eine stärkere Besiedlung durch Kleintiere, z. B. Springschwänze, Asseln und Kompostwürmer *(Eisenia foetida),* die zur Zerkleinerung sowie Vermengung organischer und mineralischer Bestandteile wesentlich beitragen. Charakteristisch ist die zunehmende Dunkelfärbung des Kompostes. Nach Abschluß dieses mehrmonatigen Entwicklungsabschnittes ist der Kompost pflanzenwurzelverträglich geworden und könnte jetzt als Frischkompost, z. B. zum Mulchen, verwendet werden.

4. Reifung
Die Temperatur hat sich inzwischen der natürlichen Bodenwärme angeglichen, und der Sauerstoffbedarf ist niedriger geworden. Es kann kaum noch zu Fäulniserscheinungen kommen. Das Produkt ist krümelig, erdig und duftet nach Waldboden. Das C/N-Verhältnis liegt bei etwa 20:1. Es ist nunmehr

Reifkompost entstanden, fertig für die vielfältigen Einsatzmöglichkeiten im Garten.

5. Vererdung
In dieser auslaufenden langfristigen Phase erfolgt die gänzliche Vererdung des Kompostes. Die Mistwürmer verschwinden und der Große Regenwurm ist anzutreffen. Dieser Kompost hat nur eine geringe düngende Schnellwirkung. Seine Stärke liegt in der anhaltenden Bodenverbesserung durch stabile Humusformen. Aus Kompost ist Komposterde geworden.

Sammeln und Mietenaufbau

Zum Kompostieren im eigenen Garten wollen wir alle unbedenklichen, verrottbaren Reststoffe aus Küche, Garten und Kleintierhaltung verwerten. Ideal ist, wenn kurzfristig vielseitiges Ausgangsmaterial zur Verfügung steht, ausreichend für eine ganze Kompostfüllung oder Miete.

In Wirklichkeit fallen die Kompostrohstoffe nur klein portioniert und saisonal in wechselhafter Zusammensetzung an. Wir müssen also zunächst sammeln und lagern. Dies geschieht im kleinen Garten geschickt mit einem abdeckbaren Kompostbehälter. Im anderen Fall wird neben der Erdmiete auf dem Kompostplatz gesammelt und dabei das sperrige Material, z. B. Zweige, Staudenreste und Papier, getrennt gelagert. Um Geruchsbelästigungen, Ungeziefervermehrung und unschönes Aussehen zu vermeiden, decken wir unser frisches Sammelgut mit Stroh oder anderen Materialien zunächst ab. An Stelle des Sammelhaufens läßt sich auch ein einfacher auseinandernehmbarer Verschlag bauen.

Für das Aufsetzen der Mieten ist wichtig, daß das Material genügend zerkleinert ist. Erwünscht sind Teilgrößen bis zu 5 cm Stärke. Weichstoffe lassen sich durch Stechen mit Spaten oder Schaufel bearbeiten, Holzteile mit Gartenschere, Handhäcksler, Häckselzwerg oder bei größeren Mengen mit dem Schredder.

Damit ausreichend Erde für Zwischenlagen verfügbar ist, räumen wir in der Größe unserer vorgesehenen Mietenflächen den Oberboden – eine flache Mulde bildend – zur Seite. Als Mietenunterlage eignet sich gröberes, verholztes Material für einfache Drainungs- und Lüftungsfunktionen. Beim Aufsetzen ist auf eine genügende Durchmischung der Materialien zu achten.

Um Klumpenbildung und Fäulnis vorzubeugen, sollen feuchte Küchenabfälle oder Rasenschnitt in flachen Schichten mit trockenen Bestandteilen abwechseln. Vielseitig zusammengesetztes Kompostgut, sorgfältig durchmischt mit gröberen und feinen, trockenen und feuchten, tierischen und pflanzlichen, kohlenstoff- und stickstoffreichen Rohstoffen, soll uns die Gewähr für eine günstige Rotte geben. Beim schichtweisen Aufbau besteht die Möglichkeit, Zusatzmittel wie Gesteinsmehl, Kompostbeschleuniger, Kalk oder Düngestoffe dosiert beizufügen.

Mit einem Jutesack kann der Kompost abgedeckt werden. Auch Kapuzinerkresse beschattet.

Kompostrohstoffe werden bereits, wenn sie anfallen, getrennt gesammelt.

Formen der Mietenkompostierung: Planloser Haufen (links), trapezförmiger Komposthaufen mit einer Gießmulde für Gartenkomposte (Mitte) und professionelle maschinelle Kompostherstellung in Dreiecksform.

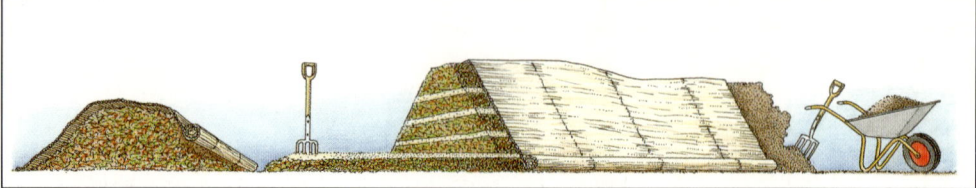

Endlosmiete: Die Rohstoffe werden gesammelt (links) und anschließend geschichtet kompostiert (Mitte). Strohmatten dienen zur Abdeckung. Die fertige Komposterde kann verwendet werden (rechts).

Eine besondere Form der Kompostierung ist die **Endlosmiete.** Anstelle von mehreren parallel angelegten Komposthaufen mit unterschiedlicher Rotteentwicklung wird hierbei vorne das Kompostrohmaterial schichtenweise angesetzt und nach genügender Reife und Bedarf der reife Kompost weggeholt. So kann stufenlos Kompost produziert werden, und die Mikroorganismen und Bodentiere wandern mit der Rotteentwicklung in der Miete ohne Unterbrechung weiter. Weil das Umsetzen der Endlosmiete entfällt, muß sie unbedingt sachgerecht bedeckt werden. Dies kann mit grobem, organischem Mulchmaterial, mit Vliesen oder stark gelochten Folien erfolgen. Diese sollen vor Witterungseinflüssen schützen, die nötige Feuchtigkeit in der Miete bewahren und trotzdem den erforderlichen Gasstoffwechsel für die Umsetzungsvorgänge nicht einschränken.

Ähnlich der Endlosmiete ist das System der **Wandermiete.** Hierzu wird eine mindestens 1 m große Miete breitseitig begonnen, begrenzt durch mitwandern-

de, mit gelochten Backsteinen aufgesetzte Mäuerchen. Nach etwa drei Monaten Rotte wird an der hinteren Seite mit dem Abstechen des Kompostgutes angefangen und an der vorderen Front weiteres Rohmaterial zusammen mit den Siebrückständen zur Kompostierung angesetzt.

Kompost mit Gießrand

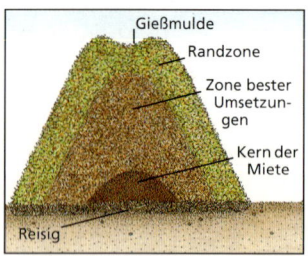

Komposthaufen im Garten

Im Sommer kann zusätzliches Bewässern notwendig werden.

Senkrecht eingebaute Drainrohre belüften den Kompost.

Die gewünschte Rotte kann nur unter bestimmten Voraussetzungen, nämlich ausreichender Feuchte, Nährstoffversorgung, Luftzufuhr und Wärme, erfolgen. Sporen von Bakterien und Pilzen können schnell keimen und sich entwickeln. Beim Kompostieren im Sommer ist es nicht selten notwendig, zusätzlich zu wässern. Dies kann vorteilhaft mit Regenwasser oder Kräuterjauchen geschehen. Unter 25% Mindestwassergehalt kommt die Rotte zum Stillstand. Während des Abbauvorganges wird fortwährend Wasser abgegeben. Unser Kompost dampft und zeigt an, daß der Abbau richtig verläuft.

Andererseits ist zuviel Nässe, z. B. infolge längerer Schlechtwetterperioden oder Wasserstau von unten bei verdichtetem Untergrund, nachteilig. Faulprozesse mit üblen Gerüchen sind die Folge.
Ist die gewünschte Haufenhöhe von

Eine einfache Überprüfung des Wassergehaltes kann mit Hilfe der **Faustprobe** erfolgen. Dazu wird eine Handvoll Kompostmaterial fest zusammengedrückt. Tritt dabei deutlich Wasser aus, ist es zu naß; fällt die Probemasse auseinander, fehlt es an Feuchte. Optimal ist in der Regel der Wassergehalt, wenn das gepreßte Material zusammenhält und zwischen den Fingern feine Wasserperlen erscheinen.

Mit Stroh bedeckter Komposthaufen

0,80–1,20 m erreicht, wird zweckmäßig mit einer Schicht Stroh, mit Schilfmatten, altem Heu, Laub oder auch mit gelochten Folien bzw. mit Vliesen ummantelt und vor Vernässung geschützt. Das Leben von Bodenbakterien und Pilzen ist von absoluter Dunkelheit abhängig. Auch deshalb ist eine Bedeckung der Miete sinnvoll. Bei der Nährstoffzusammensetzung des Kompostierungsgutes ist das Kohlenstoff/Stickstoff-Verhältnis (C/N-Verhältnis) zwar bedeutsam, wird aber nicht selten für den Kompostierungsablauf überbewertet. Ausreichende Rottebedingungen sind gegeben, wenn das C/N-Verhältnis zwischen 20:1 und 35:1 liegt, d.h. auf 20–35 Teile Kohlenstoff entfällt ein Teil Stickstoff. Überschreitungen der C/N-Mittelwerte führen in der Regel zwangsläufig zur Verlängerung der Rottezeit, müssen aber letztendlich nicht unbedingt nachteilig sein. Die C/N-Werte für die wichtigsten Kompostrohstoffe sind auf der Seite 16 zusammengestellt. Kohlenstoffreich sind Holz, Sägemehl, Laub, Stroh und Papier; stickstoffreich dagegen sind eiweißhaltige Bestandteile von Küchenabfällen, Gründünger, Rasenschnitt, Mist und organischer Dünger des Handels.
Stickstoffhaltiges Beiwerk kann vor allem im Sommer vorteilhaft in Wasserauszügen (z. B. 10–20 kg frisches Pflanzenmaterial in 100 Liter Wasser, nicht länger als drei Tage stehen lassen, dann absieben) dem Komposthaufen zugesetzt werden. Die Rotte ist bekanntlich ein Abbauprozeß, der planmäßig nur in Anwesenheit von ausreichend Luft stattfindet. Schon bald nach dem Aufsetzen des Komposthaufens sackt das Material zusammen und verringert das Luftangebot. Fehlgesteuerte Entwicklungen infolge von Luftmangel können zu unerwünschten Stickstoffverlusten führen. Gefährdet sind auch stark zerkleinerte Kompostmaterialien in zu breit oder überhöht angelegten Mieten und seitlich schlecht luftzuführenden Kompostern. Zusätzliche Luftzufuhr

wird im Komposthaufen durch senkrechten Einbau von Drainröhren oder Pfahllöcher erreicht. Fabrikhergestellte Komposter werden verschiedentlich mit gelochten Mittelrohren geliefert oder mit sogenannten Schneidlüftern, die beim Einstoßen in die Kompostmasse Luftwege freischneiden.

Bei fehlender Außenwärme verläuft der Rotteprozeß langsamer und mit geringerer Eigenerwärmung. Winterlich gebremste Abbauentwicklungen lassen sich im Frühjahr durch Umsetzen des Komposthaufens und Zusatz von Kompostbeschleunigern wieder in Gang bringen.

Verschiedentlich wird für das Kompostieren im Spätjahr mit kühler Witterung eine Hefeimpfung empfohlen, und zwar für 1 m³ Kompost einen Würfel Backhefe und 300 g Zucker in zehn Litern warmem Wasser auflösen und das Kompostgut beim Aufsetzen damit überbrausen.

Schnellkomposte selbst herstellen

Die besonderen Merkmale der Schnellkomposte sind stark verkürzte intensive Rottezeiten bei bescheidenem Platzanspruch. Im Labor soll es tatsächlich gelungen sein, Schnellkompost innerhalb von 48 Stunden herzustellen. Die eigentlichen Schnellkomposte der Praxis bedürfen einer Rottezeit von mindestens sechs bis acht Wochen. Die Selbstherstellung von Schnellkomposten gelingt nur dann, wenn folgende Kriterien beachtet werden:

❀ Das Rohmaterial muß sorgfältig zerkleinert werden, muß genügend feucht

Der Temperaturverlauf im Kompost kann mittels eines Thermometers verfolgt und kontrolliert werden.

sein und soll möglichst vielfältige Garten- und Haushaltsreste enthalten, mit einem geschätzten C/N-Verhältnis von 20 – 30 : 1.

❀ Die Rotte soll in bewährten Kompostern erfolgen oder bei Haufenmieten durch äußere Ummantelung mit Vliesen, gelochten Folien oder grobem, organischem Mulchmaterial.

❀ Die zusätzliche Verwendung von Hilfsstoffen zum Starten und Beschleunigen der Rotte ist weit verbreitet (siehe Übersicht „Kompostierungshilfsmittel", Seite 152).

❀ Gelenkte Rotte bedeutet, daß mit einem Steck-Thermometer der Temperaturverlauf verfolgt wird. Temperaturen um 70 °C sollten möglichst erreicht werden, damit eine ausreichende, vorbeugende Bekämpfung von Schadorganismen und Unkräutern gewährleistet ist.

❀ Die Schnellkompostierung gelingt am besten in der warmen Jahreszeit.

❀ Durch erhöhten Feuchtigkeitsbedarf während der Rotte sind im allgemeinen zusätzliche Wassergaben erforderlich, sonst kann es leicht im Innern der Miete zu sogenannten Verbrennungen kommen. Das Material erscheint dann verpilzt, weißgrau und ascheähnlich.

❀ Das Umsetzen der Mieten dient der Luftzuführung. Je öfter umgesetzt wird, am besten mehrmals wöchentlich, desto schneller ist der Schnellkompost fertig.

Die Schnellkomposte erscheinen dunkelbraun gefärbt, krümelig, teilweise sind die Strukturen des Ausgangsmaterials noch erkennbar. Sie riechen nach frischer Walderde und haben einen hohen Anteil an Nährhumus. Deswegen werden sie gerne zur Sommerdüngung im Nutzgarten eingesetzt und bevorzugt zum Mulchen in dünnen Schichten verwendet. Sind dagegen Schnellkomposte mit höherem Anteil an stabileren Humusformen erwünscht, muß eine Nachrotte anschließen, im Sinne der bekannten Haufenrotte.

Spezial-Schnellkomposte

Besonders geschätzt sind Spezial-Schnellkomposte, die vielfach, nach eigenen Erfahrungen abgewandelt, aus Stroh, Stallmist und grüner Pflanzenmasse hergestellt werden. Die

Die Zugabe von Ton- oder Gesteinsmehl erhöht die Kompostqualität.

Beim Rasenmähen wird das Laub mit dem Rasenschnitt vermischt und zerkleinert.

früher häufige Verwendung von Torf wird inzwischen aus Gründen des Naturschutzes, der Schonung der natürlichen Torfvorkommen, nicht mehr empfohlen.

Stroh-Schnellkompost: Angefeuchtetes Getreidestroh wird in mehreren 30 cm hohen Schichten aufgesetzt. Dazwischen kommen Lagen aus Kompost, mit Einstreuen von Gesteinsmehl und Algenkalk bis 10 kg/m^3 für eine vorteilhafte Rotteentwicklung. Das Anfeuchten des Strohs kann auch mit stickstoffhaltigen Jauchen geschehen. Die Miete ist mit einer Erddecke zu ummanteln.

Stroh-Grünkompost: Am besten eignet sich strohiger Rinder- und Pferdemist. Schweine- und Geflügelmist können in Teilmengen dem Kompost zugesetzt werden. Das Aufsetzen erfolgt in 20–30 cm dicken Schichten mit Zwischenlagen von Komposterde; Zusätze von Ton- oder Gesteinsmehlen fördern die Kompostqualität. Wegen Vermeidung von Stickstoffverlusten wird kein Kalk bei der Mistkompostierung eingesetzt.

Laub-Schnellkompost: Zur Selbstkompostierung verwenden wir nur Laub von Obst-

bäumen, Eschen und Ebereschen, Ahorn und Linde. Hartlaubarten, wie z. B. Eichen, Nußbäume, Kastanien und Pappeln, auch Nadelstreu, verzögern, z. B. wegen ihrer Gerbstoffgehalte, die Rotte. Das Laub müssen wir zerkleinern, entweder durch Schreddern oder auf Rasenflächen mit dem Mäher, der gleichzeitig den Rasenschnitt mit dem Laub vermischt und das Rohmaterial gut durchlüftet. Vorsicht bei Straßenlaub, es könnte mit unerwünschten Schwermetallen belastet sein. Beim Aufsetzen des Laubkompostes in Schichten benötigen wir etwa ein Viertel der Masse als Erdzusatz. Organische Dünger wie Blut und Hornmehl (3–5 kg /m^3) und bis 5 kg/m^3 Algenkalk sind vorteilhaft. Wegen der fortgeschrittenen Jahreszeit dauert die Rotte natürlich länger. Laub-Schnellkomposte stehen auf alle Fälle jedoch bis zum kommenden Frühjahr zur Verfügung.

Spezialkompost für Moorbeetpflanzen: Mit Eichenlaub und Nadelstreu können geschickte Kompostierer versuchen, einen Spezialkompost für Moorbeetpflanzen herzustellen.

Kompoststarter und Rottelenker für Schnellkompostbereitungen siehe Seiten 39 und 152.

Kompost vom Balkon

In den USA wurde die Ei-merkompostierung ent-wickelt, um ein Verwerten von organischen Haushalts-abfällen auf dem Balkon, in der Küche oder selbst im Wohnbereich durchzufüh-ren. In 20-Liter-Eimern mit verschließbaren Deckeln wird das gut zerkleinerte Material, z. B. Gemüse- und Obstreste, Eierschalen, Kaf-feesatz und Teeblätter – al-lerdings ohne Knochen, Fleisch und Fischrückstände – gemischt, notfalls mit

Thermokompostbehälter sind praktisch für den Ein-satz auf dem Balkon.

Wasser angefeuchtet und in 2 – 3 cm dicken Schichten eingebracht, die jeweils mit Erde bedeckt werden. Häufiges, möglichst täg-liches Umrühren bringt Sauerstoff in die Masse und fördert den schnellen Abbau.

Ist ein Komposteimer zu zwei Dritteln ge-füllt, kann mit dem zweiten Gefäß begon-nen werden. In mehreren Wochen sollte die Humusbildung so weit fortgeschritten sein, daß die Struktur des Ausgangsmaterials nicht mehr erkennbar ist. Aus dem Küchen-abfall wurde krümelige, fruchtbare Erde. Richtig angewandt, soll dieses Verfahren in der Wohnung tatsächlich keine Geruchs-belästigung bringen. Die Eimerkompostie-rung hat sich aber bei uns bisher noch nicht durchsetzen können.

Wurmkomposte selber herstellen

Wurmhumus, zunehmend gefragt, ist das vorzüglichste Bodenverbesserungsmittel überhaupt. Diese teure Humusform können wir auch selbst mit eigener Regenwurm-zucht erzeugen. Am einfachsten hat sich dazu in der Praxis die „Berliner Wurmkiste"

gezeigt. Aus einer 12 mm starken Spanplatte wird der Zuchtbehälter mit den Grundmaßen 90 × 60 cm und einer Höhe von 30 cm gebastelt. In die Grundplat-te müssen wir mindestens 15 Löcher mit einem Durch-messer von 6 – 7 mm für den Wasserabzug bohren. Die Wurmkiste steht am besten auf kleinen Füßen in einer Auffangschale; die auslau-fende Brühe läßt sich zur Düngung von Topf- oder Balkonpflanzen nutzen.

Die Wurmkiste wird zu-nächst mit einer 2 – 3 cm starken sandigen Erdschicht gefüllt. Es folgen zwei Drittel des Kisten-raumes mit eingeweichtem Zeitungspapier und Pappe. Zwischen das zerknüllte Papier werden die Haus- und Küchenabfälle gelegt und dann mindestens 500 Kompostwürmer *(Eisenia foetida)* eingesetzt (Bezugsquellen für Regenwürmer, siehe Seite 153).

Bekanntlich sind Kompostwürmer Alles-fresser. Neben den allgemeinen Küchen-resten können wir auch Fett und Fleisch verfüttern. Besondere Delikatessen für die Regenwürmer sind Kaffeesatz und Zwiebelschalen. Zweckmäßig wird auf das Wurmfutter eine mehrblättrige, feuchte

Wurmkiste zur Zucht von Kompostwürmern: Abdeckung schützt vor Vogelfraß.

Zeitung gelegt und darüber eine dunkle, schwach gelochte Folie gespannt. Die Regenwürmer fressen im allgemeinen täglich die Hälfte ihres Körpergewichtes (500 Würmer wiegen etwa 200 g). Die Exkremente der Würmer ergeben den dunklen, nährstoffreichen, krümelstabilen Wurmhumus. Im Garten können wir auch größere Wurmzuchten und Kompostkästen nach ähnlichem Schema anlegen und die Regenwürmer selbst vermehren.

Wurmkomposter, wie er im Handel erhältlich ist

Die eigene Wurmfarm

Interesse an der eigenen Wurmfarm wird meist ausgelöst, wenn größere Mengen geeigneter kompostierbarer Materialien anfallen, um diese schließlich auch wirtschaftlich zu nutzen. Im besonderen betrifft dies landwirtschaftliche Betriebe, Reitställe, Kompostwerke, auch Kleintierzüchter, denn Mist ist die bevorzugte Nahrung der Kompostwürmer. Mit einer Wurmfarm lassen sich Stoffmengen schneller verarbeiten, so daß auch weniger Platz für die Kompostierung

benötigt und zudem höherwertige Produkte gewonnen werden können.

Die professionelle Wurmzucht erfolgt seltener in Behältern, sondern in Mistbeeten oder auf langen Beeten, die man 0,30–0,50 m tief ausheben muß. Die Wurmanlagen sollen windgeschützt liegen und nach unten mit einem Drahtgitter versehen sein (1 cm Maschenweite), um Maulwürfe und Spitzmäuse abzuwehren. Die Abdeckung nach oben mit einer schwarzen Folie fördert die Wurmtätigkeit und schützt gleichzeitig vor Vogelschäden. Auch werden gelegentlich die Wurmanlagen mit Folientunneln überbaut, um das Klima besser zu steuern. Ameisen zeigen Trockenheit an und erinnern den Wurmzüchter daran, daß Wurmkulturen immer genügend feucht gehalten werden müssen. Es ist richtig, öfter dosiert zu befeuchten, um nachteilige Staunässe zu vermeiden.

Besonders erwähnenswert für künftige Wurmzüchter ist der Wurmwanderkasten des Recklinghausener Naturschutzzentrums. Die 150 × 100 × 90 cm große, bodenlose Kiste mit Deckel oder Maschendraht zum Schutz vor Vogelfraß wird 60–70 cm tief in den Boden eingelassen. Die Kiste ist in der Mitte durch eine Lochziegelwand getrennt, auch der Boden wird mit Lochziegelsteinen ausgelegt und ermöglicht dadurch den nötigen Bodenkontakt. Bei strengem Frost können nämlich die Würmer durch die Lochziegel in tiefere Bodenschichten wandern. Holzdeckel oder Abdecken mit einer dicken Mulchschicht schützen vor Regen und Kälte. Die Wurmzucht wird begonnen, indem in eine Kammer des Kastens eine etwa 10 cm starke Schicht organischer Abfälle gegeben und mit Gesteinsmehl überpudert wird. Regenwürmer werden eingesetzt und fortlaufend weiter gefüttert und dabei die einzel-

Vergleichende Nährstoff-Untersuchungen von Komposten und Wurmkomposten (nach Sulzberger) Angaben in % der Trockensubstanz		
Nährstoffe	Kompost	Wurmkompost
Stickstoff (N)	0,5– 1,5	1,0–3,0
Phosphor (P₂O₅)	0,1– 0,8	0,2–3,0
Kalium (K₂O)	0,3– 0,8	0,3–2,0
Magnesium (MgO)	0,1– 2,0	0,2–2,0
Kalzium (CaO)	1,0–12,0	1,0–12,0
Organische Substanz	20–40	30–55
C/N-Verhältnis	12:1–30:1	8:1–15:1
pH-Werte	6,5–8,0	6,5–8,0

nen Schichten immer wieder mit Knochen-, Horn- und Gesteinsmehlen überstäubt. Ist eine Kammer gefüllt, wandern die Würmer, durch den Geruch angezogen, von selbst durch die Lochziegelwand in das Nebenabteil zu den frisch eingebrachten Abfällen. Im Handel werden auch sogenannte Wurmkomposter in Regentonnengröße angeboten, zum Aufstellen im Garten, in der Garage, im Keller oder auf dem Balkon. Geruchfreie Rotte wird von den Herstellern zugesichert.

Der fertige Wurmkompost eignet sich vorzüglich für Aussaaterden und bringt, oberflächlich eingebracht, eine deutlich feststellbare Bodenverbesserung.

Sonderformen der Kompostbereitung

Mit dem wachsenden Interesse für die umweltfreundliche Verrottung von organischen Materialien ist die Szene der Kompostierung in Bewegung gekommen. Immer aufs neue wird nach praktikablen, besseren oder ergänzenden Möglichkeiten gesucht. Einige Sonderformen sollen nachfolgend dargestellt werden.

Komposterde aus Hügel-, Hoch- und Bankbeeten

Hügel-, Hoch- und Bankbeete mit ihren Vorteilen höherer Flächenerträge, Anbau- und Ernteverfrühung sowie Erleichterung der Pflegearbeiten eignen sich auch zur Gewinnung von Komposterde. In allen Fällen wird organisches Material aus Garten, Haus und Hof geschichtet aufgesetzt, mit Zwischenlagen aus Erde, Laub, Sägemehl u.a.m. Bei der Anlage dieser Beete ist unbedingt darauf zu achten, daß das Rohmaterial genügend Feuchtigkeit besitzt, damit die Rottevorgänge zügig beginnen. Zwischen die größeren Ausgangsstoffe rieselt zwar gewollt Erde beim Aufsetzen, trotzdem reichen die Luftzwi-

Hügelbeet zur Gewinnung von Komposterde.

schenräume erfahrungsgemäß für günstige Rotteabläufe aus. Die erzielbare Bodenerwärmung ermöglicht im Frühjahr zeitige Aussaaten und Pflanzungen, eine rasche Pflanzenentwicklung und früheren Erntebeginn. Eine zusätzliche, lückenlose Oberflächenbedeckung (Mulchen) der Hügelbeete ist vorteilhaft. Sie wirkt wassersparend und schützt die Seitenwände vor Abschlämmen und Bodenabtrag. Die Pflanzenwurzeln durchdringen die Beetschichten, und mit dem Gießwasser wird Stickstoff in die Verrottungszonen verfrachtet. Senkrecht geführte Regenwurmgänge dienen der Luftzufuhr. So ist es zu erklären, daß die organischen Materialien in den Hochbeeten wider Erwarten nicht verfaulen oder vertorfen. Nach drei bis vier Jahren ist der Abbau stark vorangeschritten und krümelige Komposterde entstanden.

Astholzkompostierung

Häufig bereitet das bei der Gehölzpflege anfallende Schnittholz im Obst- und Ziergarten Probleme der Entsorgung. Richtig zerkleinert und aufbereitet ergeben solche Holzabfälle ausgezeichnete Komposte, die der Struktur des Torfes ähneln, den wir bekanntlich ersetzen wollen. Für die Kompostierung von gehäckseltem Astholz wurden am Institut für Bodenkunde in Weihenstephan praktikable Verfahren entwickelt.

Vorteilhaft ist, wenn zum Zerkleinern des Holzmaterials Schredder mit Hammerwerkzeugen eingesetzt werden, weil diese das Häckselgut zertrümmern, reißen und aufschlitzen und dadurch den Mikroorganismen größere Angriffsflächen zum Abbau bieten.

Nach der Weihenstephaner Methode wird je m³ Häckselgut 2 kg Harnstoff beigefügt, in 1,50 m breiten und 1,00 m hohe Mieten aufgesetzt und intensiv angefeuchtet. Das Bedecken mit schwarzen Folien verhindert oberfläches Austrocknen der Mieten und fördert die schnelle Rotte. Spätestens nach zwei Monaten sind die Haufen umzusetzen. Nach einem halben Jahr kann das Material als Bodenverbesserungsmittel Anwendung finden.

Während des Rottevorganges verringert sich das Volumen etwa um 20%. Holzhäcksel ist wegen der langsamen Verrottung nicht für die Zubereitung von Schnellkomposten geeignet. Sie gelten aber als ideale Zugabe für unsere Gartenkompostmieten, in Mischung mit überwiegend krautigen Bestandteilen, weil sie in lockerer Lagerung die Durchlüftung während des Rotteprozesses begünstigen. Holzhäcksel wird auch bevorzugt zum Mulchen, insbesondere als Dauermulch, bei Gehölzgruppen und im Kultur-Pilzgarten eingesetzt.

Rasensoden-Kompostbereitung

Rasensoden-Kompost kann hergestellt werden, wenn bei Rasen- oder Wiesenumbruch größere Mengen Soden anfallen. Diese werden schichtweise mit Stallmist, bevorzugt mit Rinderdung, zu 80–100 cm hohen Mieten aufgesetzt und zusammen verrottet. Nach ein- bis zweimaligem Umsetzen ist dieser Kompost nach frühestens einem Jahr gebrauchsfertig.

Kompostieren von Teichaushub

Im Bundesgebiet gibt es inzwischen über eine Million Teiche in privaten Gärten. Bei der jährlichen Teich- und Grabenpflege fällt Aushubmaterial an, das vor Ort durch Kompostieren verwertet werden kann. Vorsicht bei Teich- und Grabenaushub von öffentlichen

Holzige Pflanzenrückstände sollten kleingehäckselt werden, danach sind sie optimale Zusätze für den Kompost.

Rasensoden können den Komposthaufen umgeben. Das nachwachsende Gras ab und zu schneiden.

Auch Teichaushub der Gewässerpflege kann kompostiert werden.

Gewässern! Sie könnten durch Schwermetalle und organische Schadstoffe belastet sein. Teichschlamm und Grabenaushub werden erst entwässert und dann mit Grassoden, Stroh, Schilf oder Gartenabfällen zu Mieten aufgebaut. Die Schichtdicke des Aushubes beträgt 20–25 cm, dazwischen legt man das sperrige Material und gibt darauf jeweils Gartenerde oder Kompost. Auch Kalkzusätze sind bei der Teichaushub-Kompostierung empfehlenswert.

Rottegruben, Rottegräben und Rottelöcher

Diese Verfahren sind zwar seltener geworden, weil sie immer mehr von besseren Methoden verdrängt werden. Sie sollten jedoch in der Aufzählung nicht fehlen.

In **Rottegruben** wird in unserem Klimagebiet vorwiegend während der Sommermonate kompostiert. Der Erdaushub erfolgt dafür etwa 0,40 m tief. Dieser wird zum Be-

In die Rottegrube werden schichtweise Abfälle eingefüllt und anschließend mit Erde bedeckt.

decken vor allem von Küchenabfällen verwendet, damit weder Ungeziefer angelockt wird noch unangenehme Gerüche entstehen. Die notwendige Rottefeuchtigkeit läßt sich in Gruben gleichmäßiger halten als in aufgesetzten Mieten. Vorsicht, es kann bei anhaltenden Niederschlägen zu Staunässe und unerwünschter Fäulnis des Kompostmaterials kommen! Kompostgruben sind bisher bevorzugt für Gaststätten mit vielen Küchenabfällen und in warmen Ländern angelegt worden.

Rottegräben, etwa 0,30 m tief, 0,50 m breit und beliebig lang, mit Abfällen gefüllt und mit Erde bedeckt, werden dort bevorzugt, wo im kommenden Jahr beispielsweise Hecken, Sträucher oder andere Dauerkulturen stehen sollen.

Das **Kompostlochverfahren** wurde besonders für schwere Böden entwickelt. In etwa 0,30 m tiefe Löcher mit 0,20 – 0,30 m Durchmesser, eventuell mit einem Tiefgrabegerät ausgehoben, ist das Rohkompostmaterial einzufüllen und ebenfalls mit Erde zu bedecken. Die Kompostlöcher lassen sich auch entlang oder zwischen stehenden Dauerkulturen verteilen. So entsteht Humus an Ort und Stelle, bewährt zum Aufbrechen und Lockern schwieriger Böden.

Kompostmiete als Energiestapel

Kann Rottewärme als Ersatzenergie genutzt werden?

Der bekannte Biotekt Rudolf Doernach sieht allein in der konsequenten Nutzung von biologischen Energien einen Ausweg für die künftige Energiewirtschaft, weil diese umweltfreundlichen Quellen nicht versiegen, solange die Sonne die Erde erwärmt und Pflanzen wachsen. Er empfiehlt nicht nur die Abwärme großtechnischer Anlagen, sondern auch von dezentralen Kleinkompostierungen, mit sogenannten Biomeilern, sinnvoll zu verwerten. Selbst Wohnhäuser, bedeckt mit Kompostmasse und Bewuchs oder ganze Stadtanlagen, wie ein Hügelbeet gebaut, könnten von der Rottewärme alternativ ihren Energiebedarf weitgehend decken. Wie man solche phantastischen Überlegungen in die Praxis übertragen kann, wäre durch gezielte Versuche und intensive Forschung noch zu erarbeiten.

Den möglichen Einsatz der Kompostierung von Haus- und Gartenabfällen zur Erwärmung von Klein-Gewächshäusern hat Prof. Zimmermann experimentell ermittelt. Er stellte einen aus Styroporplatten gebastelten Komposter im Kleingewächshaus auf und nutzte nicht nur die selbst im Winter bis 50°C angestiegene Rottetemperatur des Bio-Brüters, sondern auch das freiwerdende Kohlendioxid für das Pflanzenwachstum im Gewächshaus. Für den Wärmetransport können mit einfachen Kunststoffrohren Wasser oder Luft als Trägermedien gewählt werden.

Das wechselvolle Leben im Komposthaufen

Bei den Kompostierungsvorgängen bedarf es der Vielfalt an Bodenlebewesen, die in ihrer Gesamtheit von R. H. France erstmals als Edaphon bezeichnet worden sind. (Edaphon griech., edaphisch = den Boden betreffend, umfaßt Bodenflora und Bodenfauna.) Entscheidend ist die Erkenntnis, daß bei den Kompostierungsvorgängen nicht nur eine Zerlegung der organischen Masse in einfache Stoffe erfolgt, sondern in den Rotteprozessen auch neue, komplizierte Substanzen, Humus und Wirkstoffe gebildet werden.

Eine Kompostierung in Gitterkörben ist möglich.

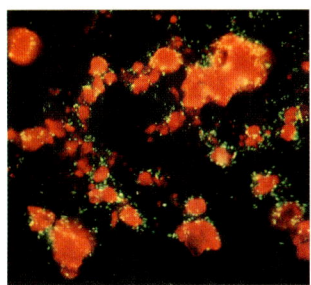

Bakterien (grün) verkitten Mineralteilchen zu größeren Krümeln (rotbraun).

Beim Edaphon überwiegt die Bodenflora mit der größten, arten- und formenreichsten Gruppe der Bakterien, mit Strahlpilzen, den sogenannten Aktinomyceten, Bodenpilzen, Algen und Flechten. Unter normalen Bedingungen beträgt der Anteil der Bodenflora am Edaphon 60 – 90 Gewichtsprozent.

Bodenflora

Bakterien sind kleinste, einzellige, schleimumgebene Organismen, die mit Hilfe moderner Elektronen-Mikroskope, Infrarotbelichtung und Zeitrafferfilm sichtbar gemacht werden können. Trotz ihrer Kleinheit sind Bakterien durch Vielzahl und Verschiedenheit zu beachtlichen Stoffumsetzungen fähig. Für ihre Lebenstätigkeit und den Aufbau ihrer Körpersubstanz benötigen die Bakterien die gleichen Nährelemente wie höhere Pflanzen. Sie können deshalb im Boden bei knappem Nährstoffangebot als Konkurrenten den Pflanzenwurzeln vor allem Stickstoff streitig machen.

Zur Unterscheidung werden die Bakterien nach äußeren Formen, Lebensäußerungen und Vorkommen gegliedert und bezeichnet. Wesentlich ist die Einteilung in aerobe Bakterien, die Luftstickstoff zum Leben benötigen, z. B. die wichtige Gruppe der Rottebakterien, und anaerobe Bakterien, die bei Luftabschluß tätig werden, z. B. Fäulnisbakterien. Das Temperaturoptimum für die Bakterientätigkeit liegt bei 30 °C. Innerhalb von 30 – 90 Minuten können sich die Bakterien unter günstigen Voraussetzungen verdoppeln. Die hohe Vermehrungsreife erklärt die Geschwindigkeit der Erwärmung von angehäuften Kompoststrohstoffen. Bei 80 °C sterben sie ab, wobei verschiedene Arten mit ihren Dauerformen, den Sporen, überstehen. Anaerobe Bakterien entziehen Sauerstoff zum einen den Kohlehydraten und bilden dabei stinkendes Methangas (Sumpfgas), zum anderen den Sulfaten, wobei gasförmiger, faulig riechender Schwefelwasserstoff entsteht. Die außerdem gebildeten Leichengifte Putrescin und Cadaverin können vermutlich, wenn sie mit dem Kompost in die Kulturböden gelangen, die Erreger von Pflanzenkrankheiten wuchsstoffartig fördern.

Strahlenpilze oder **Aktinomyceten** sind ebenfalls einzellig und ähnlich groß wie Bakterien. Sie benötigen vorwiegend Luftsauerstoff, zersetzen widerstandsfähige Substanzen wie Zellulose und Chitin, bilden teils auch Antibiotika, z.B. Streptomycin, und verleihen Kompost und Boden den angenehmen, typisch frischen Waldgeruch.

Pilze im Boden sind mehrzellig und entwickeln charakteristische Mycele (= Pilzgeflechte), die mit bloßem Auge sichtbar werden. Auch Pilze leben aerob, allgemein bekannt als Schleim-, Schimmel- und Hutpilze. Für ihre Kohlenstoffernährung greifen sie Pektine, Zellulose und den schwer zersetzbaren Holzstoff, das Lignin, an. Einzelne Arten bilden ebenfalls antibiotische Wirkstoffe, z. B. Penizillin.

Zu den niederen Pilzen gehören wichtige Pflanzenkrankheiten, wie z. B. Kohlhernie und Rettichschwärze. Die Hutpilze leben mit ihrem Mycel mit Laub- und Nadelgehölzen in Symbiose (= Lebensgemeinschaft). Raubpilze können Nematoden oder Geißeltierchen in Schlingen ihrer Hyphen (Pilzfäden) fangen.

Die Pilze entwickeln sich am besten bei pH-Werten um 5,0 und bevorzugen gerne trockene Standorte. Extreme längere Trockenzeiten werden mit Sporenstadien überstanden.

Algen, einzellig oder fadenförmig und chlorophyllhaltig, sind zur Photosynthese befähigt. Wegen ihres Lichtbedarfes finden wir sie vor allem in der oberen Bodenschicht. Blaualgenarten vermögen auch Luftstickstoff zu binden.

Flechten, als Gebilde von Pilzen und Algen in Lebensgemeinschaft, können ebenfalls vielseitige Prozesse der Bodenbildung einleiten.

Bodenfauna

Die Bodenfauna umfaßt eine Vielzahl verschiedener Tierarten unterschiedlicher Größe, die organische Substanz mechanisch zerkleinern, durchmischen oder verdauen, räuberisch leben und mit Gängen den Boden durchwühlen. Erdfresser, z. B. Regenwürmer, auch Nematoden, Asseln, Ameisen, Tausendfüßer und Insektenlarven sowie die Erdwühler Mäuse und Maulwürfe, bewegen durch ihre Tätigkeit ungeheure Erdmengen, sorgen damit für eine innige Durchmischung der Materialien, verbessern das Porenvolumen und damit den Wasser- und Lufthaushalt.

Bei den tierischen Bodenlebewesen sind zahlenmäßig einzellige Protozoen, Geißel-, Räder- und Bärtierchen am stärksten vertreten. Mit zunehmender Körpergröße nimmt ihre Anzahl im Kompost ab, und zwar in der weiteren Reihenfolge über Milben, Nematoden, Borstenwürmer, Würmer, Asseln, Tausendfüßer, Springschwänze, Schnecken, Maulwürfe, Feldhamster und Kaninchen.

Tausendfüßer

Bedeutung des Bodenlebens

Die Bedeutung des Bodenlebens für den Organismus Komposthaufen wird an der ungeheuren Zahl der Individuen besonders deutlich. Schätzungsweise leben in einem einzigen Kubikzentimeter Kompost 300 Milliarden Mikroorganismen.

Untersuchungen des Schweizers Dr. A. Stöckli ergaben in 1 g Boden:

200 000 000 bis 500 000 000 Bakterien
bis zu 13 000 000 Strahlenpilze
bis zu 1 000 000 Pilze
bis zu 200 000 Algen
bis zu 2 000 000 Geißel-, Räder- und Bärtierchen
Flächenbezogen fand man bei 1 m² Bodenfläche:
bis zu 100 000 Milben
bis zu 40 000 Springschwänze
bis zu 220 Regenwürmer

Mit am wichtigsten bei den Bodentieren sind die Regenwürmer im Kompost, die erst in der Abkühlungsphase der Rotte erscheinen und sich dann unter günstigen Bedingungen schnell vermehren. Regenwurmarten verzehren abgestorbene, meist schon etwas angerottete Pflanzenreste, zusammen mit großen Mengen mineralischer Bodenteilchen, die gemeinsam im Darm mit Verdauungsfermenten vermischt werden (siehe Seite 130).

Kompostwürmer (Eisenia foetida)

Stickstoff liefern abgestoßene Darmzellen und absterbende Bakterien. Die innige Vermengung organischer und mineralischer Masse führt zur Bildung stabiler Ton-Humus-Komplexe in der Losung der Würmer. Der Kompostwurm *(Eisenia foetida)* sondert zusätzlich stinkend gelben Schleim ab, der ebenfalls zur Krümelbildung und Lebendverbauung mit Bodenteilchen beiträgt.

Unvorstellbar groß ist die Zahl und Vielgestaltigkeit der Lebewesen im Kompost und im tätigen Boden. Sie fressen und verarbeiten organische Substanzen, werden selbst gefressen und dienen mit ihrem Tod weiterer Erneuerung.

Zusatzstoffe für die Kompostierung

Kalk und Algenkalk

Kalkgaben als Kompostzusatz sind besonders dann sinnvoll, wenn überwiegend sauer reagierende Materialien zu verarbeiten sind, also z. B. Laubarten, Nadelstreu, Rindenabfälle, Kaffeesatz, Trester u.a.m. Wenn wir Rinde allein kompostieren, ist ein Kalkzusatz von 10 kg je m³ erforderlich. Es darf zu Recht angenommen werden, daß angemessene Kalkgaben die Abbauaktivitäten der Mikroorganismen auch in anderen Komposten fördern. Einzelne Kompostspezialisten fügen Kalk nicht zu Beginn, sondern erst bei späteren Umsetzungen der Miete hinzu.

Kalkzusätze bewirken eine höhere Temperaturentwicklung in kürzerer Zeit, schnellere Reifung der Komposte sowie Verfügbarkeit der Nährstoffe und durch Abwenden von Fäulnis geringere Geruchsbelästigung. Abgeraten wird von Branntkalk wegen seiner schnellen Wirkung und damit verbundenen möglichen Stickstoffverluste. Besser sind kohlensaure Kalke oder – wie immer mehr üblich – der Einsatz von Algenkalken, z. B. „Algomin".

Algenkalke werden aus lebendgeernteten, anschließend getrockneten Meeresalgen gewonnen. Weil im Meerwasser alle lebenswichtigen Mineralstoffe enthalten sind, finden wir auch in den Algen das breiteste Nährstoff-Spektrum. Bisher sind von 93 in der Erdoberfläche vorkommenden nichtradioaktiven Elementen 60 in Algomin nachgewiesen worden. Es gilt zudem zu bewerten, daß Mineralstoffe und Spurenelemente in Meeresalgenkalken von Natur aus harmonisch dosiert vorkommen. Im Gegensatz zu Kalken aus gemahlenem Gestein sind in den Algenkalken die Mineralbestandteile biogener Art, nämlich bereits von den Meeresalgen assimiliert, deswegen können sie direkt in Bodenlösung gehen oder leicht pflanzenverfügbar an Bodenkomplexe angelagert werden.

Kalkstickstoff

Seit Jahrzehnten wurde bisher auch Kalkstickstoff zur Kompostierung im Garten eingesetzt, allgemein in Mengen von 150 g/m² für jede 20 cm starke Kompostschicht. Beim chemischen Umbau von Kalkstickstoff im Boden können (in der Cyanamid-Phase) Krankheitserreger sowie keimende Unkrautsamen, aber auch durch den desinfizierenden Effekt alle Kleinlebewesen dezimiert werden.

Kalkstickstoff kann bei herkömmlicher Gartenbewirtschaftung dem Kompost zugegeben werden.

Im alternativen Gartenbau findet der synthetisch hergestellte Kalkstickstoff keine Anwendung. Will man ähnliche zusätzliche Nährstoffanreicherungen, können statt dessen stickstoffhaltige organische Dünger, z. B. Hornmehl oder Blutmehl, gewählt werden.

Gesteinsmehle

Gesteinsmehle, auch als Urgesteinsmehle im Handel bezeichnet, wenn sie aus Granit oder Basalt ursprünglich stammen, werden bei der Steinverarbeitung in Schotterwerken gewonnen.

Gesteinsmehle bestehen über 80% aus Tonmineralien. Ihre chemische Zusammensetzung ist je nach Ausgangsgestein recht verschieden. Bei größerem Bedarf sollten die Analysenwerte des Materials kaufentscheidend sein. Deshalb ist es wichtig, die Inhaltsstoffe der angebotenen Produkte zu vergleichen und anhand bekannter Mittelwerte untersuchter Gesteinsmehle zu bewerten.

Vom Hessischen Landesamt für Landwirtschaft in Kassel wurden zehn handelsübliche Gesteinsmehle untersucht und folgende Nährstoffmittelwerte in Prozent gefunden:

Basisch wirksame Stoffe = 10,6%

Magnesium $= 5{,}2\%$ $(3{,}4 - 6{,}6)$ MgO
Kalium $= 0{,}5\%$ $(0{,}02 - 1{,}6)$ K_2O
Phosphor $= 0{,}18\%$ $(0{,}1 - 0{,}2)$ P_2O_5

Spurenelemente in mg/kg

Kupfer $=\ 57{,}2$ Cu
Zink $= 169{,}6$ Zn
Nickel $= 176{,}8$ Ni
Chrom $= 157{,}4$ Cr
Quecksilber $=\quad 0{,}03$ Hg
(Die Cadmium- und Bleiwerte lagen unter 0,1 mg/kg Gesteinsmehl).

Die Hauptnährstoffe sind in Gesteinsmehlen nur in geringen Mengen enthalten und liegen in schwerlöslicher Form vor. Lediglich

Magnesium ist von bemerkenswerter Bedeutung. Für die Versorgung mit Spurenelementen können Gesteinsmehle wertvolle Dienste leisten, ohne die unerwünschten Schwermetalle Blei, Cadmium und Quecksilber im Kompost oder Boden stärker anzureichern. Die erstaunliche Oberfläche von 1 g Gesteinsmehl kann bis zu 400 m^2 betragen und im Boden bis zu 20 g Wasser binden. Für die Pflanzenernährung ist der hohe Silikatanteil bedeutsam, weil dadurch die natürlichen Widerstandskräfte gegen extreme Witterung, Krankheiten und Schädlinge am stärksten sind.

Die Wirkung der Gesteinsmehle im Kompost ist ähnlich der Tonmehle. Während des Rottevorgangs im Kompost verstärkt gelöst und von den Mikroorganismen mit aufbereitet, liegen die Nährelemente zu einem beachtlichen Teil pflanzenverfügbar vor. Steinmehle wirken krümelstabilisierend und geruchsbindend. Die Mengenempfehlungen reichen von 5 – 9 kg/m^3 Kompost.

Tonmehle

Tonmehle gehören ebenfalls zur Gruppe der Gesteinsmehle. Sie werden aus geeigneten Tonvorkommen im Tagebau gewonnen.

Sommerblumen lohnen gute Bodenpflege mit reicher Blüte.

Tonmehle sind unter der Bezeichnung Bentonit und Montmorillonit im Gartenbau bekannt geworden. Es handelt sich meist um blättchenförmige, quellfähige Kristalle mit großer innerer Oberfläche, nämlich bis zu 600 – 800 m^2/g. Diese Eigenschaft erklärt das beachtliche Wasserhalte- und Nährstoffbindevermögen der Tonmineralien und damit ihre wichtige Bedeutung für die Lebensvorgänge im Boden. Durch Zusätze von Tonmehlen bei der Kompostierung bis 10 kg/m^3 wird die Bildung der wertvollen Ton-Humus-Komplexe unterstützt.

Tonmehle dürfen nicht in Klumpen ausgebracht werden, um das Bodenleben stellenweise nicht zu benachteiligen. Manchmal wird deshalb auch vor dem Ausbringen empfohlen, Tonmehle mit Sand, Blut- oder Hornmehl zu mischen.

Knochen-, Blut- und Hornmehle

Weitere Zusatzstoffe bei der eigenen Kompostbereitung sind schließlich Knochen-, Blut- und Hornmehl, wenn Düngeeffekte und biologische Wirksamkeit verstärkt werden sollen.

Hilfsstoffe – Präparate für die Rotte

Die wichtigsten handelsüblichen Präparate zum Starten, Beschleunigen und Lenken der Kompostrotte sind auf Mittelbasis von Mikroorganismen, Kräuterauszügen, Spurenelementen oder Gärfermenten hergestellt. Auch Mischpräparate werden angeboten. Daneben gibt es noch die Zusatzstoffe für die Kompostierung in den verschiedenen Richtungen des alternativen Gartenbaues.

Die Bewertungen dieser Hilfsstoffe sind sehr unterschiedlich und reichen von überzeugenden Empfehlungen bis uneingeschränkten Ablehnungen. Kritiker der Zusatzmittel weisen darauf hin, daß mit den

Mit Hilfsmitteln läßt sich die Kompostierung lenkend beschleunigen.

Weil die Kriterien der „inneren Qualität" von Komposten, die hygienischen Funktionen im Boden, die Bedeutung der Wirk- und Hemmstoffe, weitgehend unerforscht sind, ist auch eine allgemeingültige Bewertung von einwirkenden Zusatzstoffen nicht möglich.

In der Übersicht auf Seite 152 sind die bekanntesten Kompostierungshilfsmittel zusammengestellt.

Komposte der alternativen Gärten

Komposte sind in allen alternativen Anbausystemen für Bodenentwicklung, Pflanzenernährung und -gesundheit unersetzlich. Obgleich alle Methoden dieselben Zwecke verfolgen, weichen Herstellung und Verwendung der Komposte doch in Teilbereichen voneinander ab, ohne sich eigentlich im Grundsatz zu widersprechen.

Der biologisch-dynamische Kompost

Weil zur Humuspflege im biologisch-dynamischen Garten nicht nach dem Prinzip der Individualität im geschlossenen Betriebsorganismus des Landbaues gearbeitet werden kann, hat die Kompostbereitung einen höheren Stellenwert.

Bei der Anlage von Kompostmieten ist zunächst im Mietenbereich durch seitliches Wegräumen des Bodens eine zirka 15 cm starke Vertiefung erforderlich. Beim Aufsetzen des Haufens wird mit einer Lage Stroh begonnen, es folgt eine flache Sand- oder Lehmschicht und in etwa 10 cm Stärke jeweils die vielfältige, zerkleinerte Kompostrohmasse mit 3 cm kräftigen Zwischenlagen aus Erde oder Kompost. Die Angaben über die Höhe der Miete für Pflanzenkomposte liegen zwischen 1,00 – 2,50 m. Als Zusatz wird Kalk, am besten Algenkalk, empfohlen, der schleier- bis papierdünn auf jede Lage gestreut wird. Fehlt tierisches Aus-

Ausgangsstoffen genügend Mikroorganismen und Wirkstoffe in die Miete gelangen. Es muß lediglich gelingen, die Rottebedingungen optimal zu gestalten. Wer die Grundregeln der Kompostierung mißachtet, das Zerkleinern, Mischen, den Luft- und Wasserhaushalt, kann dies kaum durch aufwendige Zutaten korrigieren. Zudem wird auf reifen Kompost als den besten Rotteförderer hingewiesen.

Die Befürworter können sich dagegen auf erwiesene, günstige Erfahrungen berufen, insbesondere bei der Herstellung von Schnell- und Spezialkomposten, auch wenn das Kompostmaterial nicht genügend abwechslungsreich ist. Es sind deshalb nicht nur Anfänger, die gerne Rottehilfsmittel nachfragen, sondern vielfach Spezialisten, die bewußt spezifische Wirkungen erkannt haben und konsequent nutzen. Ist nämlich das C/N-Verhältnis zu weit, kommen stickstoffhaltige Mittel in Betracht und Präparate mit stickstoffbindenden Organismen nach der Abkühlungsphase des Rotteprozesses.

Präparate auf Kräuterbasis fördern die Kompostqualität durch verstärkte Lebens- und Ferменttätigkeit in der Miete, vor allem durch Begünstigung des Regenwurmbesatzes, besonders dann, wenn zusätzlich Gesteinsmehle zugesetzt werden können.

gangsmaterial, sollte über jede Zwschen-schicht reichlich Knochen-, Blut- oder Horn-mehl gestreut werden. Schließlich ist die Kompostmiete mit Erde abzudecken. In ei-ne längsseitige, flache Rille wird mit Re-genwasser oder Jauche abgelöscht, wenn Erhitzung droht.

Insgesamt betrachtet gibt die Geisteswis-senschaft keine Rezeptur. Sie beschreibt die Wandlungsabläufe des Lebens. Daraus ent-wickeln sich Ideen, die für den einzelnen Menschen oder Betrieb Leitlinie sein können. Für die Kompostierung erscheint es sinnvoll, die Mieten nicht heißer als 40 °C werden zu lassen und möglichst lange im Temperatur-bereich von 30 – 40 °C zu halten. Die Keim- und Samenabtötung durch die übliche heiße Rottephase ist unnötig, wenn nicht gar von Schaden für die Humusbildung. Die hygieni-sche Funktion übernimmt in der Folge der Mutterboden.

Im biologisch-dynamischen Gartenbau wer-den dem Kompost verschiedene Präparate zugesetzt, „damit er für kosmische Einflüs-se zugänglich wird" und der behandelte Bo-den seine Reproduktionsfähigkeit erhält. Die Spezialbehandlung des Komposthaufens er-folgt nach Anleitung mit den Präparaten 502 bis 507, die aus Schafgarbe, Kamille, Brenn-nesseln, Eichenrinde, Löwenzahn und Bal-drian auch selbst hergestellt werden können. Ergänzend wird auf die Bereitung von biologisch-dynamischen Spezialkomposten aus Leguminosen, Gras oder Tomatenkraut hingewiesen.

Der organisch-biologische Kompost

Im organisch-biologischen Gartenbau steht das Mulchen in der Bewertung vor der Hau-fenkompostierung. Charakteristisch sind nach der Methode H. Müller/Schweiz flache, nur 0,50 m hohe Aufschüttungen zerklei-nerter, pflanzlicher und tierischer Materia-lien mit Zusätzen von Gesteinsmehl. Nach

Löwenzahn

50 cm tiefe Löcher zum Einbrin-gen der Präparate 502 bis 507

Schafgarbe (blühend)

Kamille

Brennessel

Baldrianblüten

Eichenrinde

Die biologischen Präparate 502 bis 507, bestehend aus Schafgarbe, Baldrian, Löwenzahn, Kamille, Brennessel und Eichenrinde, werden punktförmig eingebracht.

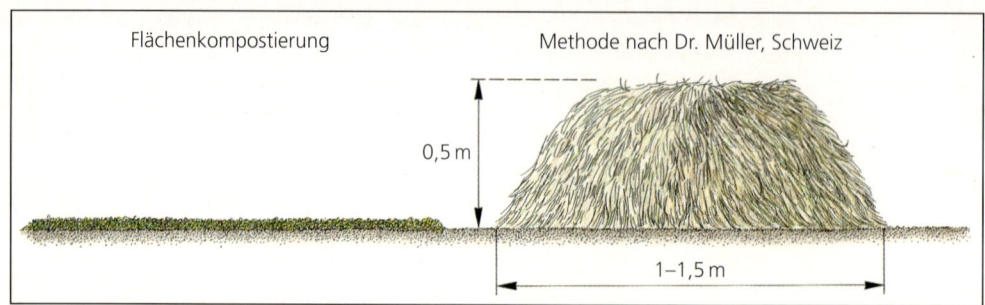

Flächenkompostierung

Methode nach Dr. Müller, Schweiz

0,5 m

1–1,5 m

Im organisch-biologischen Garten wird die Flächenkompostierung (links) bevorzugt. Maximal 0,50 m hoch darf die Aufschüttung werden (rechts).

genügender Anfeuchtung wird die Miete mit luftdurchlässiger Abdeckung geschützt. Frühestens nach sechs Wochen kann abgesiebt und dieser Frischkompost mit den gröberen Rückständen als Mulchmasse zur Bodenbedeckung verwandt werden.

Der makrobiotische Kompost

Kompost für den makrobiotischen Garten wird in 1,50 m hohen Mieten hergestellt, die ausreichend drainiert sind, um Vernässung vorzubeugen und genügend Luftzufuhr zu garantieren.
Auf die Drainrohre des Mietenbodens kommt eine Schicht Stroh oder Heu. Darüber folgen wiederholte Lagen von pflanzlichen Reststoffen, jeweils 10–20 cm stark, mit Streugaben von Magnesiumkalk oder Kalkmergel, darauf 3 cm dicke Erd- oder Kompostlagen auf locker geschichtetem Stroh. Schließlich wird der Haufen 5 cm stark mit Erde und einer 10–20 cm dicken Schicht aus Stroh oder Fasern geschützt. Während des Haufenaufbaues sind senkrecht stehende Drainrohre im Abstand von 2,00 m einzusetzen.
Nach drei Monaten wird die Miete umgesetzt. Aus abgemähter Gründüngermasse kann Makrobioten-Schnellkompost hergestellt werden. Dafür ist der Zusatz eines Bakterienpräparates (Bezugsquelle siehe Seite 153) notwendig.

Der Mazdaznan-Kompost

Der Mazdaznan-Kompost wird aus einem Gemisch von pflanzlichen und tierischen Reststoffen gewonnen. Eine kräftige Schicht Geäst oder Heckenschnittgut wirkt als Drainunterlage. Darauf folgt, etwa 20 cm hoch, das Kompostierungsmaterial, vermischt mit Wildkräutern, wie z. B. Löwenzahn, Baldrian, Kamille und Schafgarbe, die auch als Aufguß zugefügt werden können.

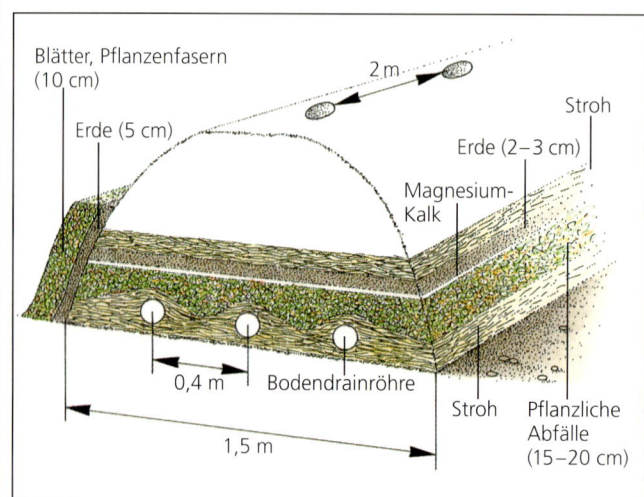

Blätter, Pflanzenfasern (10 cm)

2 m

Stroh

Erde (5 cm)

Erde (2–3 cm)

Magnesium-Kalk

0,4 m   Bodendrainröhre

1,5 m

Stroh   Pflanzliche Abfälle (15–20 cm)

Kompostaufbau im makrobiotischen Garten

Für den Mazdaznan-Kompost wird das Material z. B. auch mit Löwenzahn vermischt.

Ist tierischer Dung verfügbar, bildet er die nächste Zwischenlage, sonst wird Knochen- oder Hornmehl zugefügt. Eine dünne Schicht Schwefel soll die Erde desinfizieren. Bevor im Wechsel z. B. halbverrottetes Stroh und weiteres Kompostgut nachfolgen, wird etwa 20 cm stark alte Komposterde aufgetragen und mit Dolomitkalk überstreut. Nach jeder Mehrfachlage ist Kaliumpermanganat zu streuen, etwa 50 g je 100 m² Kompostfläche. Wenn die Mindesthaufenhöhe von 1 m erreicht ist, soll mit einer Erdschicht ummantelt und die Miete mit Gras, Heu, Stroh oder Jutesäcken geschützt werden.
Nach mehreren Monaten muß man umsetzen und ihn drei Jahre reifen lassen.

Der veganistische Kompost

Im veganistischen Gartenbau dürfen zur Kompostbereitung keinerlei tierische Reststoffe Verwendung finden. Unkraut, Stroh und frisch geschnittene Kräuter gelten als wichtigste Kompostbestandteile. Gesteinsmehl, Ruß, Seetangextrakt, Kalk und ein spezieller Kompostaktivator sind die empfohlenen Zusätze. Veganistischer Kompostaktivator ist nur in England erhältlich. Er ist ein Pflanzenpräparat, bestehend aus den gleichen Kräutern wie die biologisch-dynamischen Kompostpräparate 502 bis einschließlich 507, allerdings nicht in aktivierter Form. Die 1,50 m hohe Miete, geimpft mit Zusätzen und abgedeckt mit Erde sowie einer Strohschicht, ist zudem noch mit einer Folie oder mit Sackleinen zu schützen. Nach sechs bis acht Wochen ist der veganistische Schnellkompost anwendungsreif.

Kompost nach dem Lemaire-Boucher-Verfahren

Nach dem Verfahren Lemaire-Boucher, weit verbreitet in Frankreich, wird etwa vier Wochen altem Schnellkompost die größte Bedeutung zugemessen. Bei der Kompostierung dürfen die Rohstoffe nur mit Korallenalgenkalk ergänzt werden.

Kompost nach dem Howard-Balfour-System

Beim Howard-Balfour-System, das ursprünglich von Sir Albert Howard, dem Begründer des Indore-Kompostierungsverfahrens, entwickelt wurde, ist das gesamte im Haus und Garten anfallende Restmaterial zu verwerten. Nährstoffanreicherungen des Komposts

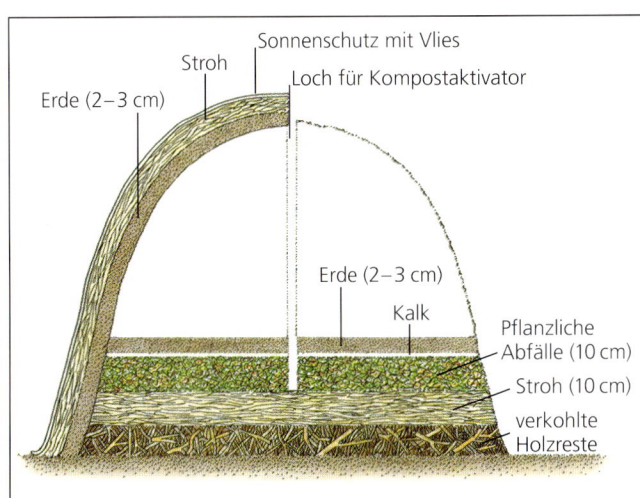

Erde (2–3 cm)
Stroh
Sonnenschutz mit Vlies
Loch für Kompostaktivator
Erde (2–3 cm)
Kalk
Pflanzliche Abfälle (10 cm)
Stroh (10 cm)
verkohlte Holzreste

Kompostaufbau im veganistischen Garten

mit Korallenkalk, Phosphatmehl und gelegentlich auch von Kaliummagnesia sind dabei erlaubt.

Das häufiger zitierte Indore-Verfahren (Zeitablauf siehe unten) ist eine Kompostierung in Gruben. Mit dieser Methode konnte im Ursprungsland Indien, unter den dortigen klimatischen Verhältnissen, die rottende Masse vor dem Austrocknen wirksam geschützt werden.

Zeitablauf beim Indore-Verfahren:

1. Tag	Beginn der Beschickung
6. Tag	Ende der Beschickung
10. Tag	Bakterien- und Pilzwachstum ist im Gange
12. Tag	erste Bewässerung
16./17. Tag	erstes Umsetzen, wobei der Kompost mit Material aus einer älteren Kompostgrube geimpft wird
24. Tag	zweite Bewässerung
30.–32. Tag	zweites Umsetzen
38. Tag	drittes Bewässern
45. Tag	viertes Bewässern
60. Tag	drittes Umsetzen
67. Tag	fünftes Bewässern
75. Tag	sechstes Bewässern
90. Tag	Kompost ist fertig zum Anwenden

Kompost nach dem Jean-Pain-Verfahren

Beim Kompostierungsverfahren Jean Pain, das vor wenigen Jahren in ganz Europa Aufsehen erregte, wird vielfältiges Gestrüppmaterial verwertet, das z. B. bei Räumungsarbeiten in der Landschaft (auch Unterholz von Wäldern) anfällt.

Die frisch geschnittene Pflanzenmasse, durchdringend angefeuchtet, in Mieten von 1,00 m Höhe aufgeschichtet und mit Steingewichten beschwert, muß zunächst drei bis vier Wochen verrotten. Dann folgt die eigentliche Kompostierung in Haufen, die vor starker Sonneneinstrahlung mit Erd-

Bei der Kompostierung nach Lübke wird die Miete mit einem atmungsaktiven Vlies abgedeckt.

und Reisigabdeckungen zu schützen sind. Nach drei Monaten ist dieser Kompost verwendbar. Als Besonderheit gilt dabei, daß solcher Jungkompost als Mulch, in Schichtstärken von zirka 7 cm, gerade bei gärtnerischen Kulturen beste Erfolge brachte.

Gelenkte Kompostierung nach Lübke

Prinzipiell werden die Kompostmieten immer geimpft mit CMC-Kompoststarter 550. Zusätzlich können etwa 10% alter Kompost hinzugegeben werden und Steinmehl bis 20 kg/m³. Der Umsetzrhythmus richtet sich nach dem gemessenen Sauerstoffgehalt; sobald er unter 8% fällt, wird umgesetzt, insgesamt acht- bis fünfzehnmal je Rotteperiode. Um die Qualität des Endproduktes zu garantieren, werden die Rotteprozesse mit verschiedenen Prüfverfahren begleitet, wobei die Bestimmung des Humuswertes nach Lübke und der Chromatest (siehe Seite 143) eine wesentliche Rolle spielen.

Die Kompostmiete ist mit einem atmungsaktiven Vlies zu bedecken. Nach sechs Wochen ist hochwertiger Kompost einsatzbereit, pflanzen- und umweltfreundlich verfügbar. Dieses platzsparende Verfahren ist besonders für Gemeinschafts- und Wegrandkompostierungen landwirtschaftlicher Betriebe geeignet.

Kompostierungs-gemeinschaften

Die Herstellung von Kompost aus Haus- und Gartenabfällen in Gemeinschaften hat mehrere Vorteile. Im allgemeinen wird mit mehr erworbenen Fachkenntnissen in größeren Mengen qualitativ einwandfreier Kompost gewonnen und beim notwendigen Einsatz von leistungsstärkeren Aufbereitungsmaschinen und Kompostierungseinrichtungen kostengünstiger produziert.

Schreddergemeinschaften

Schreddergemeinschaften lassen sich am besten über Obst- und Gartenbauvereine, örtliche Kleingartenkolonien oder Grabelandgemeinschaften organisieren. Anschaffungs- und Aufbereitungskosten werden vom Verein bzw. den beteiligten Gruppen getragen oder durch Abgaben je nach Kompostmenge finanziert. Dadurch entfällt die Anschaffung von Geräten für Einzelgärten, und die Lärmbelästigungen sind zeitlich sowie räumlich begrenzbar. Schreddergemeinschaften geben in der Regel frisches Schreddergut zurück, das bevorzugt zum Mulchen, auch für die Bodenbedeckung der Gartenwege oder als Zuschlagsmaterial für die eigene Haufenkompostierung Verwendung findet. Die Gemeinschaft kann aber auch selbst kompostieren und Jungkompost wie Reifkompost an die Mitglieder zurückgeben. Wenn Schreddergemeinschaften, von der Gemeinde unterstützt, auf den Müllplätzen arbeiten dürfen, kann auch in größeren Mengen anfallendes Rohmaterial von Nichtmitgliedern gehäckselt und in Gärten verwertet werden.

Kompost-Interessengruppen

Kompost-Interessengruppen, auch unter der Bezeichnung „Kompostieren im Quartier" bekannt, wurden zuerst mit bestem Erfolg in der Schweiz ins Leben gerufen. Es sind Freiwilligengruppen, die in Städten, abgegrenzt für überschaubare Wohnviertel, Haus- und Küchenabfälle sammeln, im Quartier selbst auch ordnungsgemäß kompostieren und den fertigen Kompost verteilen oder auch verkaufen.

Die Initiativen werden von den Stadtverwaltungen unterstützt, die ihrerseits das passende Gelände für die Aufbereitung sowie Sammelgitter oder Container zur Verfügung stellen; alles übrige ist Sache der Kompost-Interessengruppen. In Aufrufen suchen sie Gleichgesinnte und bilden ein Netz von Freiwilligenhelfern, die sich als Gegengewicht zu unserer Wegwerfgesellschaft verstanden wissen wollen. Die mitwirkenden Haushalte beschaffen oder erhalten Sammelgefäße mit dicht schließenden Deckeln, in denen mehrere Tage, ohne Verbreitung von Gerüchen, Küchenabfälle gesammelt werden.

Die im Wohnviertel aufgestellten Sammelgitter oder Container werden täglich von Freiwilligenhelfern turnusmäßig betreut und die anfallenden Massen eventuell mit Gesteinsmehl zur Geruchsbindung bestreut. Auch die Kompostierung übernimmt die Interessengemeinschaft „Kompost" (IK), wobei im allgemeinen je Helfer nicht mehr als drei bis vier Stunden pro Monat aufgewendet werden müssen. Für 100 Haushalte sind 20 – 25 m^2 Kompostierungsfläche notwendig.

Durch Bürgersinn und Einsatz ist es tatsächlich gelungen, brauchbare Komposte zu schaffen. Vereinzelte Fremdstoffe, z. B. Plastik, Aluminium oder Glas, die unbeabsichtigt in das Sammelgut gelangten, fielen nicht ins Gewicht. Die Betreuung durch freiwillige Helfer war intensiv und funktionierte ordentlich. Die Qualität des überprüften Kompostgutes wurde als frisch beurteilt, ohne bedenkliche Anreicherungen von Schadstoffen. Alles in allem können diese dezentralen Kleinkompostierungsanlagen zur Nachahmung empfohlen werden.

Kompostierung durch die Gemeinden

Mit gesetzlichen Regelungen ist in den Ländern der Bundesrepublik Deutschland und in Österreich zur Bewältigung wachsender Müllprobleme die landesweite Kompostierung von Bioabfällen angeordnet worden. Die entsorgungspflichtigen Gebietskörperschaften müssen Konzepte für die Umsetzung des Gesetzesauftrages vorlegen. Dabei sind die Planungen der kreisangehörigen Gemeinden in angemessener Weise zu berücksichtigen.

In Hessen wird das Potential kompostierbarer Bioabfälle auf etwa 1 000 000 t/Jahr geschätzt, aus denen ungefähr 400 000 t/Jahr Kompost gewonnen werden könnten. Zwischenzeitlich sind vor allem in Ballungsgebieten teure Groß-Kompostanlagen gebaut oder in Planung. Vor allem für dünner besiedelte ländliche Gebiete sollte man dezentralen Konzepten der Gemeinden folgen. Hier könnte an landwirtschaftliche Betriebe mit ländlichen Maschinenringen, im Sinne der Förderung des ländlichen Raumes, die ordnungsgemäße Kompostierung übertragen werden. Zwischenzeitlich ist mit vermehrten Beispielen bewiesen, daß Landwirtschaft und Gemeinden gemeinsam diese Aufgabe lösen können. Von der Landwirtschaft werden Gebäude, Maschinenausrüstung und Fachwissen gestellt, und die Gemeinde sorgt für Sammelstellen und fördert die getrennte Müllsammlung.

Als Kompostierungsverfahren hat sich die sogenannte Wegrandkompostierung bewährt. Kompostmengen, die häufig wegen des beachtlich hohen Anfalles nicht über Rückgabe und Verkauf absetzbar sind, könnten auf landwirtschaftliche Nutzflächen vor Ort eingesetzt werden und dem ohnehin fortschreitenden Humusschwund entgegenwirken.

Nach überschlägigen Schätzungen reichten allein 10–15% der landwirtschaftlichen Nutzfläche mit humusarmen Böden aus, um das gesamte jährliche Kompostaufkommen zu übernehmen. Eine unbezwingbare Kompostschwemme wäre also auch bei voller Ausbeute der organischen Masse des Müllanfalles nicht zu befürchten.

Schadstoffe in Komposten und Empfehlungen zur Vermeidung

Tatsache ist, daß Gartenböden in Industrie- und Siedlungsballungszentren sowie in der Nähe stark befahrener Verkehrsstraßen zunehmend mit Schadstoffen (insbesondere mit den Schwermetallen Blei, Cadmium, Quecksilber und Zink) belastet sein können. Nach mehrjährigen hessischen Untersuchungen standen die gefundenen Schwermetallbelastungen der Böden in enger Beziehung zu erhöhten Werten in den Komposten derselben Gärten.

Zur Schadstoffbestimmung wird eine Probe Kompost entnommen.

Über den Stoffkreislauf Nahrungspflanzen – Abfälle – Kompost – Boden kommt es bei gleichzeitig fortwährender Umwelteinwirkung zu unerwünschten Anreicherungen. Liegen Gärten und Kompostanlagen in Risikozonen, können wir Böden und Erden – im Einzelfalle auch die Nahrungspflanzen – auf Schadstoffgehalte bei den zuständigen Landesuntersuchungsanstalten (siehe Seite 151) gegen Entgelt analysieren lassen. Damit die Analysenergebnisse allgemein gültige Bewertungen ermöglichen, sollte die Probeentnahme nach einheitlichen Richtlinien erfolgen.

Mit welchen Maßnahmen kann der einzelne

Für Schwermetalluntersuchungen von Komposterden ist bei der **Probeentnahme** folgendes zu berücksichtigen: Der fertige Kompost wird vorgemischt, gesiebt (günstige Sieblochung 2–4 cm) und zumindest von groben Teilen gesäubert. Etwa zehn Liter dieses Kompostmaterials sind dann in einem Kunststoffeimer gründlich durchzumischen. Davon füllt man eine Mischprobe von 500 g in einen Kunststoffbeutel. Der Versandpackung ist das Probeentnahmeprotokoll so beizulegen, daß es nicht aufweichen kann. Der Probeentnahmebeutel ist mit einem wasserfesten Stift zu kennzeichnen. Das Probeentnahmeprotokoll sollte Angaben über den Standort der Kompostierungsanlage (Nähe von Straßen, Industrie) enthalten und über Alter des Gartens und des Kompostes sowie über die hauptsächlich kompostierten Materialien und Zusätze Auskunft geben. Eine Risikobewertung der Kompostanalysen kann von den Untersuchungsämtern oder den zuständigen Beratungsstellen der Länder (Landesämter, Landesanstalten oder Landwirtschaftsämter) kostenlos erbeten werden. Dies gilt gleichermaßen auch für Analysenbewertungen von anderen unerwünschten Schadstoffen, z. B. chlorierten Kohlenwasserstoffen.

Gartenbesitzer zunehmenden Schadstoffanreicherungen seiner Komposte, vor allem mit Schwermetallen, entgegenwirken?

1. Man muß sorgfältig darauf achten, daß keine schadstoffbelasteten Stoffe, z. B. Farbreste und größere Mengen von Asche und Ruß, mitkompostiert werden.
2. Es sollten keine Müllkomposte, Klärschlämme oder Müllklärschlammprodukte verwendet werden.
3. Wichtig ist, daß unbedenkliche organische Materialien nicht mit belasteten Stoffen längere Zeit zusammen gelagert, sondern die Abfälle bei ihrer Entstehung sofort getrennt gesammelt werden.
4. Kehricht von stark befahrenen Straßen ist wegen Asphalt- und Reifenabrieb ungeeignet.
5. Laub von Straßenbäumen und Mähgut von Straßenrändern sollten besser nicht verwendet werden.
6. Die Kompostierung sollte möglichst nicht in Straßennähe beziehungsweise nur bei einem Mindestabstand von 30 m erfolgen.
7. Bedecken mit Folien schützt vor Schadstoffeintrag über die Luft.
8. Gründliches Waschen der Gartenerzeugnisse vor dem Putzen und Schälen kann die Schadstoffe der Küchenabfälle verringern.
9. Kompostierungsmaterialien von außerhalb, z. B. Abfälle von Industrie- und Gewerbebetrieben (Leder- oder Pelzreste), sollten nur dann mitverarbeitet werden, wenn sie tatsächlich schadstoffunbedenklich sind.

Kompostbezeichnungen – Begriffserklärungen

Kompost verändert sich ständig während der Rottezeit in seinem physikalischen, chemischen und biologischen Zustand. Abhängig vom Rottegrad sind folgende Bezeichnungen üblich:

Rohkompost ist organisches Ausgangsmaterial für die Kompostierung.

Frischkompost ist noch in Rotte befindli-

Reifer (links) und frischer Kompost (rechts)

Fertige Kompostmiete: Aus dem Rohmaterial ist beste Komposterde geworden.

cher Kompost mit hohem Humusanteil; geeignet zum Mulchen (auch als Mulchkompost bezeichnet) und zur Flächenkompostierung.

Reif- oder **Fertigkompost** ist in fortgeschrittener Reife befindlicher Kompost, vielseitig einsetzbar. Wichtig ist, daß wir fertige Komposte nicht auf Vorrat sieben, weil sie dann zu dicht lagern.

Komposterde, die Rotte ist weitgehend abgeschlossen; die Struktur des Ausgangsmaterials ist nicht mehr erkennbar. Aussehen: krümelig, erdig, angenehmer Geruch.

Kalter Kompost, damit sind nicht der nach Ab- und Umbau erkaltete Reifkompost oder die Komposterde gemeint. Kalter Kompost ist aus sogenannter Kaltrotte mit Temperaturen von höchstens 40 °C in der Abbauphase entstanden. Der Abbau von organischer Substanz erfolgt durch mesophile Mikroorganismen, zeitlich mehr oder weniger verzögert. Bei der Kaltrotte können bereits auch Kleintiere beteiligt sein, z. B. Regenwürmer, die bis 42 °C nicht absterben. Begründet wird die Forderung nach kaltgerottetem Kompost für die Erzeugung von Nahrungsmitteln damit, daß es in der Natur keine Heißrotte gibt. Die dadurch erzielten Vorteile der Abtötung von Krankheitskeimen sind hygienische Funktionen des fruchtbaren Bodens. Es wird angenommen, daß im erhitzten Kompost entstandene thermisch denaturierte Moleküle, die als ernährungsphysiologisch nachteilig eingestuft werden, von den Pflanzen aufgenommen und über den Nahrungsweg in den menschlichen Organismus gelangen.

Kalter Kompost entsteht auch beim Mulchen und Flächenkompostieren sowie in Hoch-, Hügel- und Bankbeeten.

Schnellkomposte stammen aus gesteuerter Mietenkompostierung. Sie werden im allgemeinen mit Kompostierungshilfen innerhalb von sechs Wochen bis drei Monaten hergestellt und sind besonders vorteilhaft zum Mulchen geeignet (siehe auch Seite 28).

Spezialkomposte sind für bestimmte Zwecke weiterbehandelte, beziehungsweise von ausgewählten Rohstoffen (Stroh, Laub, Rinde, Grünmaterialien oder ihre Mischungen) hergestellte Komposte (siehe auch Seite 29).

Verstärkte Komposte sind durch Zusätze, z. B. mit Handelsdüngern, ergänzt.

Maschinen und Geräte zur Kompostbereitung

Vielfalt der Komposter

Komposter erfüllen vor allem für kleinere Gärten die Zwecke des Sammelns und der Rotte, sind platzsparend und stören durch ihr Aussehen nicht das Gartenbild. Ohne Geruchsbelästigung für die Nachbarschaft kann damit das Kompostieren verhältnismäßig einfach und sicher erfolgen. Bei richtiger Handhabung lassen sich mit solchen Behältern qualitativ hochwertige Komposte herstellen.

Bei der Anschaffung oder dem Selbstbau eines Komposters sind die bekannten Erfordernisse für die Rottevorgänge zu berücksichtigen, nämlich genügend Luftzutritt, Schutz vor starker Sonnenbestrahlung und

Verschiedene Komposter: Sie alle haben seitliche Lüftungsschlitze.

Austrocknung sowie andererseits vor Übernässung. Auch Komposter müssen mit dem Unterboden in Verbindung stehen, damit Bodenlebewesen beliebig einwandern und bei vorübergehenden, extremen äuße-

Geöffneter Thermokomposter: Im Gitterkorb befindet sich das Kompostmaterial.

Im Thermokomposter kann auch im Winter kompostiert werden.

ren Einflüssen auch wieder in tiefere Bodenschichten wechseln und überleben können. Die eigentliche Materialverwendung für den Bau ist von sekundärer Bedeutung. Es sollen damit natürliche Haltbarkeit und Belastung garantiert sein.

Bei der Anschaffung eines Komposters ist darauf zu achten, daß Füllen und Entleeren sowie Kontrolle möglich sind.

Die derzeit bekanntesten handelsüblichen Komposter sind in der Übersicht auf Seite 152 zusammengestellt. Bei Angeboten und Beschreibungen der Komposter finden wir neben den älteren Begriffen wie Kompostsilo, -tonne, -gitter und -lege auch neuere Bezeichnungen, z. B. Solarkomposter, Thermokomposter, Komposet und Bio-Container.

Was ist ein **Solarkomposter**? Der Solarkomposter besteht aus einem Sonnen-Wärmesammler, dem Mantel des Komposters sowie einem Einsatzbehälter aus Drahtgitter. Der Abstand zwischen den beiden Elementen bedingt vorteilhaften Wärme- und Luftaustausch, ohne daß die Randzonen stärker austrocknen.

Vario-Komposter bestehen aus lamellenartigen Einzelteilen, geeignet zum Selbstbau unterschiedlicher Formen und Größen und der Möglichkeit an beliebiger Stelle den Komposter zu öffnen, z. B. zur Entnahme des fertigen Kompostmaterials.

Selbstbau-Komposter

Selbstverständlich lassen sich Komposter auch im Eigenbau erstellen, insbesondere aus Rundhölzern beziehungsweise Bohlen, Stein oder Draht. Empfehlenswert sind beim Eigenbau zwei-, besser dreikammerige Systeme, wobei ein Behälter zum Sammeln bestimmt ist und die beiden anderen zum Rotten und Reifen Verwendung finden können. Starke Eckpfosten mit Nut müssen bei Holzbauten das Einsetzen der Seitenbretter ermöglichen; zumindest gilt dies für die Vorderseite zur leichteren Entnahme des fertigen Kompostes. Die Größe der Einzel-

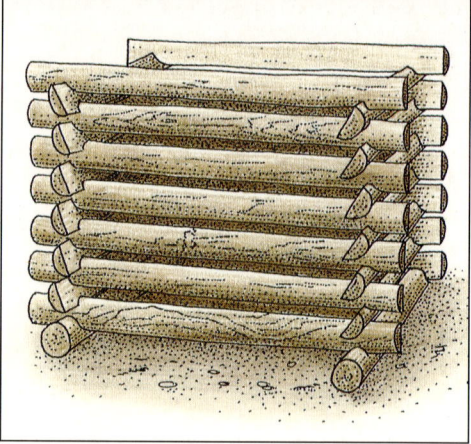

Ein Komposter kann aus halbierten Rundhölzern selbst gebaut werden.

boxen ist mit 100 × 100 cm im Grundriß und 90 cm in der Höhe angemessen. Die Farbanstriche sollen ungiftig sein – mit Mitteln, die mit dem blauen Umweltengel ausgezeichnet sind und nicht störend wirken. Bei gemauerten Kompostern, z. B. mit Backsteinen, ist auf ein ausreichendes Löchersystem der Seitenwände zu achten. Die Öffnung der nicht gemauerten Vorderfront sollte durch einen Einschub von Brettern leicht verschließbar sein.

Einfache, runde Drahtsilos lassen sich ohne großen Kostenaufwand mit Maschendraht oder Baustahlgewebe und einigen Zaunpfählen bauen. Sind Stahlfässer verfügbar, müssen nur an den Seiten und in den Boden Luft- beziehungsweise Abzugslöcher gebohrt werden, und die Kompostierung kann damit beginnen.

Gartenhäcksler auf dem Prüfstand

Der große Durchbruch bei den Holzhäckslern gelang mit verstärkten Kompostierungsbemühungen zur Verwertung organischer Rohstoffe im Rahmen der Abfallverwertung. Inzwischen sind allein über 30 verschiedene Gartenhäcksler-Typen im Handel

Mit einem Gartenhäcksler kann man auch größeres Schnitt-gut zerkleinern.

Handhäcksler

(siehe Seite 153). Mit solchen Schreddern können wir im Garten alle sperrigen organischen Reststoffe im Volumen stark reduzieren und für den Abbauprozeß im Kompost vorzüglich aufbereiten. Die Vergrößerung der Angriffsoberfläche des geschredderten Teilmaterials ermöglicht schnellere Zersetzungsprozesse durch Mikroorganismen. Das gewonnene Häckselgut kann auch zur längerfristigen Bodenbedeckung als Mulch vielfältig Verwendung finden (siehe Seite 65).

Die Gartenhäcksler werden mit unterschiedlichen Zerkleinerungswerkzeugen sowohl mit Messer- als auch mit Schlagwerk angeboten. Mit Messer-Schreddern erhalten wir Hackschnitzel, die vorzüglich zum Mulchen geeignet sind. Mit Schlagwerkzeugen ausgerüstete Maschinen liefern schmalfaseriges Schreddergut, das sich zum Haufenkompostieren besser eignet. Zur Erdaufbereitung kommen nur Komposthäcksler mit Schlagwerk in Betracht.

Besondere Aufmerksamkeit verdienen Gartenhäcksler mit Zwei-Kammer-System, die sowohl erdiges, krautiges Rohmaterial als auch Zweige und Geäst verarbeiten. In einem zweiten Durchgang ist zudem ein Mischen des Häckselgutes möglich.

Kleinere Geräte der unteren Preisklasse sind mit Elektromotoren ausgerüstet, vorherrschend für 220 V Lichtstrom und nur bei größerem Leistungsbedarf für 380 V Kraftstrom. Ferner werden allgemein Schredder mit Verbrennungsmotoren oder Holzhacker mit Zapfwellenantrieb angeboten.

Berücksichtigen wir bei der Anschaffung Arbeitsprinzip und Motorleistung, so lassen sich mit den bekannten Häckslertypen befriedigende Ergebnisse erzielen. Trotz technischer Verbesserungen in den letzten Jahren ist die Lautstärke verschiedener Fabrikate noch zu hoch. Auch darauf ist beim Kauf zu achten, wenn in Wohngebieten kein Ärger mit den Nachbarn wegen Schredderlärm entstehen soll.

Für Kleingartenkolonien und Gruppensiedlungen wird die Anschaffung leistungsstarker Gemeinschafts-Schredder empfohlen. Immer häufiger bieten auch Gemeinden und Lohnunternehmer das Zerkleinern von Gartenabfällen gegen Entgelt an.

Folgende Einsatzbedingungen sollten wir bei Gartenhäckslern beachten:

1. Geräte mit Messerwerkzeugen eignen sich nur für Schnittholz.
2. Schredder mit Zweikammersystem sind vielseitiger verwendbar.

3. Schon beim Schneiden muß man auf gering verzweigtes Geäst achten, stark verzweigtes Material wird vor dem Schreddern zugeschnitten.

4. Sicherheitsbestimmungen sind zu beachten. GS-Zeichen heißt „Geprüfte Sicherheit". Damit sind die einschlägigen Unfallverhütungs- und VDE-Vorschriften erfüllt.

5. Die Geräte sollten einen stabilen Stand haben.

6. Beim Einsatz muß Überforderung der Geräte vermieden werden.

7. Im Freien dürfen nur Kabel mit Gummiummantelung (Rasenmäherkabel) verwendet werden. Mit zunehmender Kabellänge sinkt die Motorleistung.

Ergänzend wird schließlich auf das lautlose Zerkleinern von Kompostrohmaterial mit dem handbetriebenen „Häckselzwerg" hingewiesen. Damit können Zweige bis 3 cm Dicke ohne großen Kraftaufwand geschnitten werden. Mit einem Handhäcksler aus dem Grünen Laden (Abb. siehe Seite 51) lassen sich durch Muskelkraft Hecken- und Rosenschnitt, Staudenreste, Obst- und Gemüseabfälle u.a. zur Kompostierung vorbereiten. Die Hersteller der bekanntesten Gartenhäcksler sind auf Seite 153 aufgelistet.

Praxis mit Gartenkomposten

Viele Gartenböden sind bisher falsch behandelt, nährstoffüberfrachtet, oft noch nicht auf naturgemäße Bewirtschaftung umgestellt. Aber auch unsachgemäße, überdosierte Anwendungen von organischen Düngern können schockartig nachteilig auf den Gartenboden wirken. Deshalb sollen Empfehlungen von bewährten Anwendungen eine Hilfestellung sein.

Zur Selbstversorgung unseres Gartens benötigen wir jährlich 1,5 – 2 m³ Kompost je 100 m² Fläche; das entspricht in der Verteilung einer Schichtstärke von 1,5 – 2 cm.

Richtig angewandt, können wir damit die Bodenstruktur eines fruchtbaren Bodens erhalten und die Nährstoffansprüche der Kulturen weitgehend decken. Höhere einmalige Kompostgaben, auch über fünf bis zehn Liter pro m² bei strukturschwachen Böden zum beabsichtigten Humusaufbau, sind widersprüchlich, weil die mikrobielle Fähigkeit nicht gegeben ist, diese hohen Mengen zu verarbeiten.

Niedrige und häufigere Kompostdüngungen lassen eine sinnvolle Angleichung erwarten. Mit der Verwendung von Kompost kann aber auch im Nutz- und Ziergarten auf Torf, dessen natürliche Vorkommen endlich sind und der Moorabbau aus Gründen des Landschaftsschutzes begrenzt werden muß, nahezu ganz verzichtet werden.

Die Fortschritte der Kompostwirtschaft sind daran zu erkennen, daß, im Gegensatz zu früher, statt mehrjähriger, unproblematischer Reifkomposte und Komposterden,

Mit Komposterde gedüngt wird der Gartenboden fruchtbar.

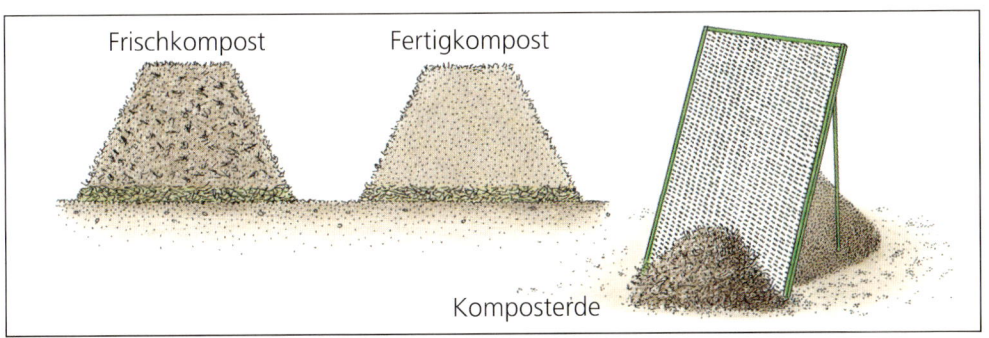

Frischkompost Fertigkompost

Komposterde

Zur Gewinnung von Komposterde wird der Kompost (links Frischkompost, Mitte Reifkompost) gesiebt (rechts). Der Siebrückstand bleibt vor dem Sieb liegen und wird ohne Steine beim Aufsetzen der neuen Miete zugegeben.

immer mehr Frisch-, Schnell- und Spezialkomposte zur Anwendung kommen. Wir müssen deshalb beim Einsatz zwischen diesen Gruppen bewußt unterscheiden.

Frischkompost

Frischkomposte, meist schon nach wenigen Monaten verfügbar, enthalten reichlich Nährhumus. In der Rotte unfertig, wirken sie rascher düngend und aktivierend auf das Bodenleben. Was also in der Miete begonnen wurde, setzt sich bei geschickter Anwendung auf den Beeten fort.

Frischkompost ist beim Ausbringen wie Frischmist zu behandeln. Geschätzt werden bei Frisch- und Schnellkomposten neben der Düngewirkung der Gehalt an biogenen Wuchsstoffen und die Bildung von bodenbürtigem Kohlendioxid.

Vorsicht ist bei der Versorgung junger und empfindlicher Pflanzen mit Frischkompost geboten, weil es zu Wurzelschädigungen kommen kann. Junger Kompost wird vor der Anwendung gesiebt und grobe Holzteile weiter verkompostiert. Der Frischkompost därf nur flach in den Boden eingearbeitet werden, damit keine Fäulnis entsteht. Am besten ist, wenn wir ihn mit einer dünnen Schicht aus angewelktem Rasenschnitt, Heu, Häckselgut oder Erde bedecken. Je-

denfalls darf er auf dem Beet nicht austrocknen, wenn wir seine volle Wirksamkeit nutzen wollen.

Vorteilhaft werden Rottevorgang und Qualität der Humusbildung durch zusätzliches Überstreuen mit Gesteinsmehl bis 200 g/m^2 begünstigt.

Gesunde Stauden erhält man durch die richtige Bodenernährung. Vor allem starkwüchsige Stauden brauchen Kompost als Dünger; Mulch allein genügt nicht.

Die Hauptanwendungsgebiete des Frischkompostes sind die Dauerkulturen des Gemüseanbaues, Obstbäume und Beerensträucher sowie Ziergehölze. Frischkompost sollten wir vor allem während der Vegetationszeit in Schichtdicken von 2–3 cm, wegen eventueller Nährstoffverluste jedoch nicht im Spätherbst und Winter ausbringen. Ergänzend sei darauf hingewiesen, daß Frischkomposte wie Frischmist auch, sofern diese untergegraben werden, bei Wurzelgemüse, Zwiebeln und Kohl, die gefürchteten Gemüsefliegen verstärkt anlocken können.

Reifkompost

Je älter Reifkompost ist, desto inniger sind die Nährstoffe in die wertvollen Humusverbindungen eingebaut. Sie gelten als unsere besten Bodenverbesserer mit langsamer Nährstofffreisetzung. Vor allem für kritische, schwere Böden ist Reifkompost mit stabilen Humusformen und fortgeschrittener Krümelstruktur vorzuziehen. Er darf zu jeder Jahreszeit – außer bei gefrorenem Boden – Anwendung finden. Wird Kompost im Spätherbst oder Winter als Bodenbedeckung über die Gartenfläche verteilt, sollten wir anschließend eine kräftige Schicht Mulchmasse bis 10 cm Stärke darüberlegen. Diese Maßnahme erspart das Umgraben im Herbst und sorgt für eine rege Wintertätigkeit der Bodenorganismen. Im zeitigen Frühjahr nehmen wir die Restmulchmasse auf den neuen Komposthaufen. So kann sich der Boden zeitig erwärmen, begünstigt durch die dunklere Farbe des Oberbodens.

Reife Komposte sind unsere besten Zuschlagstoffe zur Bodenverbesserung beim Pflanzen von Bäumen, Sträuchern und Stauden.

Ideal ist die Anwendung von Reifkompost bei Zierpflanzen jeder Art, abgesehen von Heide- und Moorbeetkulturen. Durch die sparsame Stickstofffreigabe wird die Blütenentwicklung nicht auf Kosten der Triebbildung geschmälert. Im Kräutergarten dient er der Bodenverbesserung, Pflanzenernährung und -gesundheit, ohne die wertvollen Inhaltsstoffe der Heil- und Würzpflanzen zu beeinträchtigen.

Erde für Balkonpflanzen: 1. Dazu wird zunächst der reife Kompost abgesiebt.

2. Die gesiebte Komposterde wird anschließend mit Sand, Hornspänen und Torf (besser noch mit Rindenkultursubstrat) gemischt.

Zur Rasendüngung wird breitflächiges Aus-
streuen von Reifkompost in dünner Schicht
ab dem zeitigen Frühjahr empfohlen. Strit-
tig ist, ob Reifkompost zum Aktivieren von
neuen Mieten erforderlich ist, weil nach
heutigen Erkenntnissen Gartenerde die
gleiche Wirkung erzielen kann.

Mit reifem Kompost, abgesiebt, gemischt
mit Sand und Lehm und anstelle von Torf
mit Rindenkultursubstrat, stellen wir unsere Erden für die Anzucht von Jungpflanzen, für Bepflanzungen der Balkonkästen,
zum Umtopfen der Zimmer- und Kübelpflanzen selbst her.

Kompostwasser und Komposttee

Will man einen schnellen Düngeeffekt,
genügt im allgemeinen die Anwendung von
Kompostwasser. Dazu wird eine Schaufel
mit abgesiebtem Reifkompost in einen Eimer mit Wasser gefüllt, intensiv durchgerührt und nach dem Absetzen der groben
Trübung anschließend mit einer Gießkanne
ausgebracht.

Für Kompostauszüge als
Komposttee entscheiden wir
uns dann, wenn neben der
Düngewirkung auch Pflan-
zenschutzeffekte erwünscht
sind. Hierzu wird ebenfalls
gesiebter Reifkompost mit
Wasser 1:10 angesetzt und
durchgerührt. Nach ein bis
zwei Wochen Standzeit, wobei möglichst täglich ein-
oder mehrmals durch-
gerührt werden sollte, wird
die Lösung durch ein Tuch
hindurchgefiltert und der
Auszug nochmals 1:10 bis
1:50 verdünnt, so daß auch
bei empfindlichen Kulturen
die Ausbringung mit einem
Spritzgerät möglich ist.

Nach Untersuchungen der Universität in
Bonn stärken Kompostauszüge die Abwehrkräfte der Pflanzen. Sie vermindern zwar
nicht direkt die Befallstärke von Schadorganismen, können aber als vorbeugende Pflan-
zenschutzmaßnahme gewertet werden.

RAL-Gütezeichen

Die Kompostqualität wird maßgeblich von
der Art und Zusammensetzung des Roh-
gutes, durch das gewählte Verfahren und
die Rotteführung bestimmt. Weil der Ver-
braucher im allgemeinen die Kompostgüte
nicht selbst beurteilen kann und die Komposte in sinnvollen Anwendungsmengen
weitgehend risikolos eingesetzt werden sollen, ist die Standardisierung der Kompost-
produkte erforderlich geworden. Seit 1992
kann das RAL-Gütezeichen der Bundesar-
beitsgemeinschaft Kompost e.V. von jedem
Komposthersteller beantragt werden. Die
Verleihung des Qualitätszeichens setzt die
Einhaltung von Güterichtlinien für die beiden Produkte Frisch- und Fertigkompost
voraus.

*Ansetzen von Kompostwasser: 1. Abgesiebter Reifkompost
wird in einen Eimer Wasser gefüllt. 2. Anschließend kräftig
umrühren.*

Die ausführlichen Richtlinien können bei der Bundesgemeinschaft Kompost e.V., 53175 Bonn, Bad Godesberger Allee 99, angefordert werden.

Kompost und Abfallrecht

Trotz wachsender Aufgeschlossenheit der Bevölkerung für Umweltfragen und naturgemäßer Gartenbewirtschaftung, gibt es noch immer verbreitet Vorurteile und Mißbilligungen benachbarter Grundstücksbesitzer gegenüber solch sinnvoller Verwertung von Haus- und Gartenabfällen mit Klein-Kompostanlagen. Befürchtungen vor unangenehmen Gerüchen und Ungeziefer sind bei ordnungsgemäßer Kompostierung völlig unbegründet. Im Zweifelsfalle kann dem kritischen Nachbarn eine Probekompostierung vorgeschlagen werden, um ihn zu überzeugen, daß tatsächlich keine Belästigungen entstehen.

Hilft bei Uneinsichtigen dies nicht, braucht auf die Kompostierung dennoch nicht verzichtet zu werden. Die Rechtslage ist eindeutig auf Seiten des Kompostierenden. Nach § 906 des Bürgerlichen Gesetzbuches (BGB) ist der Nachbar verpflichtet, Einwirkungen aus anderen Grundstücken zu dulden, soweit diese unwesentliche oder wesentliche ortsübliche Beeinträchtigungen hervorrufen. Das Landgericht Regensburg hat mit Urteil vom 27. 3. 1984 entschieden, daß ein Komposthaufen selbst bei möglichen geringfügigen Geruchsbelästigungen hinzunehmen ist. Nach üblichem Nachbarrecht müssen für Komposthaufen oder Kompostbehälter Mindestabstände von 0,50 m zur Grenze eingehalten werden, soweit man Höhen von 2,00 m nicht überschreitet.

Das Abfallrecht, festgelegt im Abfallbeseitigungsgesetz der Bundesrepublik Deutschland, soll eine möglichst umweltfreundliche Beseitigung gewährleisten. Nach § 1 des Gesetzes sind Abfälle „bewegliche Sachen, deren sich der Besitzer entledigen will oder deren geordnete Beseitigung zur Wahrung des Wohles der Allgemeinheit geboten ist". So ist z. B. ein dürrer Baum kein Abfall, zumindest solange nicht, bis er gefällt ist. Auch nach der Fällung werden der dürre Baum oder seine Teile nicht zu Abfall, wenn der Besitzer das Holz als Brenn- oder Mulchmaterial nutzen will. Wünscht er jedoch eine Beseitigung, wird in unserem Beispiel der Baum nach dem Fällen zum Abfall. Der Wille zum Behalten von Ablagerungen genügt nicht, wenn das Gemeinwohl gefährdet ist. Eine ordnungsgemäße Beseitigung ist dann geboten, wenn von solchen Ablagerungen Gesundheitsgefährdung ausgeht, nicht aber, wenn z. B. ein Unrathaufen nicht schön aussieht.

§ 2 des Abfallgesetzes bestimmt, wann das Wohl der Allgemeinheit eine geordnete Abfallbeseitigung erfordert. Das ist, wenn die menschliche Gesundheit gefährdet und ihr Wohlbefinden beeinträchtigt ist, Nutztiere, Vögel, Wild und Fische, Gewässer, Boden und Nutzpflanzen schädlich beeinflußt, die Belange des Naturschutzes und der Landschaftspflege nicht gewahrt bleiben sowie die öffentliche Ordnung und Sicherheit gestört werden.

Was mit Abfällen natürlichen Ursprungs zu geschehen hat, ist in den Pflanzenbeseitigungs-Verordnungen der Bundesländer geregelt. Es liegt in jedem Falle kein Abfall vor, wenn Reste aus dem Garten praxisüblich kompostiert oder gemulcht werden, weil diese Stoffe wieder in den Naturkreislauf gelangen und ihre Vernichtung Nebensache ist. Im allgemeinen droht Bußgeld, wenn das Abfallrecht in seinen Einzelheiten nicht beachtet wird. Auch die Lagerung von Abfällen wird nicht geduldet und als Ordnungswidrigkeit mit Geldbußen geahndet.

Informationen im Detail zum Abfallrecht, auch über die Länderverordnungen zum Abfallbeseitigungsgesetz, werden von den Ordnungsämtern der Gemeinden erteilt.

Mulchen

Im Wald ist eine natürliche Mulchdecke vorhanden.

Nackter, unbedeckter Boden ist in der freien Natur ein abnormer Zustand. Der gesunde Organismus Boden ist immer bestrebt, durch spontane natürliche Begrünung oder in Wald und Auen durch Bedecken mit Laub, Nadelstreu, auch mit absterbenden Pflanzenteilen, sich wirksam vor Umwelteinwirkungen zu schützen. Wir handeln also naturgemäß, wenn wir mulchen, nämlich die Oberkrume unserer Gartenböden, auf den Baumscheiben, zwischen Sträuchern, Stauden und Gemüsereihen möglichst ganzjährig zu bedecken. Solch schützender Bodenpelz gewährleistet gleichmäßige Bodenfeuchtigkeit, aber auch ausgeglichenere Temperaturen und damit günstige Voraussetzungen für das Bodenleben. Bei organischen Mulchmaterialien ist zudem für einen kontinuierlichen Nahrungsnachschub für die am Stoffkreislauf beteiligten Mikroorganismen gesorgt. Die Rotte ist mit allen Teilstadien auf den Acker oder das Gartenbeet verlegt. Dadurch kommen die Zwischenprodukte der Abbaupro-

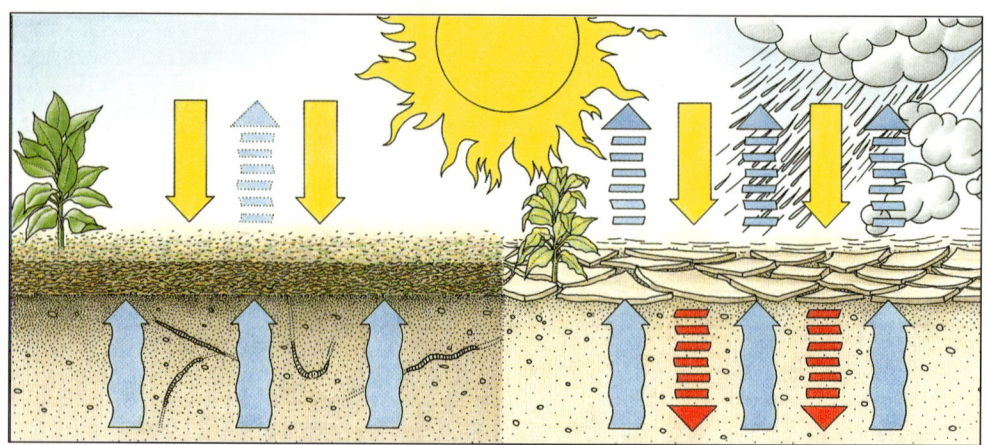

Vergleich eines gemulchten mit einem unbedeckten Boden:
Links: Der gemulchte Boden ist vor Sonneneinstrahlung geschützt, nur wenig Wasser kann verdunsten. Die Bodenorganismen finden ideale Bedingungen vor und damit beste Voraussetzungen für die erwünschte Krümelstruktur.
Rechts: Durch die Sonnen- und Windeinwirkung trocknet der Boden ohne Bedeckung schnell aus, und viel Feuchtigkeit kann verdunsten. Die Tätigkeit der Bodenorganismen wird eingeschränkt, und die Pflanzen leiden häufiger unter Wassermangel. Ein harter rissiger Boden ist die Folge.

zesse, z. B. bodenbürtiges Kohlendioxid, aber auch Wirk- und Hemmstoffe (Phytonzide), der Bodenaktivität sowie dem Wachstum und der Gesundheit der Kulturpflanzen zugute.

Mulchen und Flächenkompostierung als sogenannte kalte Verfahren der Humifizierung, können künftig auch deshalb größere Bedeutung erlangen, wenn sich die Überlegungen des französischen Institutes für Genetische Anthropologie, Longoueville, stärker durchsetzen. Diese besagen, daß bereits über 30 – 40 °C erhitzte Komposte als nachteilig einzustufen sind, wenn damit gedüngte diätische Nahrungsmittel für bestimmte Naturheilverfahren hergestellt werden sollen. Die im erhitzten Kompost entstandenen thermisch denaturierten Moleküle werden nämlich anschließend von der Pflanze aufgenommen und nicht aufgearbeitet an den menschlichen Organismus weitergegeben. Beim Mulchen und Flächenkompostieren dagegen wird, wie in der Natur im allgemeinen, bei Temperaturen unter 40 °C kalter Kompost aus organischer Substanz gewonnen, der den aufgezeigten Anforderungen als Dünger entsprechen kann.

Bei schlechter Humusversorgung und fehlendem Bodenschutz kommt es zur Rißbildung des Oberbodens.

Vorteile des Mulchens

❋ **Vielfältiger Bodenschutz:** Die Mulchdecke schützt die Kulturböden vor physikalischen Einwirkungen, nämlich extremen Witterungseinflüssen, z. B. vor starken Winden, die nicht nur schädigendes Austrocknen, Rißbildung und Verkrustung, sondern auch Verluste durch Erdabtrag (Erosion) verursachen. Sie gibt außerdem Schutz vor übermäßiger Erhitzung der Bodenoberfläche durch Sonneneinstrahlung sowie vor Verschlämmen und Wegspülen als Folge mächtiger Niederschläge, insbesondere in Hanglagen und auf Hügelbeeten im Garten.

❋ **Verstärkte Tätigkeit des Bodenlebens:** Gemulchter Boden zeigte im Versuch nicht nur eine ausgeglichene Temperaturkurve im Tagesverlauf, sondern auch weniger Frosttage und geringere Frosttiefen gegenüber Vergleichsflächen. In der Jahresbilanz bedeutet dies einen beachtlich längeren Aktionszeitraum für alle Bodenlebewesen, damit verbesserte Umsetzungsvorgänge im Boden, Humusbildung und die Stabilisierung der Bodenfruchtbarkeit.

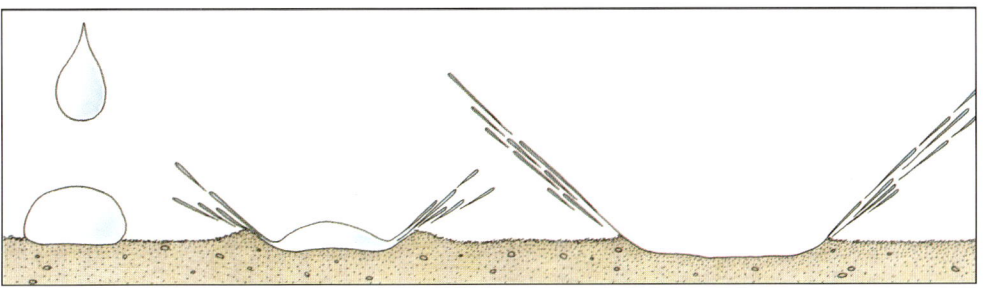

Prallwirkung von Regentropfen auf ungeschütztem Boden: Regentropfen können Durchmesser bis zu 7 mm erreichen und prallen mit einer Geschwindigkeit von bis zu 8 m pro Sekunde auf den Boden. Durch den Aufprall der Regentropfen wird das krümelige Gefüge des ungeschützten Oberbodens empfindlich geschädigt.

❀ Nährdecke fördert die Bodengare: Mulchschichten sind eine Nährdecke nicht nur für Regenwürmer, sondern für alle Bodenlebewesen, die in Wechselbeziehung mit den höheren Pflanzen stehen. Es werden die Bedürfnisse nach Nahrung, Wasser, Luft und Wärme in vortrefflicher Weise erfüllt, und die so intensivierte Bodenaktivität ist die Grundlage des angestrebten Idealzustandes, der Bodengare.

Eine Mulchdecke fördert das Wachstum, auch der Pflanzen in Mischkulturen.

tenabfällen, beispielsweise vorverrottet oder als Schnellkompost eingesetzt, leisten einen partiellen Beitrag zur ökonomischen Abfallentsorgung.

❀ Schonung der Wurzeln vor Verletzungen: Weil im Mulchgarten keine Bodenbearbeitung erfolgt, wird das empfindliche Feinwurzelsystem der Kulturpflanzen nicht durch mechanische Verletzungen gestört.

❀ Wassersparender Effekt: Durch verminderte Verdunstung hilft die Mulchdecke Wasser sparen. Dies ist nicht nur bedeutsam in wasserarmen Gebieten und bei periodischer Wasserknappheit, sondern spielt künftig eine wirtschaftliche Rolle bei sicherlich weiter steigenden Wasserpreisen.

❀ Unkrautminderung: Die Mulchdecke unterdrückt vor allem Samenunkräuter weitgehend und bringt deshalb wesentliche Arbeitseinsparungen in der Kulturpflege. Gemindert wird somit also auch die unkrautbedingte Wasser- und Nährstoffkonkurrenz.

❀ Sinnvolle Verwertung von Restmaterialien: Mulchdecken mit Haus- und Gar-

❀ Einteilung und Darstellung der Mulchverfahren: Alle Mulchverfahren haben ihre Vorzüge und teilweise aber auch Schwachstellen. In den Anwendungen und Wirkungen bestehen fließende Übergänge. Es bleibt im einzelnen zu bewerten, welche Methode unter den jeweiligen Boden- und Klimavoraussetzungen die besten Resultate erwarten läßt und gewählt werden sollte.

Bodenbedeckung mit schwarzen Folien, Vliesen und Mulchpapier

Weltweit überwiegt die Bodenbedeckung

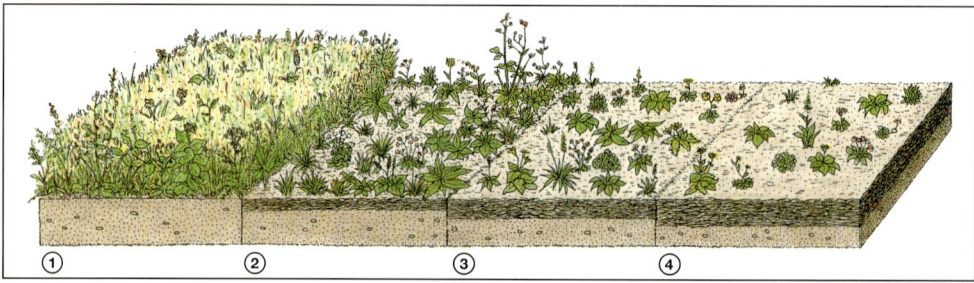

Der Unkrautwuchs ist von der Mulchdecke abhängig.
1 Ohne Mulch bewächst das Unkraut den Boden zu 100%; 2 Schon eine 3 cm dicke Mulchschicht verringert den Unkrautbewuchs auf nur 22%; 3 Eine Mulchdecke von 5 cm mindert auf bis zu 10%, von 7 cm auf bis zu 8% Unkrautbewuchs (4).

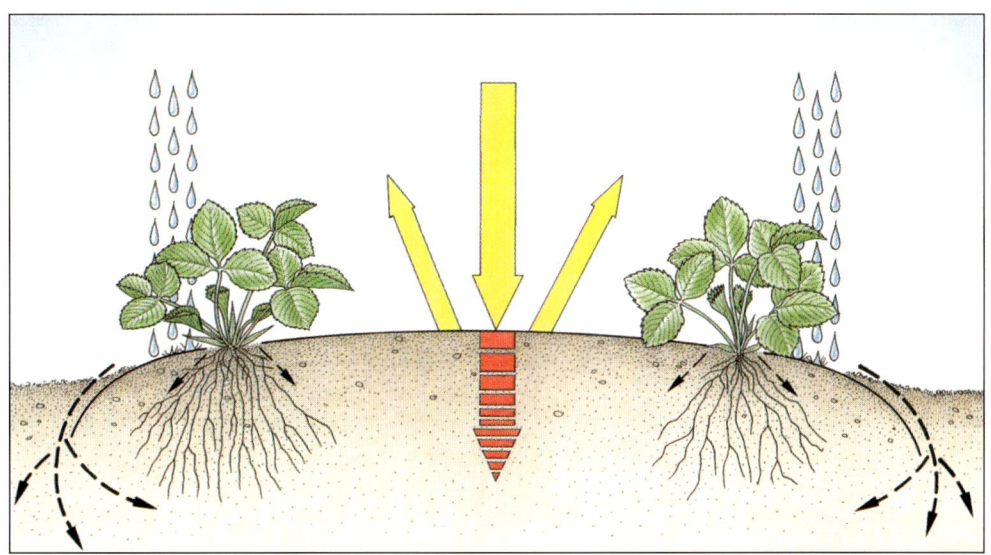

Die Bedeckung des Bodens mit einer Folie hat viele positive Effekte: Die Bodenwärme nimmt durch die Sonneneinstrahlung zu, gleichzeitig wird die Verdunstung des Wassers stark herabgesetzt. Niederschläge laufen seitlich an der Folie ab und gelangen dort und im Bereich der Pflanzenwurzeln in den Boden. Bodenfeuchtigkeit und Bodenaktivität werden gefördert und die Auswaschung von Nährstoffen unterbunden. Auch Unkraut kann nicht wachsen.

mit schwarzen, lichtundurchlässigen Mulchfolien, die inzwischen vom Handel auch genadelt angeboten werden und die deshalb als begrenzt wasserdurchlässig gelten.

Schwarze Vliesstoffe sind zwar teurer, können allerdings auch bei schonender Behandlung mehrmals eingesetzt werden. Noch immer nicht befriedigend gelöst ist die Entsorgung gebrauchter Kunststoffe. Selbstauflösende Polyethylen-Folien, die zeitabgestimmt zerbröseln, sind gegenwärtig noch in Entwicklung und Praxiserprobung.

Eingefärbte Mulchpapiere zeigen ebenfalls befriedigende Kulturergebnisse. Sie lassen sich mit den Ernterückständen kompostieren oder in den Boden einarbeiten.

Im geschützten Anbau von Nahrungspflanzen ist durch die genannten Industrie-Mulchmaterialien (Folien, Vliese und Papiere) zudem eine Ernteverfrühung von vier bis sechs Tagen möglich.

Eine schwarze Folie ist über den Boden des Erdbeerbeetes ausgebreitet.

Günstiger Einfluß auf das Bodenklima

Die Auswirkungen des Folienmulches auf das Bodenklima wurden von der Universität München-Weihenstephan näher untersucht. Gegenüber unbedeckten Flächen lagen die Durchschnittswerte bei schwarzen Folien um 2 °C, bei transparenten Folien sogar um 4,6 °C darüber.

Lichtdurchlässige Folien sind für Mulchzwecke allerdings nachteilig, weil der Unkrautwuchs stark angeregt und die Kulturen empfindlich beeinträchtigt werden. Im Tagesverlauf bringt das Bedecken mit schwarzen Folien, beispielsweise im Frühjahr, nur wenig Temperaturvorteile durch Einstrahlung. Bedeutsam sind dagegen Abschirmung und Schutz des Wärmespeichers Boden vor nächtlicher Abkühlung. Günstigere und gleichmäßige Bodentemperaturen bedeuten bessere und weniger gestörte Entwicklung des Bodenlebens und der Wurzelentwicklung unserer Kulturpflanzen. Schon kurze Zeit nach der Folienbedeckung ist die höhere Bodenaktivität meßbar. Aktive Bodentätigkeit heißt aber auch verstärkte Mineralisierung und bessere Verfügbarkeit der Pflanzennährstoffe. Wir können die Düngermengen reduzieren, nicht zuletzt auch deswegen, weil die Nährstoffauswaschung in folienbedeckten Kulturen geringer ist.

Versuche an der Staatsschule für Gartenbau der Universität Stuttgart-Hohenheim haben bestätigt, daß durch die Bedeckung mit schwarzen Folien und schwarzem, gekrepptem Mulchpapier die Nitrat-Stickstoffwerte im Boden, im Vergleich zu den unbedeckten Parzellen, deutlich angestiegen sind. Wenn zuweilen unter wechselnden Bodenverhältnissen, besonders im Frühjahr, solche signifikant erhöhten Werte des mineralischen Stickstoffes nicht immer festgestellt werden, ist dies damit zu erklären, daß verstärkte Mikroorganismen-Tätigkeit bei der sogenannten Lebendverbauung mineralischen Stickstoff organisch festlegen kann. Auch ist der erhöhte Entzug von Stickstoff bei stärkerem Wachstum im fortschreitenden Entwicklungsstadium der Pflanzen zu berücksichtigen.

Bemerkenswerte wassersparende Effekte

Wie ist die Wassereinsparung durch Folienmulch zu begründen? Das in den feinen Bodenkapillaren aufsteigende Wasser verdunstet nicht an der Krumenoberfläche, es kondensiert an der Folienunterseite und bleibt pflanzenverfügbar. Bringen wir im Frühjahr rechtzeitig die Mulchfolien auf die Kulturflächen, ist die Winterfeuchtigkeit des Bodens längerfristig ausnutzbar. Ergänzend wird auf den Oberflächenschutz unserer Böden durch Folienbedeckung vor Windabtrag und vor stärkeren Niederschlägen hingewiesen, weil Verschlämmen, Nährstoffverluste durch Auswaschung sowie Verkrustungen mit Rißbildungen vermieden werden können.

Sicherere und höhere Erträge

Mit der Verwendung von schwarzen Folien ist der Spargelanbau auf schweren Böden überhaupt erst kulturtechnisch möglich geworden. Sobald es die Witterung erlaubt, wird aufgedämmt und sofort mit 0,2 mm starken Folien bedeckt. Begünstigte Bodentemperaturen und Feuchtigkeitsverhältnisse aktivieren das Bodenleben derart, daß bis zum Erntebeginn der Boden „mürbe", locker, feinkrümelig geworden ist und das tiefe Stechen der weißen Spargelstangen ermöglicht. Mit dieser im Freiburger Land entwickelten Anbaumethode gelingt es, den Ertrag bis zu 30% zu steigern. Weil auch bittere und blauköpfige Spargelstangen durch die stärkeren, völlig lichtundurchlässigen Folien vermieden werden, ist auch der Qualitätsstandard ebenfalls zu verbessern. Zudem schätzen Spargelkenner den herzhafteren Geschmack von diesem Feingemüse, wenn es auf schwereren Böden gewachsen ist.

Gurken, Zucchini, Kürbisse, Paprika, Auberginen und Zuckermais zeigten in unseren Versuchen bis zu 30% höhere Erträge, besonders in Jahren mit extremen Witterungsverhältnissen. Auch hier ließen sich die Fruchtqualitäten verbessern. Dies trifft aber auch für Erdbeeren zu, die in Folienkulturen

Auch braune und grüne Mulchfolien sind erhältlich. Sie stören weniger als die schwarzen und weißgefärbten Folien das Gartenbild.

weniger besandet sind und sich auch leichter ernten lassen.

Schwarze Mulchfolien, in Bahnen oder zugeschnitten für Baumscheibenabdeckungen, fördern das Anwachsen von Bäumen und Sträuchern bei Neuanlagen. Ähnliches gilt für Ziersträucher und Stauden. Nach dreijährigen Untersuchungen der Landesanstalt für Gartenbau in Veitshöchheim/ Würzburg war die Ausfallquote bei Gehölzen und Stauden um 50% geringer infolge Mulchens mit Folien, und die Wuchsleistung lag um 17% höher.

Krankheitsbefall wird verringert

Vor allem bei naßkalter Witterung während der Fruchtentwicklung konnte bei Erdbeeren der pilzliche Krankheitsbefall in Kulturen mit schwarzen Mulchfolien maßgeblich verringert werden. Kopfsalat zeigt seltener Salatfäule, und bei Kohlrabi entstehen weniger Platzer und Vorblüher. Schwarze Mulchfolien zur Bedeckung des Bodens in Kleingewächshäusern bewirken stärker eingeschränkte Verdunstung und niedrigere Luftfeuchtig-

Salatanbau auf Mulchpapier

keit des Raumklimas. Dadurch kann dem Befall mit Pilzkrankheiten bei empfindlichen Kulturen vorgebeugt werden. Bei Tomaten war im Versuch auch der Blüten- und Fruchtansatz zu erhöhen.

Zur Schädlingsabwehr, z. B. gegen Blattläuse, wurden zwischenzeitlich Mulchfolien mit reflektierenden Streifen oder mit einer Aluminiumbeschichtung entwickelt. Diese teuren Folien müssen sich in der Praxis erst noch bewähren. Im Gegensatz zum Mulchen mit organischen Materialien bleibt beim Folienverfahren die Mäuseplage unbedeutend. Wesentlich ist auch die unkrauthemmende Wirkung lichtundurchlässiger Folien; sie ist daher eine Hilfe für alle Fälle, in denen chemische Unkrautbekämpfungsmaßnahmen nicht erlaubt oder erwünscht sind, beispielsweise für Kulturen in Wasserschutzgebieten.

Mulchfolien und Mulchpapier in der Gartenpraxis

Schwarze, rußeingefärbte Mulchfolien sind mit unterschiedlichen Rollenlängen und Breiten von 0,75, 1,00 und 1,25 m im Handel. Grün, rot oder blau eingefärbte Mulchfolien brachten keine Vorteile unter mitteleuropäischen Klimabedingungen. Als gebräuchlichste Folienstärken werden 0,04 und für Spargel nach der Freiburger Methode 0,2 mm empfohlen. Mulchpapier weiß, braun oder schwarz eingefärbt, wird gelocht und ungelocht bis zu 5,60 m Breite angeboten.

Bei der Ausbringung von Mulchfolien ist es wichtig, daß der Boden feucht ist oder angefeuchtet wird, damit die Pflanzen anwachsen können. Über Mulchpapier ist Beregnung möglich und die erforderliche – bis zu einem Drittel niedrigere – Düngung bereits schon bei der Bodenverarbeitung zu berücksichtigen. Wenn möglich, bringen wir die Mulchfolien so frühzeitig nach dem Winter aus, daß der Boden einige Zeit vor Kulturbeginn „garen" kann. Zum Säen oder Pflanzen lochen wir die Folien durch Kreuzschnitte in den üblichen Abständen.

Bei vorsichtigem Entsanden nach der Ernte ist eine Wiederverwendung der Mulchfolien im Folgejahr möglich.

Selbstrottende, lichtsensible oder biologisch abbaubare Folien haben die praktischen Erwartungen bisher noch nicht erfüllen können. Der Abbauprozeß ist zeitlich nicht steuerbar und stark von der wechselnden Witterung abhängig. Zum Vorteil wird empfohlen, diese Folien schon ein bis zwei Wochen vor der Pflanzung und Saat auszulegen, damit der Abbauprozeß bereits einsetzen kann. Bei den photosensiblen Folien sind die eingegrabenen Folienränder vor der Ernte aus dem Boden zu ziehen, damit auch diese Teile verwittern und, mit den Ernterückständen eingearbeitet, verrotten können.

Bei Mulchfolien und Mulchpapier wird Gemeinschaftsbezug, z. B. über Gartenvereine, empfohlen, um auch bei kleinerem Bedarf eine preisgünstige Beschaffung zu sichern.

Mulchen mit organischen Materialien

Die vollbiologische Leistungsübertragung von organischen Materialien zum Schutz und zur Ernährung des Bodens ist in idealer Weise durch Mulchen gegeben. So können mit dieser Methode selbst auf höchst unfruchtbaren Böden ertragreiche, blühende Gärten entstehen. Auch Kompost vermag nicht annähernd die Bodenleistungen zu erbringen, wie sie durch Mulchen mit frischen lebendigen Materialien erreichbar sind. Vorreiter für gärtnerisches Mulchen ist der Nutzgarten, aber auch Staudenbeete und Ziergehölz-Anpflanzungen lassen sich mit Erfolg mulchen.

Für die Mulchdecke empfehlen wir, möglichst immer zerkleinert, Ernterückstände und Gründüngungspflanzen, samenlose Unkräuter, Wiesenschnitt, Heu, Stroh, Laub, Schnittholz und Staudenreste oder Stallmist und Rindenhumus. Auch Sägemehl oder Sägemehl-Pferdemisteinstreu eignen sich hervorragend. Besonders gern und vorteilhaft wird organisches, geschreddertes Gartenmaterial, vielfältig zusammengesetzt, zum Mulchen genutzt.

Bei größerem Anfall von

Rasenschnitt wird in dünnen Schichten auf dem Gemüsebeet verteilt.

Auch mit angewelktem Wiesenschnitt kann gemulcht werden.

Ernterückstände zum Mulchen

Ein mit Stroh gemulchtes Erdbeerbeet

Holzhäcksel

Speiseresten aus der Küche und von frischem Stallmist gewinnen wir am besten zunächst durch mehrwöchige Vorrotte gemeinsam mit Gartenabfällen einen vorzüglichen Roh- oder Mulchkompost. Er ist vielseitig einsetzbar, ohne das Äußere unseres Gartens zu beeinträchtigen. Je lebendiger der Gartenboden, desto schneller geht der Abbau der Mulchdecke vonstatten, bis schließlich nur ein dünner Humusschleier übrigbleibt.

Organische Mulchmaterialien

Stoff- und Abbaueigenschaften der organischen Mulchmaterialien sind recht unterschiedlich. Wenn wir deren Besonderheiten bei der Anwendung berücksichtigen, kann Mißerfolgen vorgebeugt werden.

Ernterückstände aus dem Nutzgarten oder **Gründüngungspflanzen** sind zu zerkleinern, z. B. mit einer scharfen Hacke oder einer Schere, mit Häckselwerkzeug oder Schredder, damit auch die Verteilung zwischen den Reihen und Einzelpflanzen leichter erfolgen kann. Wenn wir das Material

zudem noch anwelken lassen, soll die Schneckenzuwanderung geringer sein. Grüne Gartenabfälle haben ein enges C/N-Verhältnis, sind wasser- und nährstoffreich und deshalb zur Mischung mit stickstoffarmen, holzigen und strohigen Materialien geeignet. Durch zusätzliches Bedecken mit einer Oberschicht aus gehäckseltem Stroh, Heu oder Rasenschnitt wird das Äußere unseres Mulchgartens ansehnlicher.

Rasen- oder **Wiesenschnitte** sind am besten erst nach Anwelken zu verwenden. Vorsicht vor zu starker Wärmeentwicklung, wenn mit zu dicken Schichten gemulcht wird. Vorteilhaft ist das Mischen des Rasenschnittes mit Laub (siehe auch Seite 29) oder Häckselstroh.

Verholzte Gartenabfälle, z. B. von Zweigen, Staudenstengeln und Heckenschnitt, ergeben geschreddert bestes Mulchmaterial mit vielseitigen Einsatzmöglichkeiten im Nutz- und Ziergarten. Bei sorgfältiger Anwendung wird das Gartenbild dadurch nicht gestört.

Laub ist in Mischung mit anderen Stoffen, auch in schichtweiser Anordnung, zum Mulchen verwendbar.

Heu, als artenreiches Wiesenheu, eignet

Gehäckseltes Stroh wirkt bodenisolierend und wird deshalb erst nach den letzten Spätfrösten im Frühjahr ausgebracht.

sich vorzüglich zum Mulchen. Das Gras soll vor dem Samenansatz geerntet werden.

Gehäckseltes Stroh kann allein, besser gemischt mit anderen Materialien, wertvolle Dienste leisten. Stroh als Unterlage bei Erdbeeren fördert gleichzeitig die Fruchtqualität. Erst nach letzten Spätfrösten sollen wir das Stroh ausbringen, damit es wegen seines Isoliereffektes die Bodenerwärmung nicht verhindert. Stroh als Mulchmaterial braucht zusätzlich Stickstoff zur Rotte. Bei konventioneller Gartenbewirtschaftung wird Kalkstickstoff, im alternativen Garten Blutmehl, Horngrieß, aufbereitete Schweineborsten oder andere Hornpräparate empfohlen.

Stallmist, in kleineren Gaben kontinuierlich ausgebracht, zeigt bemerkenswerte Mulcheffekte. Für Wintermulch ist frischer Stallmist nicht geeignet. Abbau und Mineralisation sind in dieser Zeit zwar verlangsamt, aber die vorhandenen löslichen Nährstoffe können ausgewaschen oder weggeschwemmt werden. Unverrotteten Stallmist geben wir auch nicht kurz vor der Saat oder der Pflanzung, weil Hemmstoffe der zersetzenden Mikroflora ungünstig auf die Pflanzenentwicklung wirken können. Frischer Schweine- und Geflügelmist scheiden zum Mulchen wegen eventueller Geruchsbelästigung und Pflanzenschädigung aus.

Sägemehl ist für Dauermulch und Bodenbedeckung der Wege im Garten, bei einer Auflagedicke von etwa 5 cm, geeignet. Sägemehl dunkelt innerhalb kurzer Zeit nach und benötigt ebenfalls eine Stickstoffgabe, z. B. 50g/m² eines handelsüblichen Stickstoffdüngers oder die Zumischung anderer eiweißreicher Materialien, wenn schnellere Verrottung angestrebt wird.

Küchenabfälle lassen wir besser erst verrotten. Sie sind vorteilhaft im Gemisch mit Laub, Strohhäcksel und anderen geschredderten Materialien.

Heil- und **Würzpflanzen,** soweit ihre Teile nicht als Tee oder Würzkräuter Verwendung finden, sind kleingeschnitten gefragte Zusätze für alle Mulchvariationen.

Trauben- und **Apfeltrester** werden bevorzugt zum Mulchen von Obstbäumen auf Pflanzenreihen und Baumscheiben eingesetzt. Abdecken mit anderem, weniger feuchtem Material ist empfehlenswert. Trestermulch fördert außergewöhnlich stark die Regenwurmtätigkeit.

Rindenmulch ist zerkleinerte, zum Teil fraktionierte Baumrinde, vor allem von Fichten

Beerensträucher mit Dauermulch aus grobem Mulchmaterial

Rindenprodukte – sinnvolle Verwendung eines wertvollen Rohstoffes

In der BRD fallen jährlich etwa 1,5 Mio t verwertbare Rinde an.

Rindenmulch (RM)	= Zerkleinerte, fraktionierte und nicht fermentierte Rinde ohne Zusätze, zur Bodenabdeckung **Verwendungszweck:** Schutz und Verbesserung des Bodenlebens, ausgeglichener Wasserhaushalt, Erosionshemmung, phytosanitäre Eigenschaften, keine Bodenversauerung **Herbizideffekte:** bei frischer Rinde durch Inhaltsstoffe, z. B. Tannine, Phenole und Harze **C/N-Verhältnis*:** bis 170 : 1 **pH-Wert:** 4,5 – 5,0 **Ausbringung – Auflageschicht:** 7 – 10 cm **Bemerkung:** Nicht in den Wurzelraum einbringen! Nicht für frisch gepflanzte und Bodendecker-Rosen!
Rindenhumus (RH)	= Zerkleinerte, fraktionierte und fermentierte Rinde, mit und ohne Nährstoffzusätze **Verwendungszweck:** Humus- und Strukturverbesserung der Böden, auch als Ersatz von Kompost und Torf. Hoher Anteil an Mikroorganismen, beträchtliche Nährstoffgehalte **Herbizideffekt:** nicht mehr vorhanden, durch Kompostierung abgebaut, reich an Mikroorganismen **C/N-Verhältnis*:** ca. 20 – 45 : 1 (N-stabilisiert) **pH-Wert:** 5,5 und höher **Ausbringung:** wie Kompost **Bemerkung:** frei von Wachstumshemmstoffen. Mangangehalt kann bei empfindlichen Kulturen Eisenmangel induzieren.
Rindenkultursubstrat (RSK)	= Kultursubstrate auf der Basis fermentierter Rinde, unter Beimischung anderer substratfähiger Stoffe, mit oder ohne Nährstoffzusatz **Verwendungszweck:** anteilig für die Herstellung gärtnerischer Erden **C/N-Verhältnis*:** 20 – 30 : 1 **pH-Wert:** 5,5 – 7,0
Rindenerde (RE)	= Mischung aus zerkleinerter, fraktionierter und fermentierter Rinde mit 20 – 50 % Zugabe aufbereiteter pflanzlicher Reststoffe (Kompost) mit oder ohne Nährstoffzugabe **Verwendungszweck:** als Erdsubstrat **C/N-Verhältnis*:** < 45 : 1 **pH-Wert:** 5,5 – 7,5
	* = Kohlenstoff/Stickstoff-Verhältnis

und Tannen. Er reagiert schwach sauer bis neutral und wird nur langsam abgebaut. Bei Schichtdicken von 7–10 cm müssen wir die Auflage erst nach drei bis vier Jahren ergänzen. Keimungshemmende Eigenschaften des Rindenmulches unterbinden Unkrautwuchs. Die natürlichen Schutz- und Hemmstoffe des Rindenmaterials werden durch Mikroorganismen allmählich abgebaut, und es entsteht Rindenhumus. Bewährte Einsatzmöglichkeiten für Rindenmulch und Rindenhumus sind unter anderem Bodenbedeckungen bei Strauch- und Baumobst, Gehölzgruppen, Zierpflanzenrabatten und Gartenwege. Rindenmulch ist vorzüglich geeignet für nahezu alle Dauermulchverfahren. **Nadelstreu mit niederem pH-Wert** wird zum Mulchen von Rhododendren und in Heidegärten eingesetzt.

Anwendung

Die Mulchmaterialien zeigen ihre besten Wirkungen, wenn sie genügend zerkleinert und vielseitig untereinander gemischt auf feuchten, bereits erwärmten Böden ausgebracht werden. Für den Garten- und Landschaftsbau empfiehlt die Forschungsgesellschaft Landschaftsentwicklung (FLL) zum Mulchen Komposte mit 3–7 cm dicken Schichten; andere organische Mulchstoffe sollen ein C/N-Verhältnis von über 60 : 1 aufweisen, damit der Substanzabbau mit verzögerter Mineralstoffabgabe langsam verläuft.

Rhabarberblätter werden als schützende Mulchschicht auf das Beet gelegt.

> Ergänzend sei erwähnt, daß durch Mulchen mit Ernterückständen von verschiedenen Pflanzenarten Schädlinge abgewehrt werden können. So sollen Pflanzenteile von Tomaten im Kohlanbau Kohlweißling und Kohlfliege fernhalten. Es wird empfohlen, auf ähnliche Effekte selbst zu achten, die Beobachtungen zu prüfen und praktisch zu verwerten.

Mulchpraxis und Fehler

Um einwandfreies, vollwirksames Mulchen zu gewährleisten, sind folgende Grundsätze zu berücksichtigen:

✳ Eine lückenlose ganzjährige Bedeckung unserer Kulturböden ist erforderlich. Gemulchte Flächen müssen wir völlig ungestört belassen. Durchwachsende Unkräuter am besten herausziehen und auf der Mulchdecke liegen lassen.

✳ Materialbeschaffenheit und überhöhte Schichtdicke dürfen nicht zur Oberflächenverdichtung, zu anaeroben Vorgängen, zu Fäulnis sowie zu Gärung führen.

✳ Kurzgeschnittenes, gehacktes oder geschreddertes Mulchmaterial läßt sich leichter verteilen. Der Rotteprozeß ist überschaubarer und der Abbauverlauf zügig. Mischungen verschiedener Ausgangsmaterialien sind vorteilhaft. Bevor jeweils die Mulchschicht aufgebracht wird, sollte der Boden oberflächig mit Ziehhacke oder Sauzahn aufgerauht werden.

✳ Die Mulchschicht ist Schutz- und Nähr-

Zwischen den Gemüsereihen wird der Boden mit einer dünnen Mulchschicht aus zerkleinerten Pflanzenresten bedeckt. So bleibt die Erde länger feucht, und der Humuszustand des Bodens wird gefördert.

decke zugleich. Im allgemeinen findet die Pflanze in den organischen Materialien der Mulchschicht im Substanzkreislauf alle Nähr- und Wirkstoffe, die sie selbst zum Leben braucht. Die Vorgänge der Stoffnachlieferung, entsprechend dem Wachstumsverlauf, sind im Gleichgewicht, und jede Beeinflussung von außen, z. B. durch Fremdstoffe, stört Gefüge und Abbaumechanismen.

❀ Es ist zu unterscheiden zwischen **Sommermulch** mit mehrmals erneuerbaren Materialauflagen, **Wintermulch** mit kräftigen Mulchschichten und **Dauermulch** mit mehrjähriger Bodenauflage in Obstgärten und für Gehölzgruppen.

Sommer-, Winter- und Dauermulch

Sommermulch

Nach dem Pflanzen und Angießen wird beim Sommermulch sofort die nötige Mulchschicht aufgebracht. Bei Saatkulturen markieren wir sichtbar nach dem Aussäen die Reihen mit Sand oder feinem Reifkompost. Für die Bodenbedeckung zwischen den Saatreihen steht uns im zeitigen Frühjahr oft nur Rohkompost zur Verfügung. Im Sommer entscheiden wir uns für Streuauflagen mit kurzem Grünmaterial, Heu oder Rindenhumus. Grasschnitt soll nur dünn – am besten angewelkt – ausgebracht und, wenn er zusammengeschrumpft ist, wieder ergänzt werden. Zu leichtes trockenes Material, z. B. Heu, wird oft vom Wind weggeweht.

Die häufigsten Fehler ent-

stehen, wenn auf schweren Böden zu dicke Mulchschichten aufgetragen werden. Dadurch kann es bei anhaltendem Regenwetter zu unerwünschter Fäulnis der unteren Schicht des Bedeckungsmaterials kommen. Im Sommer legen wir deshalb nur eine dünne, bis 2 cm starke Mulchschicht auf und erneuern diese öfters – wenn erforderlich, bereits nach zwei Wochen –, bis die Pflanzen selbst den vollen Bodenschluß erreicht haben.

Beim Mulchen auf schweren Gartenböden brauchen wir mehr Geduld und Fingerspitzengefühl. Sichtbare Erfolge stellen sich oftmals erst nach zwei bis drei Jahren ein. Wichtig ist, daß bei Umstellungen solcher kritischer Böden auf das Mulchsystem jeweils in den Sommermonaten begonnen wird.

Im Nutzgarten können wir alle Gemüsearten mulchen. Besonders dankbar reagieren Paprika und Tomaten, Kopfkohl und Sellerie sowie Lauch und Rettich, aber auch Bleich- und Grünspargel.

Tomaten sind wie alle Nachtschattengewächse für eine Mulchdecke besonders dankbar.

Häufig wird auf die Spätfrostgefahr gemulchter Kulturen hingewiesen. Tatsächlich wirken Mulchschichten, und zwar organische Materialien mit Luftzwischenräumen, isolierend. Das bedeutet, daß tagsüber die Sonneneinstrahlung verringert, der Boden weniger erwärmt und nachts dessen Wärmeabgabe an die bodennahe Luftschicht gehemmt wird. Dadurch kann es in Spätfrostlagen tatsächlich zu Kälteschäden kommen. Deshalb ist es wichtig, auf gefährdeten Standorten erst nach Bodenerwärmung im Frühjahr mit dem Mulchen zu beginnen.

Wintermulch

Zum Wintermulch verwenden wir unter anderem Grünabfälle von Ernterückständen und Unkräutern, Stallmist und Häckselgut. Diese Materialien, am besten in Mischung oder in der genannten Reihenfolge geschichtet, werden möglichst locker über die Beete verteilt. Je nach Zustand des Mulchmaterials kann auf leichten, sandigen Böden die Schichtdicke 10 cm und mehr betragen, auf schweren Gartenböden etwa 5 – 8 cm.

Wird zu den Streuschichten der Mulchdecke zusätzlich Gesteinsmehl gegeben, bringen wir wichtige Spurennährstoffe in den Boden zurück und beugen eventuell auftretenden unangenehmen Gerüchen vor. Wesentlich ist aber auch, daß dadurch eine stabile Krümelbildung bei der Umwandlung der organischen Stoffe erreicht wird. Die

Herbstliche Abdeckung der Gemüsebeete mit Laub und darüber halbverrottetem Kompost sind ein guter Bodenschutz. Auch der Humusgehalt des Bodens wird so erhöht. Auf ein Umgraben kann, abgesehen von sehr schweren tonigen Böden, verzichtet werden.

Verrottung ist zu beschleunigen, wenn wir der Mulchschicht eine leichte Gabe von Horn- oder Knochenmehl, beziehungsweise eines organischen Mischdüngers zufügen. Auch wenn sogenannte Kompoststarter oder Kompostbeschleuniger (Bezugsquellen siehe Seite 152) der Mulchdecke zugegeben werden, läßt sich die Rotte auf dem Beet fördern. Wird als Oberschicht Schreddermaterial oder Stroh eingesetzt, kann auch ein Mulchgarten im Winter ordentlich aussehen.

Gerade weil die Gärten auch heute noch überwiegend in der Obhut der Frauen sind, wird besonders dankbar begrüßt, daß durch den Wintermulch die schwere Grabarbeit im Spätherbst entfällt.

Erstaunlich ist, daß selbst im Winter, wenn der Boden nicht gefroren ist, unter der Mulchdecke eine aktive Regenwurmtätigkeit festgestellt werden kann. Nach der Frostperiode, im zeitigen Frühjahr, ist die Erde unter der stark geschrumpften Mulchdecke locker und leicht bearbeitbar. Vor der neuen Bestellung der Beete entfernen wir die groben Mulchreste, die der Haufenkompostierung als Lockerungsmaterial dienen können.

Dauermulch

Dauermulch mit mehrjähriger Bodendecke wird für Obstanlagen, Gehölzgruppen sowie auf Gartenwegen empfohlen und in nachfolgenden gesonderten Abschnitten über Kulturen mit Dauermulch behandelt.

Die Schneckenplage braucht im Mulchgarten nicht ärgerlicher zu sein als sonst üblich und die Bekämpfung nicht aufwendiger, obwohl diese Tiere unter der Mulchdecke besseren Schutz finden und sich auch teilweise von den Abdeckmaterialien ernähren. Auf Wühl- und Feldmäuse ist allerdings sorgfältiger zu achten, und bei Gefahr müssen unverzüglich notwendige Gegenmaßnahmen eingeleitet werden.

Kulturen mit Dauermulch

Obstbäume und Beerenobst

Auch das Mulchen der Obstbäume und des Beerenobstes hat beachtliche Vorzüge. Durch anhaltende, gleichmäßige Bodenfeuchte und nur geringe Temperaturschwankungen wird das Anwachsen der neu gepflanzten Obstbäume und Beerensträucher sicherer.

Dabei bedecken wir **Einzelbäume** scheibenartig und im **Reihenobstbau** die durchgehenden Baumstreifen mit einer Schicht von ca. 5 cm organischer Materialien, wie z. B. Grasschnitt, geschredderten Gartenabfällen, Rindenmulch, grobem Rindenhumus sowie Rohkompost, eventuell auch Kurzstroh, Heu, Trester und anderes. Es ist darauf zu achten, daß um die jungen Baumstämme herum die Mulchschicht nicht zu stark aufgetragen wird, weil durch Erwärmen des Materials Rindenschäden nicht ausgeschlossen werden können.

Untersuchungen ergaben, daß sich nach mehrjährigem Dauermulchen das Porenvolumen des Bodens bezüglich seiner Wasserdurchlässigkeit und Durchlüftung beachtlich verbessert hatte. Dabei reichte der Einfluß bis zu einer Bodentiefe von 25 cm. Stehen die Obstbäume im Grasland, ist regelmäßig bei Schnitthöhen von 15–20 cm zu mähen. Das Mähgut, leicht angewelkt, können wir anschließend als Mulchmaterial auf die Baumscheiben bzw. Baumstreifen verteilen.

Gemulchte Baumscheibe im Obstgarten

Besonders **Spindelbäume** auf schwachwachsenden Unterlagen mit hohen Ertragsleistungen sind dankbar für sorgfältiges Mulchen. Die feinen Saugwurzeln der Obstbäume wachsen bis an die Mulchschicht heran und sind deutlich erkennbar, wenn wir die Mulchmasse vorsichtig wegräumen. Durch Mulchen entfällt die Bodenbearbeitung bei Baum- und Beerenobst und damit das Risiko von Wurzelbeschädigungen.

Wenn der gepflegte Obstgarten in Hausnähe und Sichtbereich liegt, ärgern nicht selten Vögel den Besitzer, weil sie auf der Nahrungssuche das sorgfältig angeordnete Mulchmaterial zerstreuen. Wesentlich unangenehmer ist allerdings die Wühl- und Feldmausgefahr durch das Mulchen. Besonders in den ersten Jahren nach der Pflanzung müssen wir deshalb regelmäßig und gründlich unsere Anlage überwachen und rechtzeitig Gegenmaßnahmen einleiten. Ein vom Mulch freigehaltener Ring um die jungen Stämme erleichtert die Kontrolle.

Ergänzend sei vermerkt, daß durch die Dauerbegrünung und Mulch im Obstbau ein Weg gefunden wurde, der gefürchteten Obstbaummüdigkeit entgegenzuwirken.

Mulchschichten mit organischen Materialien verhindern zwar im wesentlichen den Unkrautbewuchs, bei stärkerem Besatz von Wurzelunkräutern, wie z. B. von Disteln, Giersch, Winden und Quecken, ist schwarze Mulchfolie wirkungsvoller. Auch die Kombination schwarze Mulchfolie oder gebrauchte Vliese und organische Abdeckung, z. B. mit Rindenmulch, hat sich für Gartenwege bewährt.

Von besonderem Interesse ist das wirkungsvolle Mulchen von **Beerensträuchern.** Alle Beerenobstarten waren ursprünglich Waldbewohner und sind deshalb für eine natürliche Bodenbedeckung besonders dankbar. Bei Verwendung von Rindenmulch, auch bei Brombeeren, wird der unkrauthemmende Effekt des Bedeckungsmaterials besonders deutlich und erleichtert deshalb die oft schwierigen Pflegemaßnahmen.

Die **Erdbeerreihen** mulchen wir mit Stroh, Heu, geschredderten Zweigen oder Holzwolle. Damit wird zur Erntezeit zudem ein Schutz vor Verschmutzung der Früchte gegeben. Durch Mulchen ist die Jätearbeit auf zwei bis drei Arbeitsgänge, verbunden mit dem Abranken der Pflanzen, zu reduzieren.

Kräuter- und Pilzgarten

Sofort nach der Pflanzung der mehrjährigen Heil- und Würzpflanzen kann der Boden mit Häckselmaterial aus verholzten Gartenabfällen zusammen mit Rohkompost, Waldstreu oder Rindenhumus etwa 5–6 cm stark bedeckt werden. Diese Schutzschicht begünstigt das Anwachsen und gibt kontinuierlich, und damit auch angepaßt an den Witterungs- und Wachstumsverlauf, Nährstoffe frei. So lassen sich ähnliche Lebensbedingungen wie in der freien Natur anbieten. Dies ist wichtig für die Erzeugung von hochwertigen Kräutern, die reich an Heil-, Würz- und Duftstoffen sein sollen.

Die **ein-** und **zweijährigen Kräuter,** meist in Reihen

Bodenabdeckung mit Folie unter Johannisbeeren bedeutet mehrjährigen Mulcheffekt.

Rindenmulch bedeckt den Boden im Pilzgarten.

Feuchter Boden sowie ein schattiger Standort sichern die Pilzernte.

kultiviert, können wir wie Saatgemüse behandeln. Dünne Schichten von Nährmulch fördern das Auflaufen der Saat und eine schnelle Jugendentwicklung bis zum Bestandsschluß. Organische Zusatzdünger und Gesteinsmehl werden vorteilhaft über die Mulchschicht verabreicht.

Die ideale Bodenabdeckung im **Pilzgarten** erfolgt mit einer mindestens 10 cm starken Schicht Rindenmulch. Schattiger Standort und Mulchdecke gewährleisten gemeinsam die nötige Bodenfeuchte für die Pilzkulturen. Durch die federnde, durchlässige Bodendecke ist unser Pilzgarten jederzeit, auch nach stärkeren Regenfällen, begehbar.

Blumenrabatte, Staudenbeete und Ziergehölzgruppen

Während im Nutzgarten Mulchschichten mit Grünabfällen, Ernterückständen und vielen anderen organischen Materialien inzwischen akzeptiert und geschätzt werden, spielt im Wohn- und Ziergarten das äußere Bild der Anlagen eine wesentliche Rolle. Deshalb werden wir hier zum Mulchen vorwiegend Rindenhumus als Torfersatz und einheitlich geschredderte Holzabfälle verwenden.

Der Garten- und Landschaftsbau fordert insgesamt verwehungsstabiles

Eine Rindenmulchschicht rund um den Rosenstock verhindert langfristig den Unkrautwuchs.

Material der Größenkörnung von 30–50 mm und mit einem naturbelassenen C/N-Verhältnis.

Ergänzend ist auf eine Schweizer Empfehlung hinzuweisen, wonach gehäckseltes Stroh einige Wochen mit Erde gemischt vorkompostiert und dann als erdfarbenes Material zum anspruchsvollen Mulchen verwendet wird.

Vor allem bei **Hanglagen** hat sich das Mulchen nicht auch zuletzt als Erosionsschutz bewährt. In Strauchgruppen außerhalb der Sichtweite können wir auch mit Rasen- bzw. Wiesenschnitt mulchen, bis eine geschlossene Pflanzendecke erreicht ist.

Zunehmend verbreitet ist das Mulchen der **Rosenbeete.** Früher wurde, besonders bei Schnittrosen, kurzer Stallmist zur Bodenbedeckung eingesetzt. Bevorzugt wird heute Rindenmulch verwendet (siehe Übersicht Rindenprodukte auf Seite 67). An der Lehr- und Versuchsanstalt für Gartenbau, Kassel, werden seit 1984 Mulchverfahren mit Rindenmulch in 5 cm starker Auflage bei 65 Sorten von Polyantha- und Floribundarosen geprüft und bisher wurde folgendes zusammenfassendes Ergebnis erhalten:

❀ Alle Sorten zeigen bessere Entwicklung.
❀ Das Gesamtbild des Rosenbeetes ist ansprechender.
❀ Der Pflegeaufwand ist deutlich geringer.
❀ Die Bodenfeuchtigkeit ist ausgeglichener.
❀ Die Bodenstruktur ist sehr gut.
❀ Weil kein Herbizideinsatz erfolgt, bedeutet dies einen aktiven Beitrag zum Umweltschutz.

Bei Verwendung von 3–7 cm starker Rohkompostauflage wird zusätzlich als obere Bedeckung Rindenmulch empfohlen. Dadurch können wir Rindenmulch einsparen und das Aussehen verbessern. Wenn man kurz geschnittenes Stroh verwendet, dann nur mit zusätzlicher Stickstoffzugabe von 1 kg Reinstickstoff je 100 kg Stroh. Strohmulchprodukte des Handels, z. B. „Biothum", sind bereits mit Stickstoff aufbereitet und streufähig. Je m² Rosenbeet sind 20–30 Liter Strohmulchprodukt erforderlich.

Schreddermaterial mit einer Körnung von 30–50 mm sieht im Rosenbeet besser aus, wenn eine Vorkompostierung erfolgt.

Vor dem Mulchen der Rosen ist unbedingt darauf zu achten, daß lästige Wurzelunkräuter, beispielsweise Ackerwinden, Disteln, Giersch und andere, rigoros entfernt werden.

Rhododendren erhalten eine kräftige Deckschicht aus Walderde, eventuell gemischt mit Laub oder Moorerde. Dies ist besonders dann notwendig, wenn mit kalkhaltigem Wasser beregnet werden muß.

Im **Heidegarten** kommt als Mulchschicht flächendeckend nur Nadelstreu und Rindenhumus in Frage. Damit können wir längerfristig die erforderlichen Bodenvoraussetzungen schaffen, ohne den Charakter dieses Gartens zu beeinträchtigen.

Immergrüne Gehölze sind meist Flachwurzler und deshalb sehr dankbar für eine dauerhafte, geschlossene Bodenbedeckung, damit Trockenzeiten besser überstanden werden können.

Auch für unsere mobilen Ziergärten, die **Kübelpflanzen,** wird die Oberflächenbedeckung des Bodens mit Rindenhumus empfohlen. Diese wassersparende Metho-

Im Kübelgarten wird mit Kompostwasser gedüngt.

Die Waldrebe am Gerüst ist für eine Mulchschicht dankbar.

Auch Rasenflächen können gemulcht werden.

de erlaubt eingeschränktes Gießen der Gefäße, Kästen und Schalen.

Bei **Wandbegrünungen** erhalten die Kletterpflanzen auf ihre Pflanzscheibe eine luftdurchlässige, etwa 5 cm starke Mulchdecke, die den Wurzelbereich feucht und kühl hält. Damit wird nicht nur sicheres Anwachsen, sondern auch die gewünschte Kletterfreudigkeit erreicht.

Mulchschnitt des Rasens

Auch Rasen- und Wiesenflächen können wir mulchen, wenn regelmäßige, kurze Mahden möglich sind. Dadurch lassen sich nicht nur Dünger und Wasser sparen, sondern auch das Bodenleben, vor allem die Regenwurmtätigkeit, beachtlich steigern sowie auch die Durchlüftung des Bodens verbessern und der Bildung von Rasenfilz vorbeugen. Gemäht wird ohne Auffangkorb alle vier bis fünf Tage, mindestens einmal wöchentlich mit Schnitthöhen nicht über 4 cm. Es wird immer nur etwa ein Drittel der Grashöhe abgeschnitten. Nur weiche Blattmasse verrottet schnell. Der Rasenschnitt wird dabei schleierartig über die gesamte Fläche verteilt. Angehäuftes, klumpiges Schnittgras kann bei schlechtem

Wetter zu Fäulnis und bei verzögerter Zersetzung zu unerwünschtem Pilzbefall des Rasens führen. Der Mulchschnitt des Rasens sollte also möglichst bei trockenem Wetter, am besten nachmittags, erfolgen. Mulchschnitt ist meist bei Mehrzweck- und Nutzrasen, weniger bei feinem Zierrasen üblich. Um einer Verfilzung der Rasenoberfläche vorzubeugen, sollte wenigstens einmal jährlich vertikutiert oder kräftig mit einem Stahlbesen abgekehrt werden. Dadurch können wir die Rasennarbe aufreißen, Reststoffe entfernen und die Verrottung verbleibender Materialien veranlassen.

Mulchen der Gartenwege

Holzhäcksel oder Rindenmulch geben einen ausgezeichneten, wasserdurchlässigen, federnden Bodenbelag für Gartenwege. Handelt es sich dabei um Dauerwege zwischen den Beeten, sollte die Deckschicht 8–10 cm stark sein. Unter diesem Belag wird durch eine aktive Regenwurmtätigkeit ein feines Röhrensystem des Bodens erreicht, das wasserleitend und durchlüftend wirkt. Um Unkrautwuchs zu unterbinden, können wir vor dem Aufbringen der Mulchschicht flächendeckend gebrauchte Vliese auf den Weg

Gemulchte Gartenwege zwischen den Gemüsebeeten, damit der Boden durch das Betreten nicht zu sehr verfestigt.

Gemulchtes Hügelbeet: Es werden vor allem die abfallenden Hügelbeetseiten vor Witterungseinflüssen geschützt.

auslegen. Gelochte Flachfolien werden von Quecken und Disteln auch dann durchwachsen, wenn sie mehrschichtig verwendet worden sind.

Für die schmalen **Beetzwischenwege** genügen Rindenmulchauflagen von zirka 5 cm Stärke, die während des Jahres eventuell zu ergänzen sind. Richtig gemulchte Wege geben unserem Garten ein gepflegtes Aussehen. Der Aufwand für das Mulchmaterial wird allein durch geringen Arbeitsbedarf für die Wegepflege weitgehend ausgeglichen.

erreichbaren Ernteverfrühung. Schwachpunkte dagegen bringt der Sommer durch stärkeres Austrocknen und höheren Wasserbedarf. Dieser bekannte Nachteil hügeliger Beete läßt sich durch eine Bodenbedeckung deutlich abschwächen. Mulchen schützt vor allem die schrägen Beetseiten vor unerwünschtem Abschlämmen infolge stärkerer Niederschläge. Werden Hoch- und Hügelbeete gemulcht, sind Saat- und Pflanzreihen nicht nur in Längs-, sondern auch in Querrichtung möglich.

Mulchen im Hügelgarten

Mulchen ist eine ideale Ergänzung im Nutzgarten mit Hügel- und Hochbeeten. Die bis zu 30% größere Kulturfläche im Hügelgarten kann durch richtiges Mulchen bestmöglich ausgenutzt werden.

Der Vorzug der Hoch- und Hügelbeete liegt in der zeitigen Erwärmung des Bodens im Frühjahr und der dadurch

Gemüsepflanzen im Hochbeet werden gemulcht.

Mulchpraxis in alternativen Gärten

Im biologisch-dynamischen Garten

Nach den Theorien des biologisch-dynamischen Landbaues sind für einen offenen Boden die ätherischen und astralischen Kräfte besser zugänglich. Deshalb kann hier auch umgegraben werden.

Im organisch-biologischen Garten

Ganzjähriges Mulchen als lückenlose Bodenbedeckung mit organischen Materialien ist ein Grundprinzip des organisch-biologischen Gartenbaues. Zweck dieser Maßnahme – im Zusammenhang damit, daß der Boden nicht umgegraben, sondern nur gelockert werden soll – ist das Bestreben, nicht störend in das Bodenleben einzugreifen. Deswegen wird auch durchgewachsenes Unkraut nur herausgezogen und auf die Mulchdecke gelegt. Zum Bedecken der Gartenböden sind vorkompostierter Stallmist, Gründüngungspflanzen, die eventuell auf gesonderten Beeten angepflanzt wurden, Laub, auch Kurzstroh gemischt mit samenlosen Unkräutern, auch Bedecken mit angerottetem Kompostmaterial von flachen Kompostmieten, sogenannter Oberflächenkompost, gebräuchlich. Mulchen in Kombination mit mineralischen Düngern wird abgelehnt, um Schockwirkungen auf das Bodenleben zu vermeiden. Schließlich stehen durch den Abbau der organischen Substanz stets dem Pflanzenwachstum angemessen genügend Nähr- und Wirkstoffe zur Verfügung. Um auf leichten Böden die „Tonkristallgehalte" zu erhöhen und die Bildung von Ton-Humus-Komplexen zu fördern, ist die Verwendung von Urgesteinsmehlen sinnvoll. Die intensive organisch-biologische Forschung hat mit ihrem Modell der Zell- und Plasmagare (siehe Seite 78) besser zum theoretischen Verständnis dieser Landbaumethode beigetragen und die Vorzüglichkeit des Mulchens gegenüber prinzipieller Haufenkompostierung nachgewiesen.

Im makrobiotischen Garten

Die Schutzbedeckung des Bodens mit Stroh, Laub und feingeschnittenen Gartenabfällen oder Kompost erfolgt vor allem im Herbst und wird im Frühjahr ergänzt. Um den Spurenelementbedarf auszugleichen, wird das Mittel „Biokonzentrat" der makrobiotischen

Laub wird im organisch-biologischen Garten zum Mulchen bevorzugt eingesetzt.

Arbeitsgemeinschaft mit 80 bis 84 verschiedenen Elementen dem Mulchkompost zugesetzt und breitflächig ausgebracht.

Im Mazdaznan-Garten

Von untergeordneter Bedeutung ist die Bedeckung der Gartenbeete mit Gras, Stroh und anderen organischen Materialien. Wesentlich bleibt allerdings die Empfehlung, Gesteinsmehl zu überstreuen und im Winter auf Schnee je 100 m² Boden mit 50 g Kaliumpermanganat zu behandeln.

Im veganistischen Gartenbau

Merkmal des veganistischen Mulchens ist, daß dafür nur Kompost Verwendung findet, der ohne jede tierische Bestandteile hergestellt wurde.

Ein Mischkultur-Hügelbeet mit Strohmulch

Strohmulch in Saatkulturen des veganistischen Gartens

Nach der Methode von Ruth Stout wird bevorzugt mit Heu gemulcht.

Die Mulchdecke soll in den ersten Jahren mindestens 5 cm stark sein, später können 3 cm dicke Auflagen genügen. Durch Rußzusatz werden die Mulchkomposte stark dunkel gefärbt. Dies bewirkt im Frühjahr eine bessere Erwärmung des Bodens.
Im veganistischen Garten werden die Wege mit einer dicken Schicht Weizenstroh bedeckt, weil sich diese Strohart am langsamsten zersetzt.

Nach Ruth Stout

Altmeisterin des Mulchens im Garten ist die Amerikanerin Ruth Stout. Sie begann mit zunehmendem Alter zur Arbeitserleichterung ihren großen Garten bevorzugt mit Heu zu mulchen. Schon nach mehreren Jahren konnte sie überrascht feststellen, daß sich die Struktur ihres kritischen Bodens wesentlich verbesserte und offensichtlich auch weniger Krankheiten an den Kulturpflanzen auftraten. Gegen hartnäckige Unkräuter, wie z. B. Quecken und Giersch, arbeitete sie mit Papier und Pappe als Abdeckungsmaterial.
Nach der Methode von Ruth Stout wird das pflanzliche Mulchmaterial auf 20–30 cm Länge geschnitten und die Auflage bis 18 cm hoch geschichtet. Die Aussaat von Mais und Stangenbohnen erfolgt direkt in die Mulchmasse. Kartoffeln werden auf die Erdoberfläche gelegt und mit einer bis 30 cm starken Mulchschicht, z. B. Heu, be-

deckt. Für Sägemüse ist die Deckmasse im Frühjahr zur Seite zu räumen, damit sich der Boden leichter erwärmt. Nach der Saat kann mit einer etwa 2 cm starken Mulchschicht, eventuell auch mit Sägemehl oder feinen Sägespänen, erneut gemulcht werden.

Wirkungsmechanismen des Mulchverfahrens

Unmittelbar nach der Mulchauflage beginnen schichtenabhängig die Abbauprozesse. Obwohl die Mulchoberfläche äußeren Einwirkungen von Sonne, Regen und Wind am stärksten ausgesetzt ist, bleibt hier die Struktur der vorgemischten Masse zunächst weitgehend unverändert, als wenig verrottende Schutzschicht, erhalten. Lediglich die feineren Teile werden ausgeschwemmt und tiefer verlagert. Dagegen setzt sofort in der Berührungszone zwischen Boden und Mulch, vor allem in der warmen Jahreshälfte, die intensive Lebenstätigkeit mannigfaltiger Mikrobenpopulationen ein, wobei zunächst Bodenpilze überwiegen. Die mikrobielle Verbauung wirkt je nach Bodenart und Mulchmaterial in den zellärmeren Oberboden mehr oder minder schnell hinein, so daß die abbauaktive Zone teils aus der Unterschicht, teils aus dem Oberboden besteht. Das ist deutlich erkennbar an der Ausbildung von Krümeln, Hohlräumen und anhaltender Feuchte, auch bei längerer

Bei gemulchten Baumscheiben können am Stamm Adventivwurzeln gebildet werden, um die freigesetzten Nährstoffe der Mulchschicht zu verwerten.

Trockenheit. Die Umwandlung der nährstoffreichen organischen Substanz kommt nur durch Kontakt mit Mikroben und Mineralien zustande. Durch die gebildeten Hohlräume ist ein großzügiger Gasstoffwechsel möglich und das bodenbürtige Kohlendioxid wird im erdnahen Raum direkt den Kulturpflanzen zur Düngung angeboten und über die Spaltöffnungen an den Unterseiten der Blätter aufgenommen.

Der Abbauprozeß beim Mulchen: Zell- und Plasmagare

Die Verarbeitung organischer Substanz durch die Mikroorganismen erfolgt in „Arbeitsgruppen". Jede Art beschränkt sich auf einen bestimmten Anteil im Abbauprozeß. Das Ganze ist also keine willkürliche Auflösung von Strukturen, sondern vollzieht sich in sinnvoller Ordnung. Die Zusammensetzung der „Verwertungsgesellschaft" wird dabei vom Stoffangebot gesteuert. Ist die Versorgung unserer Kulturböden mit organischen Materialien reich und vielseitig, können wir auch eine arten- und individuenreiche Mikrobenaktivität erwarten. Die Zahl der Kleinlebewesen wächst, und es kommt zu Kolonienbildung mit gewaltigen Zellvermehrungen. Der Fachmann des or-

ganisch-biologischen Landbaues spricht von mikrobieller Bodengare oder Zellgare. Die mikrobielle Gare oder **Zellgare** ist vergänglich, soweit sie aus Mikrobenkörpern besteht, die nach Abbau der Kohlenstoffverbindungen absterben. Körpersubstanzen und Rückstände aus der Tätigkeit der Kleinlebewesen verkleben mit Bodenteilchen und bilden die nunmehr sichtbaren Bodenkrümel. Die obere Schicht des Mutterbodens wird grobporig und luftdurchlässig für die rege Mikrobentätigkeit.

Aus der mikrobiellen Gare entsteht unmittelbar die sogenannte **Plasmagare.** Die Strukturen sind zellenlos und zellarm, das Material sieht wie lockere, feinkrümelige, lufthaltige, feinsporige Erde aus, ohne erkennbare verdaute Reste, wie wir das von sehr altem, reifem Kompost kennen. Die Bindekräfte sind um ein Vielfaches stärker geworden.

Mulchverhalten leichter Böden

Leichte, sandige Böden eignen sich in idealer Weise zum Mulchen und Flachkompostieren. Es sind weniger Fehler durch Unerfahrenheit zu erwarten, und die Erfolge werden oft schon nach kurzer Zeit feststellbar. Selbst bei dickeren Auflageschichten

Durch die verschiedenen Mulchverfahren kann die Bodenfruchtbarkeit auf natürliche Weise verbessert werden.

Das Mulchverfahren sollte auf die Bodenart abgestimmt sein.

kommt es kaum zu unerwünschten Fäulniserscheinungen. Werden die Bodenbedeckungen systematisch durchgeführt, erübrigen sich Umgraben und andere schwere Bodenbearbeitungen.

Kombiniert mit Düngergaben, von Urgesteinsmehl über die Mulchschichten, sind die Bindekräfte dieser leichten Böden wesentlich zu erhöhen. Stoßartige organische Düngung birgt die Gefahr übertriebener Bodenaktivitäten. Klüger ist eine gleichmäßige Bedeckung, denn daraus resultiert eine regelmäßige Bodenernährung.

Mulchverhalten schwerer toniger Böden

Schwere, tonhaltigere Böden verhalten sich schwieriger gegenüber Mulchverfahren mit organischen Materialien. Bodenatmung und Wasserführung sind ungünstig. Späte Erwärmung im Frühjahr verzögert die Bestellung des Gartens.

Dennoch sind – wenn auch mehr Verständnis notwendig ist – Verbesserungen der Kulturfähigkeit und Ertragsleistung mit Hilfe von Mulchverfahren nach mehreren Jahren möglich. Mühen und Aufwand lohnen sich, weil fruchtbare, schwere Böden letztendlich

strapazierfähiger, zuverlässiger und ertragsfähiger sein werden.

Folgende Empfehlungen sind beim Mulchen schwerer, toniger Böden unbedingt zu berücksichtigen:
1. Die Mulchschichten dürfen nur dünn, bei Sommermulch bis 2 cm stark sein, um Gärung und Fäulnisbildung vorzubeugen.
2. Wenn möglich sind statt einseitiger Mulchanwendungen, z.B. mit Rasenschnitt, Mischungen mit verschiedenen Materialien zu bevorzugen.
3. Zum schnelleren Mulchabbau können wir organische Dünger oder Kompostbeschleuniger über die Deckschichten streuen.
4. Zur besseren Bodenerwärmung im Frühjahr kann rechtzeitig im Garten der Wintermulch zur Seite geräumt und nach der Saat beziehungsweise Pflanzung mit Rohkompost oder feinem Mulchmaterial dünnschichtig erneut bedeckt werden.
5. Auch bei sorgfältigem Mulchen ist eine Bodenlockerung unumgänglich.
6. Zur Beschleunigung der Entwicklung zu einem fruchtbaren Gartenboden ist es wichtig, mehrere Jahre verfügbare organische Materialien im Haufen zu kompostieren und die Mulchmaßnahme mit beträchtlichen Gaben oberflächlich eingearbeiteten Kompostes zu kombinieren.

Bei Bodenbedeckungen mit organischen Materialien entsteht durch die Bodenlebewesen pro Jahr eine Schicht Komposterde von ca. 1 cm Dicke. Das bedeutet die beachtliche Menge von etwa 1 m^3 je 100 m^2 Gartenfläche.

Flächenkompostierung

Die Unterscheidung der Flächenkompostierung vom Mulchen mit organischen Materialien besteht darin, daß bei diesem, vor allem im Erwerbsanbau häufiger angewandten Verfahren, zerkleinerte Ernterückstände, Stallmist, Rohkompost, Stroh und anderes in kräftiger Schicht aufgebracht und zudem noch leicht eingearbeitet werden. Dadurch erfolgt eine Vermischung mit dem Oberboden und eine schnelle Einleitung aktiver Verrottungsvorgänge im Bereich der Oberkrume. Steht genügend Feuchtigkeit dieser tätigen Bodenschicht zur Verfügung, sind die Abbauprozesse recht intensiv.

Flächenkompostierung, verbunden mit richtiger Boden-

Flächenkompostierung im Garten: flaches Einarbeiten der Mulchmaterialien

Mulchen im Blumen- und Gemüsegarten hat vielerlei Vorteile.

bearbeitung mit Rollhacke oder Fräse, gestattet eine nachfolgende Neubestellung der Kulturflächen. Zwischen dem Termin der Flächenkompostierung und neuem Kulturbeginn im Sommer werden Wartezeiten von ein bis zwei Wochen empfohlen.

Besonders bewährt hat sich Flächenkompostieren mit sofort anschließender Gründüngungseinsaat. Die Gründüngungspflanzen wachsen durch die noch nicht zersetzte Mulchmasse, fördern deren Rotte und ergeben eine beachtenswerte Humusquelle mit hohem Nährwert.

Zur Rottebeschleunigung wurden nach früheren Empfehlungen 20–30 g/m² Kalkstickstoff vor dem Einarbeiten über die organischen Materialien gestreut. Vor allem Stroh, das auf zirka 8 cm Länge gehäckselt und leicht eingearbeitet wird, benötigt eine zusätzliche Stickstoffgabe. Die Faustregel gilt hier: 1 kg Reinstickstoff je Doppelzentner Stroh. Das bedeutet nach heutigen Empfehlungen bei Verwendung von Horndünger 10 kg je Doppelzentner Stroh.

Die Flachkompostierung wirkt wie ein Schwamm, der Wasser und Nährstoffe den Pflanzenwurzeln stetig anzubieten vermag. Nicht zu unterschätzen ist die Abgabe des bodenbürtigen Kohlendioxides aus Umsetzungsprozessen der Flächenkompostierung, das direkt den Pflanzenteilen zur Verfügung steht. Vorsicht bei übermäßig eingearbeiteten organischen Materialien! Auf leichten Böden sind nachteilige Kurzschlußreaktionen der Folgekulturen durch Überangebot von Wirkstoffen nicht ausgeschlossen.

Auch richtige Flächenkompostierung erfordert Sachverstand. Sollen Haus- und Küchenabfälle zur Flächenkompostierung Verwendung finden, wird auch hier eine mehrwöchige Haufenvorrotte vorher empfohlen.

Im Nutzgarten eignet sich die Flachkompostierung nahezu für alle Gemüsearten. Einschränkungen gelten nur für Wurzelgemüse, z. B. für Schwarzwurzeln und Möhren, weil gröbere, unverrottete Rückstände im Boden die Qualität der Wurzelkörper beeinträchtigen und Formfehler, wie Beinigkeit und Verkrüppelung, häufiger auftreten können.

Die Flächenkompostierung ist auch eine wirkungsvolle Maßnahme zur schnelleren Belebung weniger tätiger Böden bei Gartenneuanlagen, z. B. wenn beim Hausbau schwerwiegende Erdbewegungen erfolgen mußten.

Pflanzenernährung

*„Den Boden sollen wir düngen,
um die Pflanzen zu ernähren,
denn der Boden ist der Magen
für die Pflanzen."*

Zum Wachstum benötigen die Pflanzen Licht, Luft, Wasser, Wärme und Nährstoffe. Nach dem Gesetz des Minimums werden Wuchs- und Ertragsleistung von dem Wachstumsfaktor bestimmt, der im Minimum vorhanden ist. Das bedeutet für die Pflanzenernährung, daß auch ein Einzelnährstoff oder Spurenelement im Mangel über die Leistungsfähigkeit einer Pflanzenkultur entscheiden kann.

Nach der klassischen Pflanzenernährungslehre sind die meßbaren Entzugsmengen durch die Ernteprodukte mit Dünge-Nährstoffen auszugleichen, um die Bodenfruchtbarkeit zu erhalten. Dabei spiele die Herkunft der Nährelemente, ob aus dem Anbau von organischer Substanz im Boden oder in Form von mineralischen Düngemitteln keine Rolle. Als Vorteil mineralischer bzw. synthetischer Düngung wird die besonders schnelle Verfügbarkeit und genaue terminliche Steuerung der Düngergaben nach dem Nährstoffbedarf der Pflanzen gewertet.

Dagegen sind nach der naturgemäßen Pflanzenbaulehre und Humuswirtschaft die Aufbereitung organischer Stoffe zur Nährstoffgewinnung, über die Prozesse der Umsetzungen mit ihren Zwischenprodukten, die entscheidenden Kriterien für eine funktionierende Mikroorganismentätigkeit im Boden, für langfristige Bodenfruchtbarkeit und natürliche Pflanzengesundheit. Leicht lösliche synthetische und mineralische Dünger verleiten Wurzeln und Bodenorganismen zur direkten Nahrungsaufnahme, das Wurzelwachstum wird geringer und die Wurzeln sind weniger mit den festen Bestandteilen des Bodens verbunden. Mykorrhiza-Symbiose und Aktivitäten stickstoffsammelnder Bakterien werden zurückgedrängt, ebenso die kontinuierliche Nachlieferung schwerer löslicher Nährstoffe aus Verwitterungsvorgängen.

Die Humuswirtschaft des naturgemäßen Gartenbaues mißt alle Düngemittel an ihren Eigenschaften, die dem Organismus Boden, seiner Erhaltung und Förderung langfristiger Fruchtbarkeit und Gesundheit dienlich sein können.

Das Bestreben, rasch hohe Wuchs- und Ertragsleistungen zu erreichen, hat dazu geführt, daß unsere Gärten meist zu großzügig gedüngt und die Böden heute vielfach erheblich mit Nährstoffen überfrachtet sind. Dies bestätigen die Statistiken aus allen Bundesländern. Tatsache ist, daß auf überdüngten Böden häufiger Pflanzenkrankheiten erscheinen und die innere Qualität der Erzeugnisse, z. B. von Gemüsen, Kräutern und Früchten, beeinträchtigt werden kann.

Richtige Pflanzenernährung führt zu einer reichhaltigen Ernte.

Auf einem gesunden Boden wachsen gesunde Pflanzen.

Gartenböden sind hinreichend mit den Hauptnährstoffen Phosphat, Kalium und Magnesium versorgt, wenn die Analysen der Bodenuntersuchung
15–25 mg P_2O_5,
15–25 mg K_2O
und 10–15 mg MgO
je 100 g Boden nachweisen. Dabei gelten die niedrigeren Werte für leichtere und die höheren für schwerere Böden. Die Befürchtung dagegen, daß Gartenböden mit Humus überversorgt sind, ist unbegründet. 5–10% Humus nach Bodenanalyse sind sogar für den Gartenbau erstrebenswert. Leichte, sandige Böden erscheinen bei solchen Humusgehalten tiefschwarz, tonige lehmige Böden dunkelgrau oder dunkelbraun.

Wesentlich für die Humusbewertung ist dessen biogener Zustand, der nicht durch die allgemeinen Humusanalysen dargestellt wird. Schließlich kann in Böden mit verhältnismäßig hohem Humusgehalt durch jahrelange falsche Behandlung der biogene Zustand des Humus, der eigentliche Humuswert, sehr gering sein. Also, nicht der absolute Humusgehalt, sondern gleichzeitig auch die biologische Wertigkeit geben zusammen das echte Bild vom Humushaushalt.

Mit Hilfe der Rundbild-Chromatographie, dem Chromatest (siehe Seite 143), erhalten wir Einblicke in das Innenleben unserer Böden. Ergänzt durch die Humuswertbestimmung nach Lübke ist eine endgültige Bewertung möglich und schließlich aussagekräftig für die weiteren Maßnahmen sinnvoller Humuswirtschaft.

Mißhandelter Bodenhumus kann allerdings durch naturgemäße Wirtschaftsweisen reaktiviert und dadurch die ursprüngliche Fruchtbarkeit des Bodens wiedererlangt werden.

Nach der neueren Humusforschung sind auch reichlich mit Humus versorgte Böden unbedenklich, auch wenn die Gehalte an organischer Masse über 10% betragen, sofern ausreichende Bodendurchlüftung in der gesamten Krumentiefe gewährleistet ist. Weder Überangebote an Nährstoffen noch Auswaschungsverluste ließen sich unter solchen Voraussetzungen im Versuch nachweisen. Mit der Humusaktivität steigt das Speichervermögen für Nährstoffe und Wasser, ohne die Verfügbarkeit für eine Aufnahme durch die Pflanzenwurzeln zu beeinträchtigen.

Ausgesprochen humusarm sind Böden unter 1,5 oder 2,0% organischer Masse. Hier können nur mit mineralischen Düngern auf Kosten weiterer Degradierung des Bodens noch Erträge erzielt werden.

Landwirtschaftliche Böden, die unterhalb des genannten Humusspiegels liegen, werden auch als „tote Böden" bezeichnet. Eine Sanierung ist nur sehr langwierig möglich, wobei im Verbund die Maßnahmen Gründüngung, Kompostgaben und Mulchen helfen können.

Pflanzennährstoffe

Neben Wasser und Kohlendioxid brauchen die chlorophyllführenden Pflanzen 13 weitere Nährelemente zum Stoffaufbau. Sie werden allgemein in sechs Hauptnährstoffe, nämlich Stickstoff (N), Phosphor (P), Kalium (K), Kalzium (Ca), Magnesium (Mg) und Schwefel (S), und sieben Mikronährstoffe oder Spurenelemente, und zwar Eisen (Fe), Mangan (Mn), Kupfer (Cu), Zink (Zn), Bor (B), Molybdän (Mo) und Chlor (Cl), gruppiert. Fehlt einer dieser Nährstoffe im Angebot, kann es zu Mangelerscheinungen an den Kulturpflanzen kommen. Schwache Nährstoffdefizite sind meist verdeckt, können aber bereits Minderwuchs verursachen. Dagegen zeigt sich akuter Mangel in charakteristischen äußeren Erscheinungsbildern. In fruchtbaren Gartenböden treten jedoch Nährstoff-Mangelerscheinungen kaum auf, höchstenfalls bei Stickstoff, der mengenmäßig am meisten beansprucht wird, manchmal bei Kalzium und Magnesium, Eisen und Mangan, ganz selten bei Bor und Molybdän.

Merkmale bei Nährstoffmangel

✳ **Stickstoffmangel:** blaßgrüne bis gelbliche Blätter der ganzen Pflanze, beginnend an den älteren Blättern; auffälliger Kümmerwuchs. Schnelle Behebung des Mangels ist durch mehrmalige Blatt- oder flüssige Kopfdüngungen möglich.

✳ **Phosphormangel:** abnorm dunkelgrüne Blattfarbe mit rötlich violetten Einfärbungen.

✳ **Kaliummangel:** aufgehellte Blattränder, die im fortgeschrittenen Stadium braun absterben.

✳ **Kalziummangel:** bedingt die Stippigkeit der Äpfel, mit über das Fruchtfleisch verteilten braunen Flecken, die auch in akuten Fällen auf der Schale sichtbar werden. Kalziummangel ist auch die Ursache der Innenblatt-Nekrose bei Chinakohl und der Blütenfäule der Tomaten. Kalziummangel kann bei extremer Trockenheit, aber auch durch Überdüngung mit Stickstoff und Kalium begünstigt werden.

✳ **Magnesiummangel:** seltener ist absoluter Mangel, meist werden Mangelerscheinungen sichtbar bei unverhältnismäßig hohen Kaliumwerten des Bodens. Typisch sind Gelb- und Braunverfärbungen zwischen

Eisenmangel: Nur die Blattadern zeigen eine dunkelgrüne Färbung.

Serbische Fichte mit Magnesiummangel

Magnesiummangel beim Apfel

Von oben nach unten: Kalium-, Phosphor- und Magnesiummangel, unten ein gesundes Rosenblatt.

den Blattadern, beginnend an den älteren Blättern, die z. B. bei Apfelbäumen vorzeitig abfallen, so daß die Triebe von unten nach oben verkahlen.

✳ **Eisen- und Manganmangel:** erscheinen mit typischen Chlorosen, wobei sich die grünen Adern deutlich von den vergilbten Blatteilen abheben. Eisen- und Manganmangel kommen auf besonders kalkhaltigen Böden vor. Bei Gehölzpflanzen werden die ersten Chlorosen zuerst an den Blättern der Triebspitzen sichtbar. Sie lassen sich deshalb von den Chlorosen des Manganmangels unterscheiden, weil hier die Symptome zuerst an den unteren und mittleren Blättern erscheinen und entlang der Blattnerven ein breiterer grüner Saum erhalten bleibt.

❀ **Bormangel:** kann bei borbedürftigen Gemüsearten Blumenkohl, Sellerie und Rüben auftreten. Blumenkohl bildet bei Bormangel hohle Strünke und Braunfärbungen auf der Blume, an Selleriepflanzen stirbt die Vegetationsmitte braun ab. Dagegen kommt es bei Obstfrüchten zu starken Deformationen und korkigen braunen Stellen im Fruchtfleisch.

❀ **Molybdänmangel:** ist im Gegensatz zu Eisen-, Mangan- und Bormangel auf sauren Böden zu befürchten und kann bei Blumenkohl und Brokkoli vorkommen, wobei die Blattspreiten stark verkleinert erscheinen und die Vegetationsmitte abstirbt.

Als verdeckter Nährstoffmangel wird der Zustand bezeichnet, bei welchem keine oder nur schwache, schwer identifizierbare Symptome auftreten. Allerdings können sich in diesem Stadium bereits äußerlich unauffälligere Qualitätsfehler in Geschmack, Aroma und Haltbarkeit eingestellt haben.

Versorgung und Nährstoffdynamik

Der weitaus größte Teil der Bodennährstoffe, schätzungsweise 98%, sind in organischen Verbindungen eingebaut oder in den Zwischenschichten der Tonminerale gebunden; meist weniger als 2% sind leicht austauschbar angelagert und weniger als 1% ungebunden in der Bodenlösung. Die Pflanzenwurzeln können nur Nährstoffe aus der Bodenlösung in Ionenform oder auch als niedermolekulare organische Verbindungen aufnehmen. Nach Entzug erfolgt schnelle Nachlieferung mit leicht austauschbaren, angelagerten Nährelementen, bis das Gleichgewicht wieder eingestellt ist.

Die Mechanismen der Nährstoffbewegung im Boden wurden durch die neueren Forschungsarbeiten, insbesondere von S. Lübke, auch für den Laien verständlicher und bedeutsam für die Übersetzung in die Praxis umweltgerechter Gartenbewirtschaftung. Danach erfolgt in einem intakten tätigen Boden die Nährstofffreisetzung nicht willkürlich, sondern erst auf Information der Pflanzenwurzeln infolge von Wurzelausscheidungen hin. Jedenfalls kann die Pflanze selbst bestimmen, wie sie ernährt werden will.

Die austauschbaren Nährionen stehen also auf Abruf durch die Pflanzenwurzeln zur Verfügung. Mangel- oder Überschußerscheinungen, auch umweltbelastende Auswaschungen, sind Zeichen ungesunder Böden. Alle nachteiligen Befürchtungen sind

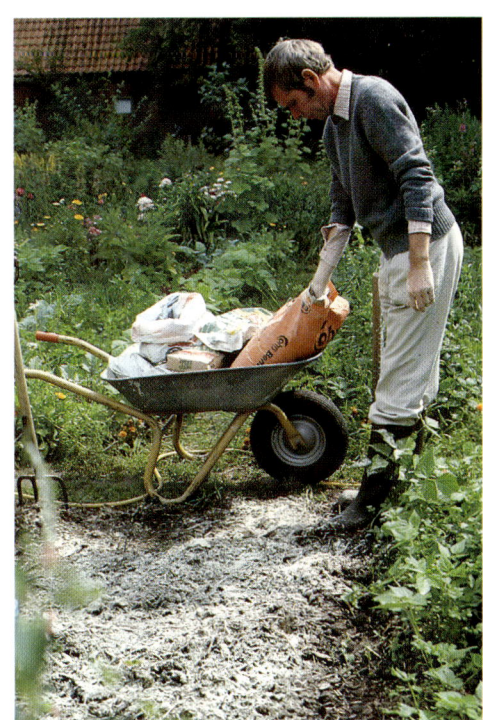

Der Boden wird mit Tonmehl bestreut. Dies fördert das Wasser- und Nährstoff-Festhaltevermögen und die Bildung witterungsstabiler Ton-Humus-Komplexe.

dagegen unbegründet, wenn der Humus im Boden biologisch aktiv und die Bewirtschaftung nach naturgemäßer Anbauweise erfolgt. Auch die gebundenen Restnährstoffe, z. B. aus früheren Düngungen, sind nicht verloren. Sie können durch Aktivieren des Bodenlebens wieder pflanzenverfügbar werden. Liegt der Humusgehalt wesentlich über 2% in mikrobiell tätigen Böden, ist bei regelmäßiger Zufuhr organischer Substanz, als Kompost, durch Mulchen oder Gründüngung, die gesamte Nährstoffversorgung auf diesem Wege abzusichern.

Vom Kreislauf der Nährstoffe

Weil die Kulturpflanzen dem Boden Nährstoffe entziehen, muß zum Ausgleich des Nährstoffhaushaltes für eine ausreichende Nachlieferung gesorgt werden. Im naturgemäßen Gartenbau erfolgt dies mit organischen Düngestoffen, bevorzugt Kompost aus dem eigenen Garten, durch Gründüngung und als Ergänzung mit organischen Düngern des Handels. Der konventionelle Gartenbau bemißt die Höhe der Düngerga-

Kohlarten haben einen hohen Düngerbedarf.

ben nach dem Nährstoffentzug der verschiedenen Pflanzenarten, die aus Analysen der Ernteprodukte vermittelt werden. Es werden zudem die Bodenuntersuchungsergebnisse, auch N-min-Analysen, berücksichtigt und die artspezifischen Ansprüche der Pflanzen in der Kulturfolge. Bei Gemüsen sind beispielsweise starke Nährstoffzehrer die Kohlarten, Sellerie und Rhabarber; als Mittelzehrer gelten Möhren, Rettich, Rote Rüben, Schwarzwurzeln sowie Zwiebeln, und Schwachzehrer sind Erbsen- und Bohnenarten.

In die Nährstoffbilanzen müssen ferner die ermittelten Mengen der mineralisierten Ernterückstände, natürliche Einträge durch Immissionen und Verluste durch Auswaschungen einfließen.

Die Nährstoffkreisläufe selbst werden durch vielfältige wechselseitige Beziehungen gesteuert. Im besonderen sind zu nennen: Klimafaktoren, Mineralisierung aus Gesteinsverwitterung, Bodenart und pH-Wert, Humusangebot und Bodenleben, Pflanzenart sowie auch die angewandten Kulturmaßnahmen.

Hauptnährstoffe

Für die Hauptnährstoffe werden folgende bemerkenswerte Besonderheiten aufgezeigt:

Der Pflanzennährstoff **Phosphor** wird einerseits durch Verwitterung, vor allem aber durch Humusabbau in den Kreislauf gegeben. In Gartenböden sind meist bis zu 50% des Gesamtphosphors in organischen Verbindungen vorgefunden worden. Durch Wurzelaufschließungen und aktives Bodenleben, in Verbindung mit optimaler Bodenreaktion (pH-Wert), ist eine ausreichende Phosphorversorgung nahezu immer gewährleistet, und zusätzliche Phosphordüngungen sind eigentlich nicht erforderlich.

Kalium ist im allgemeinen der in den Pflanzen am höchsten anzutreffende Nährstoff. Kalium ist in Gesteinen natürlicherweise vorhanden (Kalifeldspat, Glimmer, Illit). Kaliumverlust durch natürliche Auswaschung ist gering, kann jedoch in ton- und humusarmen Böden vorkommen; verschiedene Tonmaterialien im Boden können Kalium allerdings in ihren Schichtpaketen fester einlagern und fixieren. Auch Kalium ist in tätigen Gartenböden kein Mangelnährstoff.

Magnesium wird aus der Gesteinsverwitterung nachgeliefert. Mit erhöhten Ton- und Schluffgehalten steigen auch die Werte von austauschbarem Magnesium an. Die Magnesiumaufnahme durch die Pflanzen wird durch niedrige pH-Werte und Überversorgung mit Kalium beeinträchtigt, man spricht vom Kalium/Magnesium-Antagonismus.

Kalzium: Die natürliche Kalknachlieferung im Boden kann aus Kalkstein, Mergel oder Kreide erfolgen. Kalkwerte in Böden sind nicht gleichzusetzen mit deren pH-Wert, aber am pH-Wert kann die Kalkversorgung beurteilt werden. Kalzium bindet Bodensäuren, flockt feinste Bodenteilchen aus und macht die Nährstoffe leichter verfügbar. Daher kommt auch das Gärtner-Sprichwort „Kalk zehrt". Kalzium fördert das Mikroleben und Regenwürmer sowie letztlich die Bildung von Bodenkrümeln. Kalziumionen werden am stärksten ausgewaschen, vor allem bei hoher Kalziumsättigung und durch Düngung mit chlorhaltigen Düngemitteln. Es bleibt zu ergänzen, daß mit organischen Düngemitteln auch gleichzeitig eine beachtliche Kalkzufuhr erreicht wird und vor allem Kompost die pH-Werte der Böden stabilisiert.

Schwefel ist durch natürliche Nachlieferung aus schwefelhaltigen Verbindungen, vor allem durch den nicht toxischen Gips, genügend im Boden verfügbar. Mit zunehmenden Schwefel-Immissionen in Ballungsgebieten kann es zur Bildung von schädlichem Schwefelwasserstoff kommen, bekannt als Mitursache für den sauren Regen, der sich nachteilig auf Pflanzen und Mikroorganismen im Boden auswirkt.

Besonderheiten des Stickstoffkreislaufes

Stickstoff ist der wichtigste unentbehrliche Nährstoff für Pflanzen und Bodenlebewesen. Der Gesamtstickstoffgehalt im Boden kann bis 0,4% betragen, das bedeutet für die obere Bodenschicht bis 0,20 m 120 kg Stickstoff je 100 m^2 Boden. Etwa 95% des gesamten Stickstoffes liegen in organisch gebundener Form vor. Ein höherer Humusgehalt bedeutet also reichlichere Stickstoffreserve.

Die Bilanz für den Bodenstickstoff ergibt sich aus der Stickstoffzufuhr durch Ernterückstände und Düngergaben, durch biologische Bindung von Luftstickstoff und Eintrag durch stickstoffhaltige Niederschläge (normal bis 300 g po 100 m^2, in Industriegebieten bis 1000 g pro 100 m^2) sowie den Stickstoffverlusten durch Entzug der Ernteprodukte, Auswaschung, Erosion und Verflüchtigung (Denitrifikation). Stickstoff wird von den Pflanzen entweder als Nitrat (NO_3) oder Ammonium (NH_4) in Ionenform aufgenommen und verwertet. Bei der Mineralisation eiweißreicher Verbindungen im Boden entsteht zunächst Stickstoff in pflan-

Gesunde Pflanzen im Garten erhält man durch die richtige Ernährung.

zenaufnehmbarer Ammoniumform (NH_4) und durch Nitrifikation über Nitrit (NO_2) das von den Pflanzen bevorzugte Nitrat (NO_3). Aerobe Bakterien (Nitrosomas- und Nitrobakterarten) bewirken diesen Oxidationsvorgang unter Freisetzung von Wärme. Die optimale Temperatur für die Nitrifikation liegt um 25 – 35 °C und der günstigste pH-Wert bei 6,0 – 8,0.

Die Stickstoffverluste durch Verflüchtigen (Denitrifikation) entstehen bei Sauerstoffmangel infolge schlechter Bodendurchlüftung nach unsachgemäßer Bodenbehandlung. pH-Werte des Bodens im sauren Bereich begünstigen die Stickstoffverflüchtigung. Gare, krümelige Böden haben keine oder nur geringe Stickstoffverluste durch Denitrifikation.

In der vegetationsarmen Zeit – von November bis April – sind die höchsten Auswaschungsverluste gegeben. Die Stickstoffauswaschungen, und damit unerwünschte Grundwasserbelastungen, sind weitgehend mit tätigen Böden bei ausreichender Versorgung mit biologisch aktivem Humus und durch Winterbegrünung der Anbauflächen zu verhindern.

Ernährungsphysiologische Bedeutung der Nährstoffe

Mit dem Kohlendioxid und Sauerstoff der Luft, dem Wasserstoff des Wassers und den Nährstoffen bildet die grüne Pflanze mit Hilfe des Sonnenlichtes energiereiche, organische Stoffe. Mikroorganismen des Bodens brauchen zum Körperaufbau wie die höheren Pflanzen ebenfalls das ganze Spektrum der Nährstoffe, wobei die erforderliche Energie aus chemischen Umsätzen geliefert wird. Jeder essentielle Nährstoff hat im Stoffwechsel seine spezifische Funktion, und auch die Mikronährstoffe (Spurenelemente) sind unentbehrliche Wachstumsfaktoren.

Stickstoff wird auch als Motor des Pflan-

zenwachstums bezeichnet. Er ist Grundstoff für die Bildung der Eiweißverbindungen und des Chlorophylls. Übermäßige Düngung führt zu Massenwuchs, Verzögerung der Blüte, Qualitätsmangel, auch unerwünschte hohe Anreicherung von Nitrat in den Nahrungspflanzen und zu stärkerer Krankheitsanfälligkeit. Überernährung kann man durch ausreichende Versorgung mit biologisch aktivem Humus im Boden vermeiden, weil die Nährstoffe im funktionierenden System nur nach Bedarf und Anforderung der Pflanzenwurzeln zur Verfügung gestellt werden.

Phosphor ist in der Pflanze überall in Organen mit reger Stoffwechseltätigkeit und Zellvermehrungen festzustellen, ist Bestandteil lebenswichtiger Verbindungen, z. B. der Nukleinsäuren, und von Phytin und Lezithin. Phosphor ist Energieüberträger und Stofftransportmittel, steuert den Fettstoffwechsel und ist in Samen und Früchten eingelagert.

Kalium gilt als Regulator des Wasserhaushaltes und des Stofftransportes in der Pflanze, beeinflußt zahlreiche enzymatische Reaktionen und die Bildung von Stärke, Zellulose und Proteinen. Es ist bedeutsam für die Bildung natürlicher Abwehrkräfte gegen Frost, Dürre und Krankheiten.

Kalzium ist im Gegensatz zu Kalium bevorzugt in älteren Pflanzenteilen, vor allem im Festigungsgewebe zu finden. Kalzium wirkt wassersparend im Stoffwechselprozeß, hemmt das Längenwachstum und ist nachweisbar beim Aufbau der Mittellamellen der Zellwände beteiligt. Bekannt ist auch seine entgiftende Wirkung. Kalkmangel zeigt sich bekanntlich in schlechter Wurzelausbildung.

Magnesium ist in zentraler Stellung im Chlorophyll-Molekül, ferner in Phytin und Pektinen eingebaut. Es wirkt als Katalysator bei Stoffumsetzungen, fördert die Wurzelaktivität und Nährstoffaufnahme.

Schwefel ist unentbehrlicher Bestandteil von Enzymen, von Vitamin B_1, auch von

Aminosäuren, den Vorstufen von Eiweiß, sowie sekundären Pflanzenstoffen, wie z. B. Senfölen in Rettich, Meerrettich und Senf sowie Lauchölen in Lauch- und Zwiebelarten.

Die in sehr geringen Mengen in den Pflanzen enthaltenen Mikronährstoffe (Spurenelemente) zeigen im pflanzlichen Stoffwechsel die gleichen Gesetzmäßigkeiten wie die Hauptnährstoffe. Es sind Hochleistungselemente, die in feinster Verteilung funktionieren. So ist **Eisen** wesentlich bei der Blattgrünbildung und Sauerstoffübertragung beteiligt. Bekanntlich enthalten Gemüsearten, wie z. B. Blattsalate und Spinat, beachtlich hohe Eisengehalte. **Mangan** ist ebenfalls für den Photosyntheseprozeß erforderlich und steht in enger Wechselbeziehung zum Stickstoffkreislauf. **Kupfer** hat regulierende und heilende Funktionen über Fermentsteuerungen. **Zink** beeinflußt die Chlorophyllleistung und **Molybdän** die Vorgänge der Atmung. **Bor** ist in den Vegetationspunkten angereichert und hat spezifische Aufgaben bei der Blüten- und Fruchtbildung sowie der Pollen- und Samenkeimung.

Spinat und Blattsalate sind für ihren hohen Eisengehalt bekannt.

Pflanzenernährung mit Düngemitteln

Düngung bedeutet, Nährstoffverluste des Bodens, die durch Pflanzenentzug und andere Einwirkungen verursacht worden sind, zu ersetzen. Wir unterscheiden organische und anorganische (oder mineralische) Düngemittel.

Für den naturgemäßen Gartenbau sind die hauseigenen **organischen Dünger,** wie Kompost und Gründünger, auch Stallmist, die Grundlage der Nährstoffversorgung, ergänzt durch Jauchen, die z. B. aus Kräutern hergestellt sind (siehe unten). Reichen die eigenerzeugten Dünger nicht aus, stehen organische Dünger des Handels (siehe ab Seite 91) zur Verfügung. Inzwischen werden zunehmend mehr Kompost aus Grün- und Bioabfällen sowie Humusdünger aus Rindenmaterialien angeboten, um vor allem Torf zu ersetzen.

Torf war zwar kein ausgesprochener Pflanzendünger, sondern ein sehr geschätzter Grundstoff zur Bodenverbesserung und Zusatz für Erdbereitungen. Weil jedoch Torfvorkommen nur noch begrenzt vorhanden sind und Torfabbau empfindliche Eingriffe in den Naturhaushalt bedeutet, sollten Torferzeugnisse nicht mehr verantwortlich zum Einsatz in unseren Gärten empfohlen werden. Tatsächlich können Rindenprodukte inzwischen viele Bereiche früherer Torfanwendungen bestreiten (siehe Übersicht auf S. 67). Der Einsatz von Klärschlämmen, Müllkompost und Klärschlammkomposten ist in unseren Nutzgärten nicht erlaubt. Er ist auch nicht zu empfehlen, weil durch oftmals enthaltene Schadstoffe, insbesondere Schwermetalle und chlorierte Kohlenwasserstoffe, Böden belastet und Nahrungspflanzen damit bedenklich angereichert werden können. Eine Schadstoffentsorgung belasteter Böden ist entweder recht kostenaufwendig oder mit eigenen Mitteln überhaupt kaum möglich.

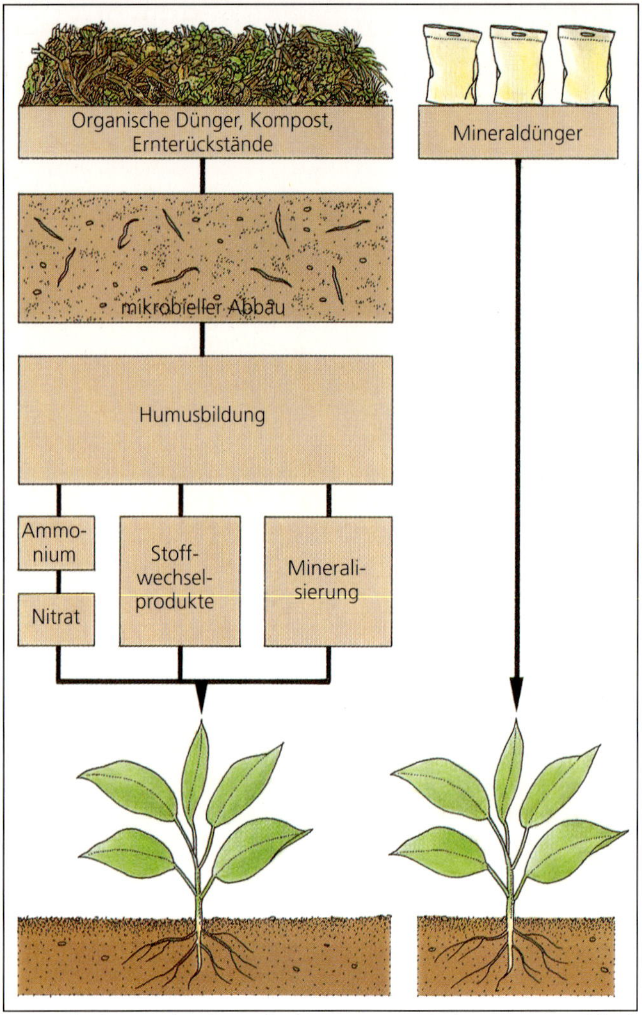

Organische Dünger, Kompost, Ernterückstände

Mineraldünger

mikrobieller Abbau

Humusbildung

Ammonium

Nitrat

Stoffwechselprodukte

Mineralisierung

Mist wird vorverrottet als Bodendünger im Garten eingesetzt.

Organische und mineralische Dünger haben unterschiedliche Wirkungsweisen, weil die Nährstoffe auf unterschiedlichen Wegen zur Pflanzenwurzel gelangen.

Hauseigene organische Dünger

Im einzelnen lassen sich die organischen Dünger wie folgt bewerten:
Stallmist wird in ländlichen Gegenden und aus Kleintierhaltung noch immer bevorzugt verwendet. Er wird im naturgemäßen Garten nicht mit untergegraben, sondern kompostiert, zumindest vorkompostiert, besser verwertet. Wir erhalten dadurch einen Bo-

dendünger mit vollständigem Nährstoffangebot, harmonischem Nährstoffverhältnis sowie besonders wertvollen Humusformen und vermeiden unerwünschte Fäulnisvorgänge. **Kompost** und **Gründünger** sind ab den Seiten 8 und 97 ausführlicher behandelt.

Flüssigmiste, auch als **Gülle** bezeichnet, haben noch Bedeutung in bäuerlichen Gärten. Geschätzt wird deren schnelle Wirkung, z. B. bei starkzehrenden Gemüsearten wie Kohl, Kürbissen und Gurken, aber auch bei Gründüngungen.

Kleintierzüchter können ebenfalls Flüssigmiste für die Gartendüngung selbst herstellen. Dazu wird in die Jauchetonne bis zu einem Viertel oder Drittel Festmist gegeben und mit Regenwasser aufgefüllt. Zur besseren Durchlüftung muß man öfter durchrühren und zur Geruchsbindung einige Handvoll Gesteinsmehl zufügen. Gülle und

Mit gesammeltem Regenwasser können Kräuterbrühen und -jauchen, aber auch Komposttee (siehe S. 55) hergestellt werden. Das Gefäß wird abgedeckt und die Jauche möglichst einmal täglich umgerührt.

Wenn die Gärung beendet ist, wird die Kräuterjauche abgesiebt und, 1:10 oder 1:20 mit Wasser verdünnt, angewendet.

Durch die Zugabe einiger Handvoll Gesteinsmehl zur angesetzten Jauche läßt sich unangenehmer Geruch mildern.

aus dem Kräutergarten, also mit Kamillen, Knoblauch, Farnkraut sowie Wasser. Unkrautsamen verlieren in der Jauchetonne zum beachtlichen Teil ihre Keimfähigkeit. Den Kräuterjauchen können wir auch zur Verstärkung kleinere Mengen von Horn-, Blut- und Knochenmehl zusetzen sowie eine Schaufel Reifkompost und zur Geruchsbindung Gesteinsmehl. Um den Zersetzungsprozeß zu fördern, sollte täglich wenigstens einmal durchgerührt werden. Nach zwei bis drei Wochen ist die Gärung meist beendet, und die Kräuterjauche kann, 1:10 bis 1:20 verdünnt, vielseitige Anwendung erfahren.

Flüssigmiste, selbsthergestellt aus Kleintiermist, dürfen wir immer nur durchgegoren und wasserverdünnt 1:10 bis 1:15 anwenden, um Überdüngungsschäden vorzubeugen.

Jauchen werden mit Kräutern angesetzt, bevorzugt mit Brennesseln, Zwiebelschalen, Beinwell (Abb. siehe Seite 92) und Schachtelhalm oder im Gemisch mit Restpflanzen

Organische Dünger des Handels

(siehe auch Übersicht mit Angaben über Inhaltsstoffe auf S. 92)

Peru-Guano, entstanden aus Exkrementen von Seevögeln, reich an Phosphor und Stickstoff, schnellwirksam und vielseitig einsetzbar, auch als Blumendünger. Er ist teuer und durch hohe Transportenergie belastet.

Hühnermist, getrocknet, aus Geflügel-Großbetrieben, häufig als Ersatz für Guano empfohlen, besteht vorwiegend aus Kotsubstanzen und wird mehligkrümelig oder pelliert angeboten. Vorsicht, getrockneter Hühnerdünger ist nährstoffkonzentriert, daher die Mengen nicht höher anwenden als in den beigefügten Empfehlungen angegeben.

Rinderdung, getrocknet, gemahlen oder pelliert, ist besonders vielseitig als organischer Volldünger anwendbar. Es sind damit kaum Überdüngungsschäden zu befürchten.

Tiermehle, auch **Fischmehle,** gehören eigentlich zu den Futtermitteln und werden zur Gartendüngung seltener verwendet. Fischmehl wird auch mit Magnesium-Kalken angereichert und fermentiert geliefert.

Blutmehl ist ein hochkonzentrierter, stick-

Beinwelljauche, 1:10 mit Wasser verdünnt, kann im Frühling und Sommer zur Bodendüngung, aber auch für den Kompost angewendet werden. Sie enthält relativ viel Kalium.

stoffhaltiger organischer Dünger, schnellwirkend, der auch als Beimischung zur Herstellung von Topferden geeignet ist und als Kopfdünger verwendet wird.

Horndünger, als Hornmehl, Hornspäne oder Horngrieß im Handel, sind stickstoffhaltig, wobei Hornmehl besonders schnell wirksam ist, während bei Horngrieß und Hornspänen mit längeren Abbauzeiten mit langsam fließender Stickstofffreisetzung gerechnet werden muß. Dies gilt auch für den Zusatz von Horndüngern zu gärtnerischen Erden.

Borsten- und **Federdünger** sind ebenfalls stickstoffhaltig. Auch trockene, abgesackte Ware ist nicht frei von Gerüchen. Diese Dünger sind vorteilhaft als verbessernde Zusätze zur Kompostbereitung geeignet.

Knochenmehl wird entfettet und entleimt

Organische Handelsdünger
(Zusammensetzung der Nährstoffgehalte in %)

Düngemittel	Organische Substanz	Stickstoff	Phosphorsäure	Kalium	Kalzium	Magnesium
Guano, Peru	50	6	12	2	12	1
Hühnermist, trocken	30–70	3–4	3–5	2–3	7–14	1–3
Rinderdung, trocken	45	1,6	1,5	4,2	4,1	–
Pferd/Schaf-Mischung	84	4,5	0,8	2,6	2,9	0,3
Tiermehl	70	8	12–32	–	–	–
Blutmehl	60–70	12	1,5	0,8	–	–
Borsten	80	11	–	–	–	–
Federn	75	12	–	–	–	–
Hornmehl	65–75	10–12	–	–	–	–
Hornspäne	85–90	14	–	–	–	–
Knochenmehl	30	4–5	18–22	0,2	27	–
Oscorna-Animal	60	6	9	1	–	–
Horn-Knochenmehl	50	4–10	5–12	–	–	–
Rizinusschrot	75	5	2,5	1,5	–	–
Rindenhumus	50	0,06	0,005	0,005	0,6	–

Horndünger ist stickstoffhaltig.

Meeresalgen, z.B. Algomin, enthalten ein sehr breites Nährstoff-Spektrum.

angeboten, enthält Kalziumphosphat in wertvoller organischer Form. Knochenmehle sind bevorzugt Bestandteile organischer Mischdünger. Zusammen mit Horn- und Blutmehl entsteht der bekannte reinorganische Mehrnährstoff-Dünger „Oscorna", der im naturgemäßen Gartenbau vielseitig ergänzend eingesetzt werden kann.

Rizinusschrot, rein pflanzlicher Mehrnährstoffdünger, entsteht aus Resten der Rizinusölgewinnung. Besonders bemerkenswert sind die bekannten Heileffekte durch Rizinusschrot bei Pilzerkrankungen, z. B. der Kragenfäule im Obstanbau.

Algenextrakte werden mit unterschiedlichen Nährstoffgehalten angeboten. Sie enthalten über 60 verschiedene Spurenelemente und sind deshalb besonders für hochwertige Kulturen und zur Reaktivierung vernachlässigter Böden vorteilhaft.

Algen-Magnesiumkalke, Gesteinsmehle und Kalkstein-Magnesium werden vom Handel zudem als Naturdünger empfohlen. Ihre besonderen Eigenschaften sind im Kapitel Kompostbereitung (siehe Seite 38) beschrieben.

Gesteinsmehl (oben) und Tonmehl (unten) sind Bodenhilfsstoffe.

Mineralische Dünger des Handels

(siehe auch Übersicht auf Seite 94 mit Angaben über Nährstoffgehalte)

Mineraldünger werden besser als anorganische Handelsdünger bezeichnet, weil die zugehörige Gruppe der Stickstoffdünger nicht mineralisch, sondern aus Luftstickstoff industriell gewonnen wird. Die Rahmenbenennung „Kunstdünger" ist inzwischen weniger gebräuchlich, denn die mineralischen Kali-, Phosphat- und Kalkdünger sind natürlicher Herkunft, allerdings durch Aufarbeitung gereinigt, aufgeschlossen und streufähig gemacht.

Unterschieden werden Einzel- und Mehrnährstoffdünger.

Die **anorganischen Einzeldünger** sind in Gruppen der Stickstoff-, Phosphat-, Kali- und Kalkdünger zusammengefaßt und mit Handelsnamen bezeichnet. Sie unterscheiden sich durch ihre Ausgangsmaterialien, Herstellungsverfahren, Nährstoffgehalte und Begleitstoffe (siehe Übersicht Seite 94).

Mineralische Handelsdünger: Einzel- und Mehrnährstoffdünger

Düngemittel	Nährstoffgehalte	Nebenbestandteile
1. Stickstoff		
Kalksalpeter	15,5% N	28% CaO
Schwefelsaures Ammoniak	21,0% N	–
Kalkammonsalpeter	26,0% N	bis 40% CaO
Kalkstickstoff	18–21,0% N	60% CaO
Harnstoff	46,0% N	–
2. Phosphat-Dünger		
Superphosphat	18,0% P_2O_5	–
Rhenania-Phosphat	25,0% P_2O_5	40% CaO
Thomasphosphat	15,0% P_2O_5	50% CaO
3. Kali-Dünger		
40/50er Kalisalze	40/50% K_2O	–
Kalisulfat	50% K_2O	–
Kalimagnesia	28% K_2O	8% MgO
Kieserit	—	15% MgO
4. Kalkdünger		
Branntkalk	mindest. 67% CaO	mindest. 15% MgO
Kohlensaurer Kalk	mindest. 77% $CaCO_3$	mindest. 15% $MgCO_3$
Hüttenkalk	mindest. 44% CaO	mindest. 3% MgO
5. Mehrnährstoffdünger		
Beispiel: PK-Dünger	0% N + 15% P_2O_5 + 20% K_2O	
Beispiel: NPK-Dünger	15% N + 15% P_2O_5 + 15% K_2O + Spurenelemente	
6. Langzeit-Dünger		
(= Depotdünger)	20% N + 10% P_2O_5 + 15% K_2O + 6% MgO + Spurenelemente	

Anorganische Mehrnährstoffdünger, zuweilen noch Volldünger genannt, mit abgestimmten Nährstoff-Zusammensetzungen sollen die praktische Anwendung erleichtern. Sie bestehen aus zwei oder drei Hauptnährstoffen und werden demnach entweder als NP- oder NPK-Dünger mit ihren Handelsnamen geführt. Dabei bedeuten die Zusatzbezeichnungen blau = chloridfrei und rot = chloridhaltig.

Spezialdünger, meist als Mehrnährstoffdünger zusammengestellt, auch mitunter mit organischen Substanzen gemischt, sind auf die Ansprüche bestimmter Pflanzenkulturen bezogen, beispielsweise für Rosen, Rhododendron, Erdbeeren oder Rasen entwickelt, und im Handel auch in Kleinpackungen erhältlich.

Praxis der herkömmlichen Düngeranwendung

Bei der praktischen Düngeranwendung wird zwischen Grund- und Nachdüngung unterschieden.

Die **Grunddüngung** zur Versorgung mit den Hauptnährstoffen wird nach dem bekannten Nährstoffentzug der jeweiligen Pflanzenart und auf Grundlage der Bodenuntersuchungsergebnisse in der Höhe bemessen. Sie erfolgt in der Regel vor Beginn der Kultur durch inniges Einarbeiten in die Krume. Kalkgaben richten sich nach den pH-Werten des Bodens.

Um Auswaschungen vorzubeugen, sollen die Düngemittel der errechneten Anwendungsmengen besser in mehreren Teilga-

Der Einsatz eines Streuwagens ist sehr zum Düngen einer Rasenfläche zu empfehlen.

Auch mit Hilfe des Sauzahns kann der Dünger in den Boden eingearbeitet werden.

Oscorna ist ein Mischdünger nur aus organischen Ausgangsstoffen. Er dient als Futter für die Bodenorganismen und ist im Kreislauf der Substanzen ein Nährstoff und Energiespender für die Pflanzen.

ben, angepaßt an die Entwicklung der Pflanzen gezielt erfolgen. Als Nachdüngung ist auch eine Kopf- oder Reihendüngung in flüssiger Form möglich. Langzeit- oder Depot-Dünger geben die Nährstoffe kontinuierlich in die Bodenlösung und sind deshalb auch zur Nährstoffbevorratung von gärtnerischen Erden, für Balkon- und Kübelpflanzen einsetzbar. Bei Nachdüngungen in fester Form sollten die Düngemittel entweder eingearbeitet oder eingeregnet werden.

Flüssige Blattdüngungen dienen oft der Überbrückung von Wachstumsdepressionen und Behebung von akutem Nährstoffmangel, z. B. im Obstbau vorbeugend zur Bekämpfung der Stippigkeit an Apfelfrüchten.

Beim Einsatz anorganischer Dünger sind also Bodenuntersuchungen in zeitlichen Abständen von mehreren Jahren unerläßlich. Es ist allerdings darauf hinzuweisen, daß die Untersuchungsanstalten nur allgemeine Rahmenempfehlungen für die praktische Düngung ableiten können. Dabei bestehen immer Befürchtungen, daß die Düngung zu

Gesteinsmehle sind wertvolle Bodenhilfsstoffe. Sie werden gleichmäßig auf dem Beet verteilt.

kultur bedeutet Nährstoff-verbrauch, den es sinnvoll zu ersetzen gilt. Auch die Kulturpflanzen, auf immer mehr verbesserte Eigenschaften gezüchtet, sind deshalb anspruchsvoller und empfindlicher geworden als die Wildflora. Wie lassen sich trotzdem Gartenkultur mit gehobenen Ansprüchen an Ertrag und Qualität mit Natur und Umwelt in Einklang bringen? Zunächst wird von uns mehr an Einblicken und Verständnis für die natürlichen Stoffkreisläufe sowie mehr Beobachtung gefordert, wie Kulturmaßnahmen auf Wuchsfreudigkeit, Ertrag und Güte wirken. Aber auch die Verfahren des alternativen Gartenbaues, inzwischen über Jahrzehnte erprobt und bewährt, helfen uns besonders dann, wenn der Garten auf naturgemäße Bewirtschaftung umgestellt werden soll. Oberster Grundsatz für den naturgemäßen Nährstoffersatz ist „nicht die Pflanze, sondern das Bodenleben ernähren". Alle alternativen Verfahren lehnen deshalb leichtlösliche, synthetisch hergestellte oder aufbereitete Düngemittel ab, weil diese die Pflanze direkt ernähren.

Nur in Ausnahmefällen, auch manchmal bei System-Umstellungen, werden Dünger aus natürlichen Rohstoffen, wie Kalimagnesia, akzeptiert. Im übrigen reichen Kompost und Gründünger für die Grundbedürfnisse im allgemeinen aus. Darüber hinaus stehen zudem organische Dünger, Naturdünger des Handels (siehe Seite 91) und wertvolle Bodenhilfsstoffe, wie z. B. Gesteinsmehle und Algenkalke, zur Verfügung.

schematisch nach Rezeptur erfolgt und der Boden als Organismus sowie die Verflechtungen mit der Umwelt nicht die notwendige Berücksichtigung erfahren.

Düngung im alternativen Garten

Gärten sind Kultur auf Nutzen ausgerichtet, nicht freie Natur oder nachgebaute Wildnis. In Gärten müssen vielfältige Eingriffe in das Naturgeschehen zwangsläufig erfolgen. Es wird auf Ertrag produziert, Freizeitnutzen und Erholung angestrebt. Solche Pflanzen-

Gründüngung

In unberührten Ökosystemen gibt es keinen nackten Boden. Entweder trägt die Bodenoberfläche eine Laub- oder Nadelstreuschicht, oder sie wird durch die grüne Decke der Spontanvegetation geschützt. Erst seit der Mensch Garten- und Ackerbau betreibt, wird die belebte, empfindliche Krume den Witterungseinflüssen oft längerfristig schutzlos ausgesetzt. Bodenabtrag durch Einwirkungen von Wind- und Niederschlägen, Verschlämmen, Verkrusten, Austrocknung und Überhitzung der Böden sind die Folgen widernatürlicher Kulturmaßnahmen. Weil allerdings Eingriffe auf Garten- und Ackerland unumgänglich sind, gilt es, Zeiten offengelassener Böden durch sinnvolles Bedecken und Begrünen zu überbrücken. Sobald im Garten ein Beet abgeerntet ist oder bei Reihenkultur ein Beetstreifen, kann dies durch Einsaat von Gründüngungspflanzen geschehen.

Die Blaue Lupine wird auf sandigen, schwach sauren Böden bevorzugt verwendet.

Unter Gründüngung verstehen wir eine kurz- oder längerfristige Bodenbegrünung von Kulturflächen mit bestimmten Pflanzenarten. Die dabei gebildete Pflanzenmasse wird grün geschnitten in den Boden eingearbeitet oder gemulcht und dient so dem Schutz des Bodens, der Erhaltung und Verbesserung seiner Fruchtbarkeit. Selbstverständlich können für eine schnelle Wiederbegrünung neben den charakteristischen Gründüngungspflanzen – vor allem aus den Pflanzenfamilien der Schmetterlingsblütler und Kreuzblütler – auch verzehrbare Nutzpflanzen, wie z. B. Spinat, Feldsalat, Sommerzichorien, Senf und verschiedene Kräuterarten, gewählt werden, die zumindest eine Beerntung der verzehrbaren oberirdischen Teile ermöglichen.

Der Anbau von Gründüngungspflanzen im Herbst, mit üppigem Wuchs bis zum Frosteintritt, schützt unsere Gartenböden vor Nährstoffauswaschungen während der Wintermonate, bietet den Bodenorganis-men Schutz sowie Nahrung und erspart, besonders auf schweren Böden, aufwendige Bodenbearbeitungen. Die vielfach beobachteten Ertragssteigerungen der Folgekulturen nach einer Gründüngung sind das Ergebnis des Zusammenwirkens verschiedener nachhaltiger Einflüsse auf Bodenstruktur, Bodenleben und Pflanzenentwicklung.

Gründüngung in der Landbaugeschichte

Schon von den Römern – bekannt als tüchtige Ackerbauern – ist uns überliefert, daß sie „grüne Saaten unterackerten". Vergil nennt in seiner Georgica, dem Lehrgedicht über den Landbau, im Kapitel „Brache und Düngung" die Hülsenfrüchte, Wicken und bittere Lupinen. Wegen ihrer bodenverbessernden Wirkung waren vor allem tiefwurzelnde Pflanzenarten geschätzt. Anerkennung und beachtlichen Stellenwert erreichte die Gründüngung durch die Forschungen von Schulz-Lupitz und nachdem im 19. Jahr-

Auch der schönblütige Inkarnatklee gehört zu den stickstoffsammelnden Schmetterlingsblütlern.

hundert die wissenschaftliche Aufklärung der Stickstoffbindung mit Hilfe von Knöllchenbakterien schmetterlingsblütiger Pflanzen durch Hermann Hellriegel gelungen war. Selbstverständlich hatte in den stickstoffarmen Kriegs- und Nachkriegsjahren die Gründüngung mit stickstoffsammelnden Hülsenfrüchten besondere Bedeutung erlangt. Mit steigendem Mineraldüngerverbrauch, insbesondere in der Zeit des Wirtschaftsaufschwungs nach dem zweiten Weltkrieg, wurde die Gründüngung vernachlässigt. Nur im alternativen Landbau behielten Gründüngungsmaßnahmen uneingeschränkt die gebührende Bedeutung. Heute sind mit Hilfe der landbaulichen Forschung die vielfältigen Leistungen der Gründüngung als Kulturverfahren weitgehend bekannt, und sie werden von allen Anbaurichtungen der modernen Garten- und Landbewirtschaftung in zunehmendem Maße genutzt. Die Erkenntnisse über die zahllosen Wechselbeziehungen der Gründüngung im komplizierten System Bo-

den/Pflanze rechtfertigen auch unsere verstärkten Empfehlungen für den kleinflächigen Anbau. Vom Samenfachhandel werden zwischenzeitlich Gründüngungssaaten in handlichen Packungen angeboten, abgestimmt auf Flächengrößen und Bodenarten unserer Gärten. Erprobte Samenmischungen erleichtern die Anwendung.

Merkmale und Wirkungsmechanismen

Die Gründüngung ist eine eigenständige Maßnahme der Humuswirtschaft mit der beachtenswerten Besonderheit, daß damit die Bodeneigenschaften mit Pflanzenmasse verbessert werden können, die der Boden selbst produziert hat. Die günstige Wirkung der Gründüngung auf das Erdreich ist in zwei Teilbereichen feststellbar. Bereits in der Anbau- und in der Gründüngungsphase werden von den frohwüchsigen Gründüngungspflanzen selbst tiefere Bodenschichten durchwurzelt, vorhandene Nährstoffe verwertet beziehungsweise vor Auswaschungen bewahrt. Bis zu 20% der von den Pflanzen aufgebauten organischen Masse gelangt ohne unser Zutun in tiefere Bodenschichten. Verdichtungen wird entgegengewirkt und insgesamt das Bodenleben aktiviert. Die geschlossene Pflanzendecke unterdrückt den Unkrautwuchs und schützt die Krume vor Verschlämmen bei starken Niederschlägen und vor Winderosionen.

In der Gründüngungsphase, nachdem die oberirdischen Pflanzenteile geschnitten sind, verrotten die Wurzeln und bieten dem Edaphon, das heißt der Gesamtheit der Bodenlebewesen, eine begehrte Nahrungsquelle. Es entsteht ein Labyrinth von Hohlräumen und damit eine verbesserte Durchlüftung des Oberbodens. Die oberirdischen Pflanzenteile der Gründüngung, gemulcht oder eingearbeitet, reichern zunächst den Boden beachtlich mit organischer Masse an. Weil das meist unverholzte Grünmaterial vor allem

Wurzeltiefen verschiedener Gründüngungspflanzen

Wurzeltiefe	Pflanzen
150 – 300 cm und mehr	Lupinen, Steinklee, Sonnenblumen
80 – 150 cm	Senf, Rapsarten und Rüben, Ölrettich, Rotklee, Gelbklee, Serradella, Saatwicke, Ackerbohne, Erbsen, Buchweizen, Weidelgräser, Markstammkohl, Phazelia
bis 80 cm	Weißklee, Inkarnatklee, Sommer- und Winterwicke, Peluschke

leicht verrottbaren Nährhumus bietet, erfolgt bekanntlich ein schneller Abbau im Boden. Das reiche Angebot organischer Stoffe entfacht in kurzer Zeit enorme Aktivitäten der verschiedenen Bodenorganismen. In der Tat kommt es bei einmaliger Gründüngung letztlich weniger zur Humusanreicherung der Böden; ihre Bedeutung liegt erstrangig in der Bodenaktivierung und in organischer Düngung für die Folgekulturen. Dies gibt auch die schlüssige Erklärung für die bekannten Erfolge von kleinflächigen Gründüngungsmaßnahmen in unseren Gärten. Gründüngung ist auch pflanzenfixierte Energie. Durch Abbau der Grünmasse wird die gebundene Energie bestmöglich genutzt. Die Pflanzenmasse bleibt am Wuchsort und steht ohne Transportenergie und Verfremdungen in der Aufbereitung der Folgekultur zur Verfügung.

Die verschiedenen Wirkungen der Gründüngung werden nachfolgend näher behandelt.

Einfluß auf das Bodengefüge

Auf Böden mit verdichtetem Untergrund wird bekanntlich die Leistung von Kulturpflanzen deshalb geschmälert, weil sie zum Durchdringen der Wurzeln zusätzlich mehr Energie auf Kosten des Ertrages und/oder der Kulturzeit aufwenden müssen. Neben aufwendiger, mechanischer Tiefenlockerung kann mit Gründüngungsmaßnahmen eine biologische Bodenverbesserung erreicht und unerwünschter Grobschollenbildung vorgebeugt werden. Unsere wichtigsten Gründüngungspflanzen besitzen ein ausgeprägtes Pfahlwurzelsystem mit der Fähigkeit, Grabe- oder Pflugsohlen zu durchstoßen. Die Lockerungsleistung der Pflanzenwurzeln selbst ist im Zusammenwirken mit Bodentieren, insbesondere Regenwürmern, nicht zu unterschätzen. Gründüngung fördert den Regenwurmbesatz durch Schutz der Bodenoberfläche vor Austrocknung und durch reichliche Nahrungsnachlieferung, denn Regenwürmer ernähren sich bevorzugt von früh abgestorbenen Pflanzenrückständen (siehe Seite 130).

Die Empfehlung möglichst ganzjährig Begrünung der Kulturböden beabsichtigt ferner den Schutz fruchtbaren Oberbodens vor Erosionen, infolge Wind, oder vor Verschlämmen nach starken Niederschlägen; so sind beispielsweise bei Regenfällen über 1 mm/Minute Wasserabschwemmungen besonders in Hanglagen zu befürchten.

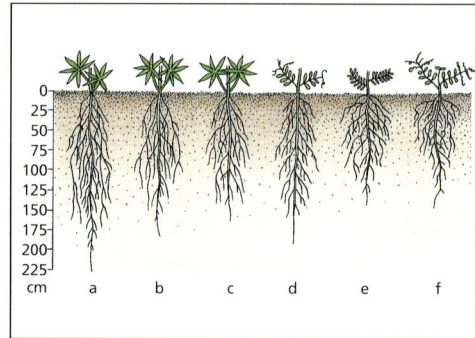

Wurzeltiefe (in cm) nach 75 Tagen: a Blaue Lupine, b Gelbe Lupine, c Gelbe Süßlupine, d Sommerwicke, e Serradella, f Felderbse

Bewachsene Kulturflächen erlauben eine verbesserte Wasserinfiltration; damit ist die Wasseraufnahme des Bodens, also seine Wasserverdaulichkeit ohne Strukturschäden, gemeint. Diese Eigenschaft bleibt auch in der Mulchphase der Gründüngung – vor allem in den Wintermonaten – noch deutlich erkennbar.

In diesem Zusammenhang sei auch auf die Bedeutung der Gründüngungsuntersaaten für höherwachsende Pflanzenarten hingewiesen. Zu den bodenaufbauenden Vorteilen der Gründüngung zählt der günstige Einfluß auf die Krümelbildung des Oberbodens. Bekanntlich entstehen die verhältnismäßig widerstandsfähigen Krümel durch Verkleben einzelner Bodenteilchen im Zusammenwirken von Bodenbakterien, -pilzen und Wurzelhaaren. Unter dem schützenden Blätterdach geschlossener Gründüngungsbestände sind die besten Voraussetzungen für die Erhaltung und Neubildung der Gründüngungsstruktur gegeben. Es wird die sogenannte Lebendverbauung des Bodens bei hoher Krümelstabilität des Bodens gefördert. Eine verbesserte Wasser- und Luftzuführung in der Oberkrume begünstigen das Bodenklima und dadurch die Aktivitäten der Mikroorganismen.

Bedeutung der Gründüngung für Humusgehalt und Bodenleben

Je intensiver die Bewirtschaftung einer Kulturfläche ist, desto lebhafter sind die biochemischen Umsetzungen des Abbaues organischer Stoffe im Boden. Wiederholte Versuche haben ergeben, daß mit Gründüngungen allein, besonders auf leichten Böden, keine nennenswerte Zunahme der Humusgehalte möglich war. Diese Tatsache stimmt mit den allgemeinen Erfahrungen überein, denn das in der Regel noch vor der Blüte geschnittene Grünmaterial ist eiweißreich und leicht zersetzbar. In den Boden eingebracht kommt es unter günstigen Boden- und Witterungsbedingungen zu einer kurzfristigen Massenver-

Buchweizen ist zudem auch eine sehr geschätzte Bienenweide.

mehrung der Bodenorganismen und damit verbunden zu einem raschen, nahezu rückstandslosen Substanzabbau.

Von den Bodenorganismen werden vor allem Kohlenstoff und Stickstoffverbindungen zur Nahrung verwertet; Kohlenstoff als Energiequelle und Stickstoff zum Aufbau des eigenen Körpereiweißes. Die Zersetzung der organischen Masse im Boden wird durch Bearbeitungsmaßnahmen sowie zusätzliche Kalkgaben und spezielle Bakterienpräparate gefördert. Eine Zufuhr leicht zersetzbarer organischer Substanz, durch Gründüngungsmaßnahmen oder Ernterückstände von Nutzpflanzen, bewirkt also eine beachtlich höhere biologische Aktivität der Böden, bessere Verfügbarkeit von Pflanzennährstoffen und dadurch bedingt ein günstigeres Ertragsverhalten. Durch ein reichhaltiges Bodenleben allein wird zwar keine vergleichbare Strukturverbesserung wie mit Dauerhumus erreicht, jedoch erfolgt eine zeitweilige Stabilisierung infolge Verklebungen von Bodenteilchen (Krümelbildung) im Zusammenwirken mit Wurzelausscheidungen,

Wurzelhaaren und Schleimstoffen. Dem erfahrenen Gärtner ist dieser Effekt bekannt. Er weiß deshalb auch, daß eine regelmäßige Versorgung seiner Böden mit organischer Masse wichtiger ist als die absolute Menge in einer gutgemeinten übergroßen Gabe.

Nur durch jahrelange, wiederholte Gründüngungen läßt sich auch der Dauerhumusanteil von Kulturböden geringfügig steigern. Aus Weihenstephaner Versuchen ist bekannt, daß nach 27 Jahren jährlicher Gründüngung eine Humusanreicherung in Lehmböden von nur 1% erzielt werden konnte. Dort, wo eine Erhöhung des Humusgehaltes unserer Gartenböden dringend gefordert ist, sollten wir überlegen, ob dieses Ziel durch sachgerechte Kompostierung von Gründüngungspflanzen und Ernterückständen nicht schneller und sicherer erreichbar ist. Als Kompromiß bliebe die Kombination der Gründüngung mit gehäckseltem Stroh, Stallmist oder anderen organischen Materialien. Gründüngungen allein, oder auch die entsprechende Einbringung der Ernterückstände, vermögen zumindest den Humuszustand unserer Böden zu erhalten.

Die Anteile von nicht verzehrbaren Ernterückständen bei Nutzpflanzen müssen wir unterschiedlich bewerten. Von 36 Gemüsearten liegen der eßbare Anteil im Mittel bei 54%, die Feldabfälle bei knapp 30% und die Rückstände bei der Aufbereitung bei 17%.

Um für einen intensiv bewirtschafteten Gartenboden die jährlichen Humusverluste auszugleichen, ist eine Stallmistgabe von 2,0–2,5 kg pro m² erforderlich; das entspricht einer Gründüngergabe von etwa 5–7 kg pro m². Als hochwertiger Stallmistersatz in Kombination mit Gründüngungsmasse wird heute rein organischer Horn- und Knochendünger verwendet. Auf unseren meist reichlich mit Mineralstoffen versorgten Gartenböden und zusätzlicher Bewässerung in Trockenzeiten ist ein Grünmassenertrag von 4–8 kg pro m² erzielbar.

Nährstoffdynamik und Gründüngung

Die Gründüngungspflanzen produzieren mit ihrem besonderen arteigenen Erschließungsvermögen aus Boden und Luft beachtliche Mengen Nährstoffe und organische Substanz. Arten mit tiefreichendem Wurzelwert vermögen Nährstoffe auch aus den unteren Bodenschichten zu verwerten. Teilweise handelt es sich dabei um tiefenverlagerte, ausgewaschene Mineralstoffe aus Bodenvorräten, aber auch durch Wurzelausscheidungen mobilisierte Nährstoffe und Spurenelemente.

Bekanntlich zeigen besonders Wurzeln von Pflanzenarten aus der Familie der Kreuzblütler (Cruciferae) ein ausgeprägtes, aggressives Verhalten. Damit ist das bemerkenswerte Nährstoff-Erschließungsvermögen dieser Pflanzengruppe erklärbar.

Auf dem Wege des Stoffwechsels und des Pflanzenaufbaues sowie bei der Rückführung in den Boden durch die Gründüngung erfolgt die Mineralstoffverlagerung von unteren Bodenschichten in die Krume. Diese Erkenntnis nutzt der Gärtner besonders durch die sogenannte Winterbegrünung seiner Felder, um Sickerverluste von Nitratstickstoff in dieser niederschlagsreichen Jahreszeit weitgehend zu unterbinden. Dazu werden Gründüngungspflanzen mit bevorzugtem Stickstoffbindungsvermögen, hoher unter- und oberirdischer Wuchsleistung und Massebildung gewählt. Nach mehrjährigen Ergebnissen der Forschungsanstalt Geisenheit eignen sich für diesen Zweck Roggen, Weizen, Winterrüben, Ölrettich, Winterackerbohnen, Roggen-Wickengemenge und Spinat. Mit dieser biologischen Konservierung des Stickstoffes sind einerseits Verluste dieses unverzichtbaren und teuren Nährstoffes zu vermeiden, zum anderen bewahren wir das Grundwasser vor unerwünschtem Nitrateintrag.

Ergänzend ist zu vermerken, daß Wurzeltiefgang und Durchwurzelung des Bodenraumes mit der Vegetationsdauer zunehmen. Kurzfristige Gründüngungskulturen, z. B. als Zwischensaat, haben verständlicherweise eine geringere Wurzelraumerschließung.

Sind in unseren Gärten Probleme mit Untergrundverdichtungen vorhanden, können wir geschickt die Gründüngung mit tiefwurzelnden Gemüsearten in der Fruchtfolgeplanung kombinieren.

Bei der Behandlung von Gründüngungsmaßnahmen und deren Auswirkungen auf die Nährstoffdynamik der Böden ist ferner zu beachten, daß durch freiwerdende organische Säuren beim Verrotten der Grünmasse ebenfalls kompliziert gebundene Mineralstoffe gelöst und pflanzenverfügbar gemacht werden können. Dies ist vor allem für den Phosphorhaushalt von Bedeutung. Wesentlich sind schließlich die Zusammenhänge zwischen Gründüngung, Kalkhaushalt und pH-Wert des Bodens. Kalkgaben begünstigen nicht nur durch Erhöhung des pH-Wertes die Nährstoffaufnahme der Pflanzen, sie schaffen auch vorteilhafte Lebensbedingungen für Mikroorganismen, die pflanzliche Stoffe im Boden zersetzen. Die jährlichen Kalkverluste der Gartenböden unseres Klimabereiches liegen bei etwa 50 g Kalzium je m^2. Mit Gründüngungen und deren enormen Umsatz organischer Masse wird der Kalkhaushalt durch die beachtlich anfallenden Mengen von Kohlendioxid beim Humifizierungsprozeß besonders beansprucht. Es kann also sinnvoll sein, auf kalkkritischen (kalkarmen) Böden die Grünmasse nicht direkt einzuarbeiten, sondern vorher zu kompostieren.

Ein äußerst interessantes Kapitel der Nährstoffgewinnung durch Gründüngungsmaßnahmen ist der Anbau von stickstoffsammelnden Pflanzenarten. Einzigartig ist die Lebensgemeinschaft (= Symbiose) der Schmetterlingsblütler, z. B. der Bohnen, Erbsen, Wicken und des Klees, mit den **Knöllchenbakterien** *(Rhizobium leguminosarum)*. Die Bakterien dringen durch die Wurzelhaare in die Rindenschicht der Wurzeln ein und veranlassen die Pflanze zu knöllchenförmigen Gewebewucherungen. Die Pflanze baut sozusagen eine schützende Wohn- und Wirkungsstätte für die symbiotischen Bakterien.

Der Ölrettich erschließt und lockert durch tiefgehende Wurzeln den Boden.

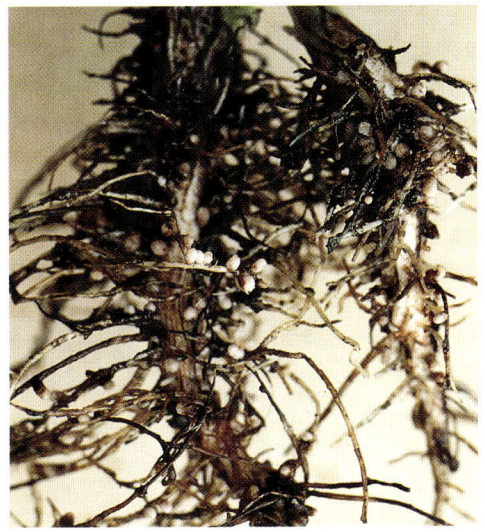

Wurzelknöllchen an den Wurzeln der Ackerbohne

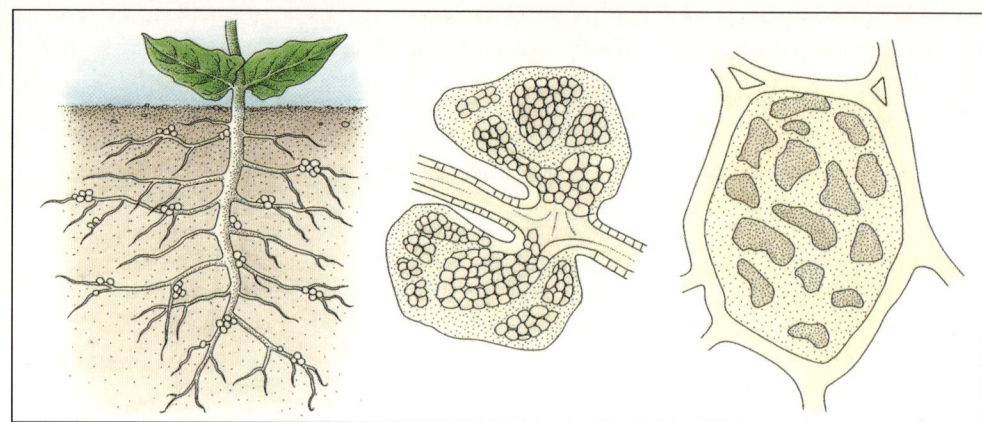

Wurzel eines Schmetterlingsblütlers mit stickstoffsammelnden Wurzelknöllchen (links), vergrößertes Wurzelknöllchen (Mitte) und Wurzelzelle mit den Rhizobium-*Bakterien (rechts)*

Sie versorgt sie zudem mit Assimilaten zur Energiegewinnung. Die Knöllchenbakterien vermögen Stickstoff aus der Luft zu binden und ihrer Wirtspflanze zur Verfügung zu stellen. Der organisch gebundene Stickstoff durch die *Rhizobium*-Bakterien in einer Größenordnung von 10–20 g je m² Gartenboden wird während des Zersetzungsprozesses der organischen Masse „langsam-fließend pflanzenverfügbar" für die Folgekulturen.

Ist eine zusätzliche Düngung der Gründüngungskultur sinnvoll?

Wollen wir die besonderen Vorzüge der Gründüngung voll nutzen, nämlich die Erschließung schwerlöslicher Mineralstoffe und Spurenelemente und die Stickstoffbindung mit Knöllchenbakterien, ist eine Zusatzdüngung auf Gartenböden nicht notwendig. Wir sollten im Gegenteil, wie im alternativen Gartenbau üblich, die Besonderheiten dieser Kulturmethode bewußt nutzen und in der Fruchtfolgeplanung berücksichtigen. Die Gründüngung ist sogar eine ausgezeichnete Maßnahme, um auf unseren meist reichlich gedüngten, häufig sogar überversorgten Böden, durch Bildung von organischer Masse nicht nur Verlusten von

Nährstoffen – auch in tieferen Bodenschichten – entgegenzuwirken, sondern diese auch in biologisch hochwertigere Formen umzuwandeln. Natürlich ist unbestritten, daß Gründüngungspflanzen Stallmist und andere Wirtschaftsdünger verwerten und vorteilhaft in Pflanzenmasse verwandeln können. Abschließend bleibt festzustellen, daß bei der Gründüngemengenermittlung auch der Nährstoffgewinn einer Gründüngung zu berücksichtigen ist. Die oberirdische Grünmasse einer Leguminosen-Gründüngung von 400 g Trockensubstanz je m² enthält biologisch gebunden folgende Reinnährstoffe: 15 g Stickstoff, 5 g Phosphorsäure, 18 g Kalium, 10 g Kalzium und 2 g Magnesium. Diese Nährstoffmengen können von der nächsten Folgekultur bereits bis zu 50% verwertet werden.

Pflanzenschutzwirkung der Gründüngung

Neuere Erkenntnisse der Landbauforschung zeigen die Wirkungen organischer Düngung, im besonderen der Gründüngung, differenzierter und aufschlußreicher. Für die verschiedenen bakteriellen und tierischen Krankheitserreger wurde in den letzten Jahrzehnten eine Reihe natürlicher Feinde identifiziert. Dabei stellte man fest, daß die Gegenspieler von Krankheiten zunehmen, je belebter ein Boden ist. Verbesserungen der Lebensbedingungen für die Mikroorganismen bedeutet im allgemeinen, jene Schwachstellen auszuschalten, die Krankheiten fördern und die Kulturpflanzen beeinträchtigen können.

Die Zusammenhänge zwischen Bodenverbesserungsmaßnahmen und Krankheitsbefall lassen sich also zunächst mit indirekten Wirkungen erklären. Neben den verstärkten Lebensäußerungen des Bodens, der Bildung bodenbürtigen Kohlendioxids, Fermenten und anderen Stoffwechselprodukten, sind ein ausgeglichener Humushaushalt, die Erhaltung des pH-Wertes und eine günstige Nährstoffverfügbarkeit sowie die Förderung der natürlichen Widerstandskräfte der Kulturpflanzen ausschlaggebend.

Beispielhaft für direkte Einwirkungen von Gründüngungsmaßnahmen auf das Krankheitsgeschehen ist die **biologische Bekämpfung von schädigenden Nematoden.** Die Jungnematoden versuchen zwar, in die Wurzeln der Gründüngungspflanzen einzudringen, können sich aber wegen ungeeigneter Nahrung nicht weiterentwickeln.

Bei nematodenbedingter Müdigkeit besteht größtes Interesse für biologische Sanierungsmaßnahmen mit Tagetes-Gründüngung. Zur Flächenbehandlung wurde eigens die holländische Tagetessorte 'Nemamon' entwickelt. Damit die Sanierung gelingt, sollte man folgende Details beachten:

❀ Es sind nur Sommeraussaaten möglich.
❀ Unkräuter müssen beseitigt werden, damit keine anderen Wirtspflanzen, z. B. Vogelmiere, für Nematoden verfügbar bleiben.
❀ Tagetessorte 'Nemamon' kann bis zu 2 m hoch werden und neigt bei guter Nährstoffversorgung des Bodens zur beachtlichen Massebildung (13–15 kg Frischmasse/m^2).
❀ Der Wurzeltiefgang kann bis 1,00 m betragen.

Nach holländischen Forschungsergebnissen scheint der Wirkungsmechanismus gegen Wurzelnematoden geklärt. Die Tagetespflanze bildet den Wirkstoff Alpha-terthienyl. Licht bestimmter Wellenlänge macht den Wirkstoff energiereich, und diese Energie wird an Sauerstoff abgegeben, der Nematoden abtöten kann. Da im Boden Licht fehlt, hilft sich die Tagetespflanze mit einem Ferment, das nur in beschädigten Pflanzen vorkommt und das Hormon Indolazinzur bildet. Bei diesem Vorgang wird wie beim Lichtprozeß Energie an Sauerstoff abgegeben. Dringen die Nematoden tief genug in Pflanzenwurzeln ein und verletzen tieferliegendes Gewebe, wird der Wirkungsmechanismus ausgelöst.

Für die Landwirtschaft wurden inzwischen neue Ölrettichsorten gezüchtet, die den Schlupf der gefürchteten **Rübennematoden** fördern und den Schädlingsbesatz angeblich um 60–80% verringern können. Ähnliche Wirkungen sind bei Ölrettichsorten gegen freilebende Fadenwürmerarten festgestellt worden; diese Fadenwürmer übertragen den **Tabak-Rattle-Virus** und verursachen damit die Eisenfleckigkeit und Stippigkeit der Kartoffeln.

> Die bekanntesten Feindpflanzen für Nematoden sind: Tagetes *(Tagetes patula nana)*, Ringelblumen, Zichorienarten, auch Zuckerhutsalat, Luzerne und Mais.

Die Randpflanzung mit Tagetes sieht nicht nur gut aus, sondern ist ein wirksamer Schutz gegen Nematoden.

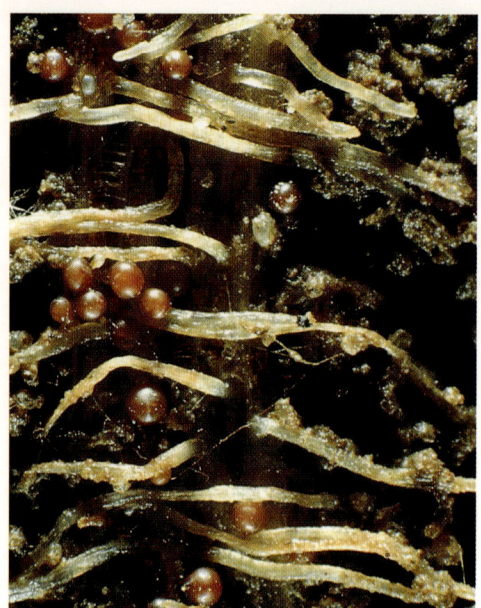

Wird Nematoden die Nahrung durch das Anpflanzen von Feindpflanzen entzogen, stirbt ein Großteil der Tiere ab.

Kapuzinerkresse wird auf den Baumscheiben kultiviert und hilft bei der Schneckenabwehr.

Bemerkenswert ist ein weiterer Effekt der Gründüngung zur Reduzierung schädlicher Nematoden im Boden. Verschiedene, teils häufig auftretende Unkräuter, z. B. Vogelmieren, sind beliebte Nahrungspflanzen für schädliche Nematoden. Durch die bodendeckende, dominierende Gründüngungssaat wird der Unkrautwuchs jedoch nahezu vollständig unterdrückt und damit diesen Fadenwürmern jegliche Entwicklungsmöglichkeit entzogen.

Ergänzend soll auf den Effekt der Schädlingsabwehr durch Trenn- oder Zwischenkulturen der Gründüngung hingewiesen werden; beispielsweise helfen gegen **Schnecken** Senf oder Kapuzinerkresse, gegen **Erdflöhe** Spinat und Kresse. Unter Obstbäumen, auf den Baumscheiben angebaut, soll die Kapuzinerkresse **Blutläuse** abwehren; Steinklee wirkt mit seinem strengen Duft abwehrend gegen **Feld-** und **Wühlmäuse.**

Gründüngungskulturen regen im Boden auch Dauersporen von **krankheitserregenden Pilzen** zum Auskeimen an, die dann ohne Wirtspflanzen absterben müssen.

Um eventuelle Nachteile von Gründüngungsmaßnahmen, vor allem **Nachbauprobleme,** zu vermeiden, ist die Kenntnis der Zusammenhänge wichtig. Im Vergleich zur Landwirtschaft bauen wir in unseren Nutzgärten eine Vielzahl von Pflanzenarten an. Gemüse und Gründüngungspflanzen gehören vielfach zu diesen gleichen Pflanzenfamilien. In solchen Fällen gilt es, bekannte Unverträglichkeiten in der Fruchtfolgeplanung zu berücksichtigen. Seltener sind Nachbauprobleme bei Pflanzen aus verschiedenen Familien, so fördern z. B. Kreuzblütler schädliche Nematoden der Meldengewächse, die deshalb nicht zur Gründüngung vor Spinat, Mangold und Roten Rüben angebaut werden sollen.

Im Gemüsegarten ist die **Kohlhernie** eine der gefürchtetsten und schwer bekämpfbarsten Krankheiten. Bei Fruchtfolgen mit verstärktem Kohlanbau – wobei wir ausnahmslos alle Kohlarten berücksichtigen müssen – und bei akuter Kohlherniegefahr aufgrund ungünstiger Bodenvoraussetzungen, sind Gründüngungspflanzen aus der Familie der Kreuzblütler strikt zu meiden. Das gilt auch für Senf, der selbst an Kohlhernie erkranken und das Risiko der Krankheitsverbreitung vergrößern kann.

Im Hinblick auf Nachbauprobleme sind Pflanzenarten am besten für Gründüngungszwecke geeignet, die mit unseren Gartennutzpflanzen nicht verwandt sind, beispielsweise *Phacelia tanacetifolia*, der „Bienenfreund" aus der Familie der Wasserblattgewächse.

Bienenfreund Phazelia

Für die Gründüngung in Dauerkulturen wird zur Erhaltung der Bodengesundheit zudem eine wechselnde Verwendung verschiedener Pflanzenarten empfohlen.

Überlegte Kulturfolgegestaltung und der zweckvolle Einbau von Gründüngungsmaßnahmen können insgesamt gesehen Schwachstellen der Bodeneigenschaften

Zusammenstellung der wichtigsten Gründüngungspflanzen für den Garten und ihre Verwandtschaftsverhältnisse zu den Gemüsearten

Pflanzenarten für die Garten-Gründüngung	verwandte Gemüsearten	Bemerkungen
Schmetterlingsblütler (Leguminosen) Lupinen Kleearten		Stickstoffsammelnde Pflanzenarten mit Hilfe von Knöllchenbakterien
Erbsen	Mark-, Schal- und Zuckererbsen	
Ackerbohnen	Busch-, Stangen-, Dicke Bohnen	
Wicken		
Kreuzblütler Senf	Alle Kohlarten	Begünstigung der Kohlhernieverbreitung
Ölrettich	Rettich	Biologische Unkrautbekämpfung gegen Hederich
Sommerraps Sommerrüben Markstammkohl	Radies Meerrettich Kressearten	
Korbblütler Sonnenblumen Ringelblumen Tagetes	Blattsalatarten Endivien Zichorien Schwarzwurzeln Artischocken	Biologische Nematodenbekämpfung!
Meldengewächse (Gänsefußgewächse) Spinat	Rote Beete Gartenmelde Mangold	Unverträglichkeit innerhalb der Familie! Reihengründüngung!
Baldriangewächse Feldsalat	Feldsalat	Reihengründüngung
Gräser Winterroggen, Hafer	Zuckermais	Kulturgräser zur biologischen Ungrasbekämpfung Bevorzugt für Obstgärten
Gräser		
Wasserblattgewächse Phazelia	–	Geeignet als Vorkultur für alle Gemüsearten
Knöterichgewächse Buchweizen	Rhabarber	Gründüngung für leichte, saure Böden und Moorböden
Kapuzinerkressegewächse Kapuzinerkresse	–	Baumreihengründüngung

zumindest teilweise ausgleichen. Blattreiche Gründüngungspflanzen mit hoher Verdunstungsleistung vermögen nasse Böden zu entwässern.

Unkrautentwicklung und Gründüngung

Chemische Unkrautbekämpfungen sind in unseren Gärten selten geworden. Die überwiegend mechanischen Maßnahmen können durch zweckmäßige Gründüngungen unterstützt werden. Eine Beeinträchtigung der Unkrautentwicklung erfolgt dabei auf verschiede Weise. Am bekanntesten ist die Verdrängung der Unkrautkonkurrenz durch rasches Keimen und durch lückenlosen, schnellen Massenwuchs der Gründüngungspflanzen.

Durch helfende Kulturmaßnahmen, z. B. sorgfältige Vorbereitung des Saatbeetes, Startdüngung und Wässern in Trockenzeiten, können wir den Effekt der Unkrautunterdrückung fördern. Bei diesen Überlegungen ist zu berücksichtigen, daß im Saataufgang und in der Jugendentwicklung Kreuzblütler und Weidelgräser den Leguminosen, mit Ausnahme des rascher wachsenden Perserklees, überlegen sind.

Weniger untersucht wurden bisher die biologische Unkrautbekämpfung und die herbizide Wirkung von Gründüngungspflanzen auf verschiedene Unkräuter. Dabei vermutet man, daß während der Kultur Ausscheidungen der Wurzeln und bei der Zersetzung Zwischenprodukte beeinträchtigend auf die Unkrautentwicklung wirken. Bemerkenswert sind Beobachtungen über unkrauthemmende Effekte von Gründüngungen mit Kreuzblütlern auf Ackersenf und Hederich aus der gleichen Pflanzenfamilie.

Zur Bekämpfung von „Ungräsern" waren Gründüngungsmaßnahmen mit Kulturgräsern erfolgversprechend wirksam. Sogar lästige Verunkrautung mit Quecken ließ sich durch Gründüngung mit Einjährigem Weidelgras *(Lolium multiflorum)* unterbinden.

Gründüngung als Bienen- und Insektenweide

Die Mehrzahl unserer Gründüngungspflanzen bietet Bienen, Hummeln, Schmetterlingen und vielen anderen nützlichen Insekten ergiebige Nahrungsquellen mit Nektar und Pollen. Vor allem Kleearten, aber auch Wicken und Ackerbohnen, Sonnenblumen und Buchweizen sind bevorzugte Trachtpflanzen. Unübertroffen bleibt allerdings Phazelia, auch Bienenfreund genannt, die Königin der Bienenpflanzen. Ausgezeichnete Pollenspender sind die Kreuzblütler Senf, Raps und Ölrettich. Die Imker sehen Gründüngungsbestände auf Äckern und in unseren Gärten mit Wohlwollen, weil sie nicht mit Pflanzenschutzmitteln behandelt sind und deshalb ihre Bienen nicht gefährden.

Für die ökologische Bewertung von Gründüngungsflächen sind blühende Bestände ab Hochsommer besonders wichtig, weil bis in den Herbst hinein das allgemeine Blütenangebot in Feld und Wald rückläufig ist. Haben die Jungbienen in dieser Zeit genügend Pollennahrung, können sie mit ausreichendem Eiweiß-Fettpolster den folgenden Winter überstehen.

Der Gründünger Senf ist auch ein ausgezeichneter Pollenspender.

Interessant als Bienen- und Insektenweiden sind natürlich diejenigen Pflanzenarten, die bereits nach kurzer Kulturzeit zu blühen beginnen und längerfristig ergiebige Nahrung garantieren, z. B. können Phazelia und Senf bereits nach sechs bis acht Wochen voll erblühen.

Gründüngung in alternativen Gärten

Bei allen Systemen der alternativen Gartenbewirtschaftung spielt die Gründüngung eine unumstrittene Rolle.

Im biologisch-dynamischen Garten

Beachtlich ist hier der Stellenwert von Leguminosen, die als Gründünger einen festen Platz in der Kulturfolge haben. Dabei ist die natürliche Eigenversorgung mit Stickstoff aus der Luft von besonderer Bedeutung. Die geschnittenen oberirdischen Teile der Gründüngungspflanzen werden methodengerecht kompostiert zur Stützung der Humuswirtschaft und Düngung der Kulturen.

Im organisch-biologischen Garten

Im Idealfall soll die Gründüngung ein Viertel der Gesamtnutzungsfläche einnehmen. Die Bestellung beginnt in der Regel im April, und die Kultur dauert das ganze Jahr. Besonders bevorzugt wird Perserklee allein oder im Gemenge, z. B. mit 10% Hafer. Sobald die Bestände 15 – 20 cm hoch sind, wird gemäht und das Mähgut zur Flächenbedeckung der anderen Beete verwendet; normal sind vier bis fünf Mähtermine. Nach

Alexandriner Klee gehört zu den bevorzugten Gründüngungspflanzen im organisch-biologischen Gartenbau.

der letzten Mahd im Spätherbst bleibt die Grünmasse an Ort und Stelle liegen. Der nicht winterfeste Perserklee erfriert und hinterläßt ein leicht bearbeitbares Feld im Frühjahr zur Bestellung der Nutzpflanzen.

Bei geringer Flächenverfügbarkeit wird die Gründüngung immer sofort auf freiwerdenden Beeten als Zwischenkultur bis Anfang September durchgeführt, und zwar bevorzugt mit Alexandriner Klee.

Ergänzend ist noch die Verwendung von Kichererbsen zur Gründüngung zwischen bestehenden Reihen, z. B. von Kohl oder Sellerie, erwähnenswert, die bis zum Spätherbst verbleiben. Die Kichererbsen bedecken den Boden, ohne die Gemüsekultur zu beeinträchtigen.

Im makrobiotischen Garten

Im Rhythmus von acht Jahren, besser allerdings von vier Jahren, sollen in der Fruchtfolge Gründünger mit Schmetterlingsblütlern stehen. Die Gründüngungsmasse wird eingegraben, und für die Kulturfolge gibt es Rahmenanleitungen.

Im Mazdaznan-Garten

Der Mazdaznan-Garten bevorzugt Senf als Gründüngungspflanze, weil er nicht nur zusätzlich der Schneckenabwehr dient, sondern auch Grauschimmel verhindern soll. Bekannt ist hier die Senfsaat zwischen den Erdbeerreihen. Sind die Pflanzen etwa 10 cm hoch, werden sie herausgezogen und flach eingearbeitet. Fallen größere Grünmassen an, kann damit Mazdaznan-Kompost (siehe Seite 42) hergestellt werden.

Im veganistischen Garten

Im veganistischen Garten dominiert die regelmäßige Verwendung von Wicken zur Gründüngung. Dabei werden die Grünteile zur Kompostierung abgemäht und nur die verbleibenden Wurzelteile der Wicken zur direkten Bodenverbesserung genutzt.

Nach den Verfahren Lemaire-Boucher und Howard Balfour

Um den Boden mit Stickstoff anzureichern, werden nach dem Verfahren von Lemaire-Boucher Schmetterlingsblütler als Nach- und Zwischenkulturen in die Fruchtfolge einbezogen. Unverzichtbar ist feingemahlener Korallenalgenkalk zur Krankheitsabwehr. Ähnliches gilt für die weltbekannte Methode nach Howard-Balfour, wobei nur oberflächliche Bodenbearbeitung erfolgt und der Aufschluß tieferer Bodenschichten durch regelmäßige Klee- und Kräutereinsaaten erreicht wird.

Die Gründüngung wird auf einem vorbereiteten Beet breitwürfig ausgesät.

Danach wird das Saatgut mit der Harke sorgfältig eingearbeitet.

Praxis der Gründüngung

Soll eine Gründüngung im Garten voll befriedigen, müssen wir sofort nach dem Abernten der Vorkultur ebenso sorgfältig wie für unsere Nutzpflanzen den Boden für die Saat vorbereiten. Je feiner der Samen, desto krümeliger soll das Saatbeet sein. Wichtig ist die richtige Bemessung der Samenmenge je Flächeneinheit, um eine ausreichende Bestandsdichte und Massenproduktion zu erreichen. Andererseits können zu hohe Aussaatmengen das Anbauergebnis beeinträchtigen, weil den Einzelpflanzen nicht genügend Raum für ihre Entwicklung zur Verfügung steht. Deshalb sollen wir die Empfehlungen über Saatmengen (siehe Übersicht Seite 120), Angaben auf Verkaufspackungen und praktische Erfahrungen sorgfältig berücksichtigen. Für die richtige Saattiefe gilt der Grundsatz, daß wir die

Wicken sind die dominierenden Gründüngungspflanzen im veganistischen Garten.

Schmetterlingsblütler wie der Klee werden nach Lemaire-Boucher als Zwischenkulturen angebaut.

Die erfolgreiche Aussaat von Weißklee (vorne) und Senf (hinten)

Gleichmäßige Feuchtigkeit fördert die Keimung.

Wenn auf Grundstücken lange Zeit keine schmetterlingsblütigen Pflanzenarten angebaut wurden oder in Gartenneuanlagen mit Bauaushub aufgeschüttete Böden zu kultivieren sind, empfiehlt sich eine Saatgutbehandlung, bekannt als Impfung der Leguminosensamen mit Knöllchenbakterien. Impfpräparate können über Samenfachgeschäfte bezogen werden.

Saat nur bis zum Zwei- bis Dreifachen der Samendicke bedecken dürfen. Auf leichteren Böden soll etwas tiefer als auf schweren Böden gesät werden. Bei Senf genügt breitwürfige Aussaat ohne Einarbeiten, wenn die Bodenoberfläche genügend feucht ist oder mit einer flachen Strohhäckselschicht bedeckt wird. Bei beetweiser Gründüngung können wir die Keimung durch kurzfristiges Auflegen von (gebrauchten) Flachfolien oder Vliesen beschleunigen. Die feinen Samen der Phazelia sind ausgesprochene Dunkelkeimer. Sie müssen deshalb eingeharkt oder mit einer dünnen Erdschicht bedeckt werden. Für Schmetterlingsblütler kann im konventionellen Gartenbau eine geringe Stickstoffgabe (umgerechnet bis zu 10 g Reinstickstoffe je m^2 = 50 g eines handelsüblichen Stickstoffdüngers je m^2) vorgesehen werden, bis mit der Hilfe der Knöllchenbakterien die eigene Stickstoffversorgung gesichert ist. Solche Maßnahmen der Stickstoffgabe sind im naturgemäßen Gartenbau grundsätzlich nicht üblich.

Im allgemeinen sind die häufigsten Gründüngungspflanzen bescheiden in ihren Ansprüchen an den Wasserbedarf. Trotzdem wirken zusätzliche Wassergaben in Trockenperioden vorteilhaft auf die Massenentwicklung.

Die kreuzblütigen Gründüngungspflanzen und Phazelia bringen bereits nach sechs Wochen beachtliche Erträge, Perserklee, Lupinen und Sonnenblumen nach drei Monaten. Erstere sind deshalb nicht nur für Vor- und Nachkulturen geeignet, sondern auch zur sinnvollen Überbrückung von Zwischenzeiten. Nicht selten wird beispielsweise nach den ersten Anbausätzen im Frühjahr, also nach Radies, Frührettich, Spinat oder Feldsalat, die Einsaat empfohlen. Die verfügbare Zeitspanne bis zum Beginn der Wintergemüsekulturen genügt für eine solche Zwischengründüngung. Nach Mitte September reicht die Zeit im allgemeinen

Gründüngung mit Sonnenblumen und Phazelia

nicht mehr für eine ausreichende Grünmassebildung aus.

Nach dem Abmähen und Zerkleinern lassen wir die Gründüngungsmassen zunächst anwelken, bevor wir sie gleichmäßig und nicht zu tief einarbeiten.

Weil die Umsetzung der organischen Masse wesentlich von einer ausreichenden Sauerstoffversorgung abhängt, dürfen wir sie nicht tief vergraben. Besonders auf schweren Böden darf sie nur flach eingearbeitet werden, damit keine nachteiligen Fäulnis- und Gärungsprozesse entstehen. Hochgewachsenes, sperriges und verholztes Material muß man immer stärker zerkleinern, damit größere Angriffsflächen für die Bodenorganismen geboten werden. Schließlich soll auch für nachfolgende Kulturen die Bereitung eines Saat- und Pflanzbeetes möglich sein.

Eine gelungene Gründüngungsmaßnahme lockert den Boden derart, daß für die Vorbereitung der Folgekulturen nur ein Bruchteil des üblichen Arbeitsaufwandes notwendig ist.

Hier wird Winter-Roggen im Frühjahr relativ flach eingearbeitet.

Der tiefwurzelnde Gelbe Steinklee gilt als ideale Gründüngungspflanze für verdichtete Böden.

verfüttert und über Stallmist verwertet werden. Oder die Grünmasse wird auf Haufen verkompostiert beziehungsweise zerkleinert zum Flächenkompostieren benachbarter Kulturen verwendet. Für die eigentlichen Gründüngungsflächen bleibt nur der Durchwurzelungs- und Bodenaktivierungseffekt mit der erzeugten Wurzelmasse. Selbstverständlich gilt es schon während der Anbauplanung zu überlegen, ob die gleichen Gründüngungseffekte nicht auch durch Nutzpflanzen, z. B. Hülsenfrüchte, Kohl und Tomaten, mit tiefen Wurzelungsvermögen und hohem Vorfruchtwert zu erreichen sind.

Begrünung strukturgeschädigter Böden

Zu den Besonderheiten der Gartengründüngung zählt die Begrünung und Belebung strukturgeschädigter, durch Baumaßnahmen verdichteter oder aufgeschütteter Böden. Nach dem Einplanieren bis zur Verwirklichung der Gestaltungspläne, z. B. bei Hausneubauten, eignen sich Gründüngungseinsaaten, vor allem mit Leguminosen oder Gelbsenf von April bis Ende August. Das Einmischen der zerkleinerten Pflanzenteile erfolgt in solchen Fällen bevorzugt durch Einfräsen zur gleichzeitigen Bodenvorbereitung, beispielsweise für Rasenflächen, Stauden-, Strauch- und Baumpflanzungen. Bei extremen Bodenverhältnissen sollten wir nach Möglichkeit im ersten Jahr nur Gründüngungspflanzen anbauen.

Wichtigste Gründüngungsmaßnahmen

Tüchtige Anbauer verstehen mit Gründüngungsmaßnahmen geschickt zu variieren und kombinieren. Neben der vorhergehend beschriebenen üblichen Methode des Anbaues und der Verwendung können z. B. die oberirdischen Grünteile an Kleintiere

Reihengründüngung

Für den Nutzgarten mit starkem Mischkulturanbau ist die Reihengründüngung empfehlenswert. Sie dient nicht nur zum Überbrücken von Zwischenzeiten bis zur Neubestellung, sondern auch bewußt zur Förderung der Kulturpflanzen der Nachbarreihen. Zum Beispiel sind Kapuzinerkresse neben Kartoffeln und Tomaten, Kamille neben Lauch, Ringelblumen neben Möhren, Dill neben anderen Doldenblütlern, Senf neben Kartoffeln und Spinat neben nahezu allen anderen Gemüsearten empfehlenswert. Im Mischkulturgarten können Erdbeeren in schon geräumte oder noch bestehende Senfreihen gepflanzt werden.

Kapuzinerkresse als Unterpflanzung von Tomaten

Eine Gründüngung mit Serradella wird auf Sandböden empfohlen.

Mit Ringelblumen können Baumscheiben blühend begrünt werden. Auch über den Winter bleibt die zerkleinerte Pflanzenmasse auf der Erde liegen.

Untersaaten

Untersaaten mit Gründüngungspflanzen in höherwachsenden Gemüsekulturen, wie z. B. Zuckermais und Tomaten, sind seit vielen Jahren auch im Obstbau einschließlich dem Strauchbeerenobst erprobt und bewährt.

Dauerbegrünung

Im Erwerbsobstbau hat sich die Dauerbegrünung mit Graseinsaaten durchgesetzt. Um eine bessere, zusätzliche und natürliche Stickstoffversorgung zu erreichen, werden Beimi-

schungen mehrjähriger Kleearten künftig mehr Bedeutung erlangen. Ein Zugewinn bis 100 kg Reinstickstoff je Hektar ist durch Kleeteppiche möglich. Die Erschwernisse der Pflanzenschutzbehandlungen durch blühende Kleebestände sind durch eine vermehrte Anzahl von Mulcharbeitsgängen zu verhindern.

Nach jahrzehntelangen Erfahrungen mit Dauerbegrünungen im Obstbau wissen die Anbauer heute, daß mit dieser Kulturmaßnahme erfolgreich der gefürchteten Bodenmüdigkeit vorgebeugt werden kann. Der Vollständigkeit halber sei erwähnt, daß im Obstbau vor jeder Neuanlage der Boden durch Gründüngungsmaßnahmen zweckmäßig vorbereitet werden sollte.

Für die Gründüngung bei Beerenobst wird exemplarisch auf Einsaat von stickstoffreichen Kleepflanzen zwischen den Himbeerreihen hingewiesen. Flach wurzelnder Weißklee beschattet vorteilhaft den Boden. In warmen Klimagebieten kann nach Expertenmeinung Gelbklee im Verhältnis 2:1 zugemischt werden. Für Sandböden wird Serradella empfohlen, die vor der Blüte gemulcht werden soll. Im Beerenobstbau dominiert das Mulchen mit organischen Materialien, die nicht zuletzt aus Gründüngungsmaßnahmen stammen können.

Ergänzend sei ebenfalls genannt, daß die Gründüngung mit allen anderen organischen Düngungsmaßnahmen sinnvoll kombinierbar ist. Nachahmenswert ist die Kombination von Häckselmulch mit Gründüngungsaussaat. Nicht nur Strohhäcksel, sondern auch anderes Gartenhäcksel, das zunehmend mehr zur Verfügung steht, ist dazu vortrefflich geeignet. Auch die Verwendung von Gesteinsmehlen über die Gründüngung zur Verbesserung der Bodenfruchtbarkeit ist vorteilhaft.

Für den Garten- und Erwerbsanbau bleibt noch die Erwähnung der **Baumscheibenbegrünung,** die gleichzeitig auch der Abwehr von Schaderregern, wie z. B. Blut- und Blattläusen sowie Nematoden, dienen soll. Verwendet werden neben Kapuzinerkresse Tagetes und Ringelblumen. Diese einjährigen Pflanzen lassen wir blühen und an Ort und Stelle aussamen; über Winter bleibt die Pflanzenmasse zerhackt oberflächig liegen.

Selbstbegrünen oder Verunkrauten lassen

Bei der Bewertung der Gründüngung darf vergleichsweise die natürliche Bodenbegrünung durch Verunkrauten nicht unbeachtet bleiben. Vor allem leichtere, humose Böden sind im allgemeinen sehr unkrautwüchsig. Das Erschließungsvermögen dieser meist heimischen Wildpflanzen ist unbestritten. An dem mengenmäßigen Vorkommen können wir wesentliche Bodeneigenschaften erkennen. Das Selbstbegrünen oder Verunkrautenlassen als Gründüngungsmaßnahme ist dann akzeptabel, wenn keine oder nur geringfügig Wurzelunkräuter vorhanden sind, wenn vor dem Aussamen gemulcht wird und wenn Saatgutkosten eingespart werden sollen. Die gewonnene Grünmasse allein reicht allerdings im allgemeinen nicht aus, um den jährlichen Humusabbau auszugleichen.

Begrünung von Hügelbeeten

Als Sondermaßnahme der Gründüngung ist die Begrünung von Hügelbeeten im ersten Jahr nach ihrer Anlage zu bezeichnen. Durch den Massenwuchs werden die Materialschichtungen intensiv durchwurzelt, reichlich vorhandener Stickstoff verarbeitet und die Rottevorgänge nachhaltig aktiviert. Die gewonnene Grünmasse dient hier weiteren Zwecken der Kompostierung oder des Mulchens. Für die Nachfolgekulturen auf Hügel-, Hoch- und Bankbeeten sind dann im allgemeinen keine außergewöhnlich hohen Nitratanreicherungen bei Gemüse und Kräuterarten zu befürchten.

Winterbegrünung

Auf die Bedeutung der Winterbegrünung gärtnerischer Nutzflächen mit frostharten Pflanzenarten, z. B. Winter-Roggen, Raps und Landsberger Gemenge, zur sogenannten biologischen Konservierung von Nährstoffen und zum Schutz des Grundwassers vor eventueller Nitratanreicherung wurde bereits hingewiesen. Wenn die Pflanzenmassen zumindest teilweise zum Verzehr genutzt werden sollen, ergeben rechtzeitige Spinat- und Feldsalateinsaaten im Garten die sichersten Erträge.

Gründüngungspflanzen für den Garten

Die bekanntesten Gründüngungspflanzen gehören überwiegend zu den Pflanzenfamilien der Schmetterlingsblütler und der Kreuzblütler.

Schmetterlingsblütler (Leguminosen)

Bekannt ist ihre außergewöhnliche Fähigkeit, mit Hilfe der Knöllchenbakterien Stickstoff aus der Luft in pflanzenverfügbare Formen zu überführen (siehe Seite 103). Bemerkenswert ist zudem, daß wichtige Vertreter der Schmetterlingsblütler mit ihren tiefgehenden Wurzelsystemen vor allem auch schwere und verdichtete Böden durchdringen, lockern und erschließen können. Andere Arten dieser Familie sind anspruchslose Pionierpflanzen, die auf unfruchtbaren Standorten, z. B. nach Aufschüttungen von Baugrundstücken, beginnen, die Böden zu beleben.

Massenerträge und Stickstoffgewinnung sind selbstverständlich dann am höchsten, wenn bereits im Frühjahr und nicht erst im Spätsommer ausgesät werden kann. Berücksichtigen wir den unterschiedlichen Saatgutbedarf je Quadratmeter und den Saatgutpreis, können Gründüngungen mit Leguminosen nennenswert teurer sein als beispielsweise Gründüngungen mit verschiedenen kreuzblütigen Pflanzenarten.

Bei den Leguminosen unterscheiden wir einjährige, abfrierende und winterfeste Arten.

1. Frostempfindliche, abfrierende Schmetterlingsblütler:

Mit dem Einsetzen der Winterfröste frieren die Leguminosen dieser frostempfindlichen Pflanzengruppe ab und bilden eine schützende und nährende Bedeckung des Bodens.

Lupinen: Verschiedene Arten der Lupinensippe eignen sich zur Gründüngung, jeweils mit besonderen Ansprüchen an den Standort.

> Die Aussaat der Lupinen erfolgt am besten bereits ab April. Nach der Blüte werden sie abgemäht, zerkleinert, angewelkt und leicht in den Boden eingearbeitet. Die bitterstoffarmen Lupinen sind auch zum Verfüttern geeignet.

Die **Gelbe Lupine** *(Lupinus luteus)* bringt die höchsten Grünmassen bei ausreichend langer Wachstumszeit. Sie ist für sandige, kalkarme und trockene Böden geeignet und erträgt leichte Fröste.

Am anspruchsvollsten ist die **Weiße Lupine** *(Lupinus albus)*. Sie gedeiht vorteilhaft in mildem Klima und auf tiefgründigen, neutralen, lehmigen Böden, mit ausreichender Wasserversorgung.

Die **Blaue** oder **Schmalblättrige Lupine** *(Lupinus angustifolius,* Abb. auf Seite 98) nimmt die Mittelstellung ein. Sie ist gegen Frost am widerstandsfähigsten, bildet die längsten Pfahlwurzeln und wird auf schwach sauren, sandigen Böden bevorzugt verwendet.

Ackerbohnen *(Vicia faba minor* Abb. auf Seite 116):* Sie können schon ab Ende Februar gesät werden, z. B. als Vorkultur für Gurken und Tomaten. Bei Reihensaat lassen wir beidseitig nach der Pflanzung dieser Gemüsearten die Ackerbohnen zunächst noch weiterwachsen. Sie bieten den Kulturen dadurch einen vorteilhaften Windschutz.

> Nicht selten sind die Ackerbohnen schon frühzeitig von Blattläusen befallen. Dies wird im alternativen Gartenbau nicht nachteilig gewertet, weil sich dadurch Blattlausfeinde, vor allem Marienkäfer, im Gartenbereich schneller vermehren können.

Die Gelbe Lupine (Lupinus luteus) *ist für sandige, kalkarme, auch trockene Böden geeignet.*

Ackerbohnen mit ihren meterlangen Pfahlwurzeln lockern auch schwere Böden. Die Neuzüchtung 'Winterbohne' zeigt beachtliche Winterfestigkeit und ermöglicht Winterbegrünung bei Aussaaten ab Anfang Oktober.

Sommer- oder **Saatwicken** *(Vicia sativa):* Sie zeigen eine schnelle Entwicklung, auch auf geringwertigen Böden und in klimatisch weniger günstigen Gebieten. Sie werden bevorzugt in Gemischen mit Sonnenblumen und Ackerbohnen angebaut.

Futtererbsen *(Pisum sativum):* Sie sind trockenempfindlich, durchwurzeln den Boden flach und benötigen Stützpflanzen, z. B. Ackerbohnen. Sie werden deshalb nur als Gemenge mit anderen Gewächsen angebaut.

Kichererbsen *(Cicer arietinum):* Sie haben nur als bodendeckende Zwischenkultur im organisch-biologischen Garten eine gewisse Bedeutung erlangt.

Perserklee *(Trifolium resupinatum):* Er hat bescheidene Bodenansprüche, gedeiht also auch auf leichten, sandigen Standorten rasch. Er erschließt schnell die Bestände und unterdrückt Unkrautwuchs.

Alexandrinerklee *(Trifolium alexandrinum* Abb. auf Seite 109): Er benötigt zur raschen Jugendentwicklung Wärme, einen sonnigen Stand und genügend Bodenfeuchtigkeit. Auf leichten, trockenen Böden ist der Anbau unsicherer. Bei Aussaaten ab April sind vier bis sechs Schnitte zur Erzeugung von Mulchmasse möglich. Im Mischkulturgarten können Mischungen von Perser- und Alexandrinerklee an Stelle von Spinat zwischen den Gemüsereihen gesät werden.

Erdklee *(Trifolium subterraneum):* Er wird, weil sich die Fruchtstände dieses Klees bei der Reife in den Boden eingraben, auch bodenfrüchtiger Klee genannt. Diese sehr niedrige Kleeart ist für Unter- und Zwischensaaten geeignet, z. B. auf Beeten mit Beerensträucherung und Zuckermais, auch mit Lauch und anderen Gemüsearten. Die Aussaat für Unter-, beziehungsweise Zwischenkulturen mit Erdklee soll erst dann erfolgen, wenn die Kulturpflanzen kräftig entwickelt sind.

2. Frostfeste Schmetterlingsblütler:
Die überwinternden Leguminosen eignen sich vor allem für Zwischen- und Untersaaten oder für Dauerkulturen, wie z. B. für Sträucher- und Baumgruppen.

Zottelwicke *(Vicia villosa):* Die blauviolettblühende Zottel- oder Winterwicke ist anspruchsloser als die eng verwandte Sommerwicke. Ihre Pfahlwurzel kann tiefer in den Boden eindringen und die Krume mit feinen Seitenwurzeln intensiv durchwachsen. Sie ist ferner trockenheitsverträglich, stellt keine besonderen Standortansprüche,

Ackerbohne

Futtererbse

Kichererbse

Weißklee

Weißer Steinklee

gedeiht jedoch erfreulich auf leichten, nicht zu sauren Böden. Wegen ihrer zarten Stengel soll die Zottelwicke in Mischungen mit anderen Gründüngungspflanzen angebaut werden. Am bekanntesten ist das „Landsberger Gemenge", das Zottelwicke zusammen mit Welschem Weidelgras und Inkarnatklee enthält.

Weißklee *(Trifolium repens):* Als anspruchslose Kleeart eignet sich der Weißklee für alle Böden. Das flache Wurzelwerk durchwächst intensiv die obere Bodenschicht. Die kriechenden Sproßausläufer bedecken lückenlos den Boden. Mehrere Mulchschnitte sind jährlich möglich. Der Weißklee ist übrigens eine schmackhafte Futterpflanze und für die Kleintierhaltung geeignet.

Schwedenklee *(Trifolium hybridum):* Er blüht rötlichweiß und schmeckt bitter. Schwedenklee bewährt sich vor allem in Höhenlagen und in Gebieten mit langen, schneereichen Wintern. Er kann auf sauren und alkalischen Böden angebaut und bevorzugt als Gemengebestandteil verwendet werden.

Inkarnatklee *(Trifolium incarnatum, Abb. auf Seite 99):* Er stellt höhere Wärmeansprüche und kann bei Sommeranbau beachtliche Grünmengen produzieren. Schwere Ton- und extrem leichte Sandböden sind ungeeignete Standorte. Wegen seines beachtlichen Durchwurzelungsvermögens wird er vor allem in Gemengen zur

Bodenverbesserung empfohlen.

Gelbklee *(Medicago lupulina):* Er ist bei uns heimisch und stellt keine besonderen Ansprüche an den Standort. Er gilt als ausgezeichneter Stickstoffsammler auf kalkhaltigen Böden und durchwächst mit einem dichten Faserwurzelnetz die Krume. Kleintierhalter wissen den hohen Futterwert von Heu mit Gelbkleeanteil besonders zu schätzen.

Weißer und **Gelber Steinklee** *(Melilotus albus, Melilotus officinalis,* Abb. auf Seite 112): Beide, der Weiße Stein- oder Bokharaklee und der Gelbe Steinklee, blühen erst im zweiten Standjahr. Sie dringen mit ihren kräftigen Wurzeln tief in den Boden ein und gelten als ideale Gründüngungspflanzen für verdichtete Böden sowie zur Befestigung von Böschungen.

> Steinklee wird gerne vor der Pflanzung von Obstbäumen eingesät, weil der kumarinhaltige Klee Wühlmäuse abhalten soll.

Kreuzblütler

Kreuzblütler (Cruciferen) als Gründüngungspflanzen sind nahezu problemlos anzubauen, schnell- und massenwüchsig mit intensiver Durchwurzelung des Bodens. Von den Kreuzblütlern ist allgemein bekannt, daß durch ihre aggressive Wurzeltätigkeit im Boden auch schwerer lösliche Mineralstoffverbindungen erschlossen und verwertet werden können. Das Saatgut der Kreuzblütler ist vergleichsweise recht preisgünstig. Kreuzblütler scheiden für unsere Gärten mit engen Kohlfruchtfolgen im allgemeinen aus, weil sie die Verbreitung der gefürchteten Kohlherniekrankheit begünstigen.

Gelbsenf *(Sinapis alba):* Er keimt sehr rasch und bildet innerhalb von ein bis zwei Wochen

Schadbild bei Kohlhernie: krebsartige Wucherungen

Markstammkohl liefert auch Futter für Kleintier.

Im Obstgarten eignen sich Gräser für den Mulchrasen.

eine geschlossene Gründecke. Deshalb ist er besonders für Zwischen- und Spätsaaten geeignet. Bemerkenswert ist seine Anspruchslosigkeit an Bodengüte und Wasserversorgung. Die Aussaat erfolgt in engen Reihen oder breitwürfig bereits ab März. Senfreihen sollen die Zuwanderung von Schnecken vermindern. Kohlherniegefahr!

Ölrettich (*Raphanus sativus* var. *oleiformis*, Abb. auf Seite 103): Er erschließt und lockert mit tiefgehenden Wurzeln den Boden, wächst sehr rasch mit hohem Blatt- und Stengelanteil, blüht bereits nach fünf bis sechs Wochen und kann bis Anfang September gesät werden. Ölrettich ist nicht für saure Böden geeignet.

Markstammkohl (*Brassica oleracea* var. *medullosa*): Er ist eine beliebte Gründüngungspflanze für Gärten, die gleichzeitig auch Futter für die Kleintierhaltung liefern soll. Bemerkenswert ist die schnelle Jugendentwicklung dieser Kohlart und im Spätherbst seine Frostverträglichkeit bis etwa -7 °C. Das Nährstoffbedürfnis ist beachtlich hoch.

Gräserarten

Gräserarten, auch Getreidearten, wie z. B. Winter-Roggen und Hafer sowie von den Wiesengräsern Einjähriges Weidelgras (*Lolium multiflorum*) werden wegen ihres beachtlichen Nährstoff-Aneignungsvermö-

gens und geringen Standortanspruchs empfohlen.

Bedeutsamer sind allerdings die Gräserarten für Mulchrasen in unseren Obstgärten mit mehrmaligem bis zu zwölffachem Schnitt pro Jahr. Mit dem Schnittgut können die Baumstreifen oder Baumscheiben gemulcht werden. Bevorzugte Gräser für Mulchrasen der Obstgärten sind der horstbildende Rotschwingel (*Festuca rubra*), die Wiesenrispe (*Poa trivalis*) mit Zusätzen von Deutschem Weidelgras (*Lolium perenne*) und Flechtstaudengras (*Agrostis stolonifera*).

Andere Pflanzenarten zur Gründüngung

Auf die Möglichkeit der Doppelnutzung Gemüseerzeugnis und Gründüngung, z. B. mit Feldsalat und Spinat, vor allem im Mischkulturgarten, wurde bereits hingewiesen. Von besonderer Bedeutung sind zusätzlich noch Gründüngungspflanzen aus Familien, die mit unseren Gemüsearten nicht verwandt sind, weil sie die Fruchtfolgen nicht belasten und zur Bodengesundheit beitragen können.

Phazelia (*Phacelia tanacetifolia*, Abb. auf Seite 107): Phazelia, der Bienenfreund oder Büschelschön, gehören zur Familie der Wasserblattgewächse (Hydrophyllaceae). Phazelia ist tagneutral, schnellwachsend, trockenverträglich und recht anspruchslos. Die Aussaat ist ab Frühjahr (als Bienenweide) bis Juli/August zur Zwischen- und Spätsaat empfehlenswert. Das flache, dichte Wurzelsystem nutzt die Mineralstoffvorräte des Bodens und hinterläßt nach schneller Verrottung eine günstige Krumenstruktur. Die zarten, blattreichen, oberirdischen Teile frieren schon bei niedrigen Frühfrösten ab, schützen die Bodenoberfläche und erschweren im Frühjahr nicht die Bestellungsarbeiten.

Gründüngungsmischung aus Lupine und Phazelia

Buchweizen *(Fagopyrum esculentum,* Abb. auf Seite 101): Aus der Familie der Knöterichgewächse (Polygonaceae) ist er eine kurzlebige, schnellwachsende, anspruchslose, frostempfindliche, besonders wärmeliebende Pflanzenart der Steppenregionen. Er wird für leichte, saure Sand- und Moorböden bevorzugt. Mit ihren weißrötlichen Blüten sind die 30–80 cm hohen Buchweizenbestände eine geschätzte Bienenweide.

> Die Aussaat erfolgt ab Mitte Mai bis Ende August in dünner Breit- und Reihensaat, mit Abständen von 10–15 cm. Buchweizen ist eine dankbare Futterpflanze für die Kleintierhaltung. Die Körner des Buchweizens, gemahlen oder geschrotet, werden neuerdings für Spezialitäten der alternativen Küche bevorzugt.

Sonnenblume *(Helianthus annuus):* Aus der Familie der Korbblütler (Compositae) stammend, eignet sie sich mit schneller Pflanzenentwicklung für leichte bis mittlere Böden. Das über 2 m tiefe, kräftige Wurzelsystem hat ein beachtliches Aufschließungs-

vermögen für Mineralstoffe. Sonnenblumen sind anspruchslos und – abgesehen von der Jugendentwicklung – auch trockenheitsverträglich. Die Aussaat kann ab Mai bis August erfolgen. Im Garten schätzen wir die blühenden Sonnenblumen außerdem ebenfalls als Zierpflanzen, sie sind auch für dekorative Blumensträuße und als dankbare Insektenfutterpflanzen geeignet.

Saatgutmischungen

Der gärtnerische Samenhandel bietet bewährte Gründüngungsmischungen in Fertigpackungen an, die auf verschiedene Bodenarten und Verwendungszwecke abgestimmt sind. Deshalb werden Eigenmischungen nur noch selten angewandt. Beispielsweise enthalten die Fertigpackungen „Grünaktiv" für schwere Böden die Pflanzenarten Ölrettich, Lupinen, Ackerbohnen und Saatwicken, „Bodenkur-Grünhumus" neben Lupinen Inkarnatklee und Phazelia und „Schnellgrüner" Klee, Weidelgras und Lupinen. Das Rotenburger-Kombi-Gemenge besteht dagegen nur aus Samen stickstoffsammelnder Pflanzenarten.

Den Kleinpackungen sind ausführliche Kulturanleitungen beigefügt.

Alexandriner-Perserklee ist für alle Bodenarten geeignet. Dieses Gemenge lassen wir im Sommer sich bis zur Blüte entwickeln, bevor erstmals geschnitten wird. Dadurch ist ein Höchstmaß an Stickstoffgewinn erreichbar.

Landsberger Gemenge mit Winterwicken und Zottelwicke (40%), Inkarnatklee (30%) sowie Weidelgras (30%) ist für nahezu alle Bodenarten geeignet und kann ab Frühjahr gesät werden. Zur Überwinterung genügen Aussaaten ab August.

Übersicht: Wichtige Gründüngungspflanzen für Gärten

Pflanzenarten	Saatzeit	Saatgut-menge (kg/100m²)	Saat-tiefe (cm)	Frost-härte	Grünmasse (kg/100 m²)	Bemerkungen
1. Leguminosen:						
Lupinen, gelb, weiß	April bis Ende Juli	1,6–2,0	3–5	nein	300–400	} arteigene Verwendung beachten!
Lupinen, blau (mehrjährig)	April bis Ende Juli	1,5–2,0	3–5	(ja)	200–400	}
Ackerbohnen	Ende Februar bis Ende Juli	1,6–2,2	5–8	nein	ca. 400	Eignung für schwere Böden
Wicken	April bis Juli	1,5	4–6	nein	200	nicht für saure Böden
Felderbsen	April bis Juli	1,7	4–6	nein	300	warme, kalkhaltige Böden
Perserklee	April bis Ende Juli	0,2–0,4	1–2	nein	300–400	leichte, sandige Standorte
Alexandriner Klee	April bis Ende Juli	0,2–0,4	1–2	nein	300–500	genügend Bodenfeuchte
Inkarnatklee	ab April/Mai	0,3	1–2	gering	300–500	höhere Wärmeansprüche
Zottelwicken	August bis Sept.	2,0	1–5	ja	400	meist im Gemengeanbau
Weißklee	ab März	0,1–0,12	1–2	ja	250–300	für alle Böden
2. Kreuzblütler						
Senf	März bis Sept.	0,2	1–2	nein	300–500	für alle Böden geeignet
Ölrettich	April bis Anfang September	0,25	0–3	nein	300–500	Lichtkeimer, keine sauren Böden
Markstammkohl	März bis August	0,4–0,6	1–2	gering	ca. 400	in Kombination mit Kleintierhaltung
Sommerraps	Juli bis August	0,15	0,2	nein	300–500	} Lichtkeimer! Vorsicht Kohlhernie!
Winterraps	Ende Juli	0,4	0,2	ja	500	}
3. Gräserartige						
Winter-Roggen	Sept./Okt.	1,2–1,8	3–6	ja	} 300–500	} auch für geringere Böden
Hafer	März bis August	1,8–2,0	3–6	(nein)		
Einjähriges Weidelgras	Juli/August	0,2–0,4	0–1	(nein)	400–800	hohe Standortansprüche
Welsches Weidelgras	Juli bis Anfang August	0,3–0,4	1–2	(ja)	300–400	auch für leicht saure Böden
4. Andere Pflanzenarten:						
Phazelia	März bis August	0,15	1–2	nein	300–500	für nahezu alle Böden
Buchweizen	Mai bis August	1,0	2–4	nein	ca. 250	frostempfindlich, auch für saure Böden geeignet
Sonnenblumen	April bis August	0,3–0,35	3–4	nein	600–900	auch für leichte Böden
Kultur-Malve	Mitte Juli bis Mitte August	0,10–0,15	1–2	nein	300–350	hohe Saatgutkosten
5. Gründüngungsgemenge						
Alexandriner-Perserklee	April bis Juli	0,5	1–2	nein	400–500	geeignet zur Produktion von Grünmasse für Kompostierung und Mulchen
Landsberger Gemenge (Inkarnatklee/Zottelwicke/ Weidelgras)	Frühjahr oder ab August	0,2/0,4/0,2	2–4	ja	400	frostfestes Gemenge, geeignet für nahezu alle Böden

Organismus Boden

*„Der Boden lebt, ist ein Organismus –
komplex seine Lebensvorgänge –
ohne Leerlauf, denn die Natur kennt keine
Verschwendung!"*

Der Boden, Grundlage allen Lebens, ist nur begrenzt verfügbar, unersetzlich und leicht verletzlich. Das Ökosystem Boden ist charakterisiert durch eine enge Verflechtung von Beziehungen und dynamischen Gleichgewichten zwischen Boden, Klima, Pflanzen- und Tierwelt, das die Fähigkeit zur Selbstregulierung hat und als offenes System abhängig von der Sonnenenergie ist. So wird auch verständlich, daß jede Art von Eingriff durch den Menschen die Regelabläufe stört. Solange allerdings die bodenspezifischen Belastungsgrenzen nicht überschritten werden, z. B. bei behutsamer naturgemäßer Gartenbewirtschaftung, wirken die Selbstregulierungskräfte des Bodens ausreichend.

In Jahrmillionen gebildet, ist der Boden auch heute und in Zukunft ständig in Entwicklung. Ideal ist seine Zusammensetzung aus 50% festen Bestandteilen, bestehend aus Mineralboden und Humus, sowie 50% Hohlräumen, etwa je zur Hälfte mit Wasser gefüllt. Ausdruck der Intensität seiner Dynamik sind die Kreisläufe der Mineral- und organischen Stoffe, die das Bodenleben und die Bodenfruchtbarkeit bedingen. Unschätzbar wichtig für den Gesamt-Naturhaushalt ist die Filterwirkung des Bodens. Zugeführte Stoffe, auch Rückstände von Niederschlägen, können, je nach Zusammensetzung und Aktivität des Bodens, festgehalten, organische Substanz ab- und umgebaut sowie gelöste Stoffe an feste Bestandteile angelagert und bei Bedarf pflanzenverfügbar werden. Der Boden hat so gesehen die Funktion des Magens für die Pflanzen. Für die Ertragsleistung und Gesundheit des Bodens ist der Humus, seine Anteile und seine Qualität entscheidend. Die neuen Erkenntnisse der Humusforschung lassen sich überzeugend mit den

Gesunde Pflanzen im ganzen Jahr erhält man durch einen gesunden Boden.

Maßnahmen des naturgemäßen Gartenbaues in die Praxis übertragen. Mit sinnvoller Humuswirtschaft, durch überlegte Bodenpflege und Kulturfolgekonzepte, mit eigener Kompostierung, mit Mulchen und Gründüngung sind wir auf dem richtigen Weg.

Der Boden und seine Eigenschaften

Das Ergebnis der Bodenentstehung ist ein Gemisch verschieden großer, meist unre-

Bodenproben werden in ein Wasserglas gegeben und kräftig durchgeschüttelt. Je nachdem, wie lange es dauert, bis sich die einzelnen Bodenbestandteile abgesetzt haben, kann man auf den Boden rückschließen: Sand (links, setzt sich schnell ab), Humus (Mitte, mit Schwebteilen) und Lehm (rechts, sehr lange Zeit setzt sich nichts am Boden ab).

Verwitterung
(phys. und chem.)

Bodenorganismen

biologische Verwitterung

Krume

Unter
boden

Gestein

Durch Verwitterungsvorgänge und Bodenorganismen entwickelt sich aus dem Gestein fruchtbarer Boden.

gelmäßig geformter Teilchenkörper. Nach ihrem Durchmesser werden die Korngrößenfraktionen bestimmt, deren Mengenanteile ergeben die Korngrößenverteilung oder Körnung und damit die Bodenart. Es wird dabei unterschieden zwischen Grobboden = Bodenskelett mit Teilchengrößen über 2,00 mm (hierher gehören Steine und Geröll) und Feinboden mit Teilchen unter 2,00 mm. Der Feinboden wird nochmals untergliedert in Sand, Schluff und Ton (siehe Übersicht rechts).

In der Natur gibt es über-

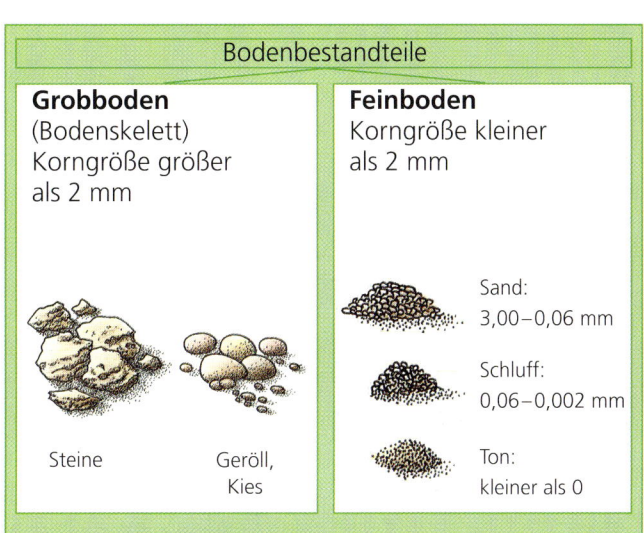

Bodenbestandteile

Grobboden
(Bodenskelett)
Korngröße größer
als 2 mm

Feinboden
Korngröße kleiner
als 2 mm

Steine

Geröll,
Kies

Sand:
3,00–0,06 mm

Schluff:
0,06–0,002 mm

Ton:
kleiner als 0

Nach der Korngröße gliedert sich der Boden in den Grobboden (Steine, Geröll und Kies) und den Feinboden (Sand, Schluff und Ton).

Kennzeichnende Eigenschaften der Bodenarten:

Sandboden
Vorteile: leicht zu bearbeiten, tiefdurchwurzelbar, gute Luftversorgung, hoher Wasserschluckwert und Wasserleitfähigkeit, schnelle Erwärmung.
Nachteile: geringes Wasser- und Nährstoffspeichervermögen, schneller Humusabbau, erosionsgefährdet, öfteres Bewässern und Düngen erforderlich.

Lehm- und schluffiger Boden
Vorteile: guter Wasser-, Nährstoff- und Wärmehaushalt, meist tiefgründig, mit Zugaben von organischen Substanzen leicht belebbar und zu lockern.
Nachteile: Neigung zum Verschlämmen, Tonverlagerung, frostempfindlich, verdunsten bei hohen Temperaturen viel Wasser.

Tonboden
Vorteil: hohe Wasser- und Nährstoffspeicherung, geringe Auswaschung.
Nachteile: schwer zu bearbeiten, geringe Wasserleitfähigkeit, Neigung zu Staunässe, schlecht durchlüftet, erwärmt sich nur langsam.

wiegend wasser- und windsortierte Teilchengemische, und nach ihrer vorherrschenden Korngrößenfraktion werden also die Bodenarten benannt. So hat Sandboden (S) über 85% Sandanteil, Tonboden (T) über 65% tonige Bestandteile. Lehm mit idealen Eigenschaften besteht aus Sand, Schluff und Ton in etwa gleichen Mengenanteilen.

Fingerprobe

Mit der Fingerprobe können wir die Bodenarten vor Ort rasch unterscheiden. Dazu wird eine genügend durchfeuchtete Bodenmenge zwischen den Fingern geknetet und auf Verformbarkeit, Roll- und Schmierfähigkeit sowie Rauhigkeit geachtet.

Tonboden ist gut formbar, rollbar, schmutzt, zeigt rauhe Gleitflächen; schluffige Böden dagegen sind nur mäßig formbar, samtigmehlig, spürbar körnig, schmutzen nicht, und Lehmböden sind formbar, beim Ausrollen rissig und haben samtartig stumpfe Reibflächen. Sandböden greifen sich körnig an, haften nicht in den Fingerrillen und sind nicht bindig.

Bodengefüge und Bodenstruktur

Unter Bodengefüge verstehen wir die räumliche Anordnung der festen Bodenbestandteile und Poren. Idealer Boden besteht aus 50% festem Bodenmaterial mit Humusanteil und 50% geschlossenen oder netzar-

Die früher häufig gebrauchte sogenannte Görbingsche Spatendiagnose diente der Feststellung von Pflug- und Grabesohlenverdichtungen in der Zone zwischen Krume und Unterboden mit Hilfe eines Flachspatens. Der Krumenquerschnitt gibt Einblick in die Entwicklungsgeschichte und den Fruchtbarkeitszustand des Bodens.

Durch Reiben einer Erdprobe kann man die Bodenbeschaffenheit feststellen.

tigen Hohlräumen, die je zur Hälfte mit Wasser und Luft gefüllt sind. Damit gleicht ein vorteilhaftes Bodengefüge in seiner Struktur einem Schwamm. Im allgemeinen ist der Porenanteil um so größer, je feinkörniger ein Boden ist. Tonböden können bei einem hohen Feinporenanteil ein Volumen von 50–70% aufweisen. Für die Verfügbarkeit von Luft und Wasser ist allerdings nicht nur das Gesamt-Porenvolumen maßgebend, sondern auch die Aufteilung in Grob-, Mittel- und Feinporen.

Das Porensystem kann wesentlich die biologische Aktivität eines Bodens mitbestimmen.

Verdichtungen durch unsachgemäße Bearbeitung, Befahren und Betreten des Bodens bei Nässe beeinträchtigen nachhaltig das Porensystem. Die Grenze der schädlichen Bodenverdichtung liegt bei Sandböden bei 40% und bei Lehmböden um 45% des Gesamtporenvolumens. Vorsicht also, besonders schwere Böden niemals nach stärkeren Niederschlägen unnötig betreten! Dies kann zu Strukturschäden führen, die oft nur langfristig und aufwendig zu beheben sind (siehe Kapitel Bodenpflege auf Seite 137).

Sandboden (links) und Lehmboden (rechts)

Unter der Mulchdecke werden das Wurzelwerk und die Bodenlebewesen optimal geschützt.

Wurzelentwicklung und die Wasser- sowie die Nährstoffaufnahme. So können Pflanzen Welkeerscheinungen zeigen, obwohl sie in nassen Böden stehen. Besonders empfindlich gegenüber Sauerstoffmangel sind Erbsen, Bohnen, Tomaten und Wurzelgemüse. Die Bodenluft enthält allgemein etwa 90–100% Wasserdampf. Bei trockener Witterung nimmt auch der Wasserdampfgehalt der Bodenluft ab, und die Kurven der Bodenwärme folgen den Schwankungen der atmosphärischen Lufttemperatur. Dadurch wird verständlich, daß extreme Trockenheit, Hitze und Nässe, besonders wenn sie ohne Übergang aufeinanderfolgen, in der zentimeterdünnen Grenzschicht Oberboden/bodennaher Luftraum außerordentliche Beanspruchung bedeuten, wenn der Boden nackt, also weder bewachsen noch schützend bedeckt ist. Mulchmaßnahmen und Gründüngungen wirken nicht nur klimaausgleichend, sondern sind also auch ein direkter Schutz für Wurzelwerk und Bodenlebewesen.

Bodenluft und Sauerstoffversorgung

Nur ein ausreichendes Poren-Luftsystem des Bodens kann die Sauerstoffversorgung der Pflanzenwurzeln und Mikroorganismen gewährleisten.

Sauerstoffmangel hemmt bekanntlich die

Bodenwasser

Über 80% des Niederschlagswassers passiert über Versickerung den Boden. Für diese ungeheuren natürlichen Wassermengen hat der Boden Filter- und Speicherungsfunktionen.

Der **Wasserschluckwert,** also die Regenverdaulichkeit eines Bodens, gibt an, welche Mengen an Niederschlägen oder Beregnungswasser aufgenommen und ver-

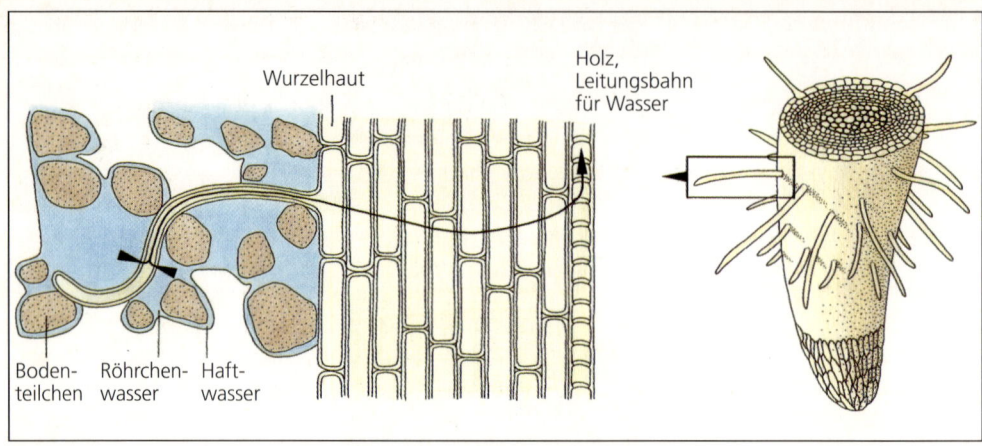

Wurzelhaare vergrößern erheblich die Oberfläche der Wurzelspitzen (rechts) zur Wasseraufnahme. Diese erfolgt entlang eines Konzentrationsgefälles im wassergefüllten Porensystem des Bodens.

kraftet werden können. Sandige und kiesige Böden bewältigen 10 Liter und mehr Wasser je m² und Stunde, schluffreiche und tonige Böden allenfalls 1 Liter/m²/Stunde. Die überschüssige Wassermenge fließt oberirdisch ab und wirkt erodierend auf die Krume. Natürlich ist der Anteil des Oberflächenwassers nicht nur abhängig von der Intensität der Niederschläge, sondern auch von der Hangneigung des Geländes.

Kapillarer Wasseraufstieg ist der umgekehrte Vorgang der Versickerung. Dabei erfolgt die Wasserbewegung in dem feinen Haarröhrchensystem nach oben, wenn an der Bodenoberfläche Wasser verdunstet oder im durchwurzelten Bereich von den

Einen solch feuchten tonhaltigen Boden sollte man nicht bearbeiten.

Pflanzen entzogen wird. Die Kapillarität ist ebenfalls abhängig von der Bodenart. Auf Sandböden ist der kapillare Aufstieg über den Grundwasserhorizont zunächst schnell, erreicht aber nur geringe Höhen, gegenüber tonigen Böden mit langsamem Vorgang und höherem Anstieg. Das bedeutet in der Praxis die Nutzung des Grundwassers für das Pflanzenwachstum, wenn der Grundwasserspiegel bei Sandböden etwa 0,50 m, bei Lehmböden 1,40 – 1,80 m beträgt. Bei Tonböden ist die ertragswirksame Kapillarität bis 2,50 m nachweisbar.

Bodentemperatur und Wärmehaushalt

Der Boden ist ein offenes Ökosystem, weil seine überwiegende Wärmeenergie durch die Sonneneinstrahlung erfolgt. Grundsätzlich erwärmen sich dunklere, humusreichere Böden rascher als helle und humusarme mit stärker reflektierenden Oberflächen. Dieser Unterschied kann 1 – 3 °C betragen und für die Frühjahrserwärmung unserer Gartenböden bedeutsam sein. Böden mit hohen Wassergehalten sind „kalte Böden" und für Frühkulturen weniger geeignet. Allerdings erwärmen sich auch besonders

In sehr schweren Böden ist spatentiefes, grobscholliges Umgraben im Spätherbst unumgänglich. Im Winter werden dann durch die Frosteinwirkung die Erdschollen gesprengt und eine frostgare, krümelige Erde entsteht.

trockene Böden zur Tiefe hin langsamer, weil die Leitfähigkeit unbewegter Luft sehr schlecht ist. Recht träge erwärmen sich letztlich Moorböden im Frühjahr, wenn deren obere Schicht ausgetrocknet ist. Sie kühlen in klaren Nächten durch Abstrahlung stark ab. Damit ist auch das vermehrte Risiko durch Spätfröste auf solchen Böden zu erklären.

Bodenmineralien als Pflanzennährstoffe

Der Boden ist Ursprung, Träger und Vermittler von Nährelementen für die Pflanzen und Mikroorganismen. Eigentlich sind alle Haupt- und Mikronährstoffe in einem tätigen, fruchtbaren Gartenboden enthalten, und es gilt nur die Entzugsmengen regelmäßiger Ernten zu ersetzen, um völliger Verarmung vorzubeugen. Der Nährstoffhaushalt eines Bodens ist die Summe dynamischer Wechselbeziehungen von Mobilisierung und Festlegung, Nährstoffaustausch, Düngung und Entzug durch die Pflanzen. Auch die Schadstoffe im Boden verhalten sich nach dem gleichen Muster. Düngung im Übermaß, vor allem mit leicht löslichen Nährsalzen, bewirkt eine stoßweise Anreicherung in der Bodenlösung und damit die Gefahr verstärkter Auswaschung in die unteren Bodenhorizonte und in das Grundwasser. Umweltbelastungen mit Stickstoff und Phosphaten sind schließlich die Mitursachen für unerwünschte Eutrophierung der Gewässer. Mit planvoller Humuswirtschaft im naturgemäßen Garten können Nährstoffverluste und damit verbundene Umweltbelastungen vermieden werden. Bemerkenswert bleibt die Feststellung, daß die Lebensvorgänge des Bodens und der Pflanzenentwicklung synchron verlaufen. Wenn der Nährstoffbedarf der Pflanzen am höchsten ist, ist auch der witterungsge-

Frosteinwirkung hat die Erdschollen gesprengt.

Durch richtige Bodenpflege wird der Gemüsegarten im Laufe der Zeit fruchtbarer.

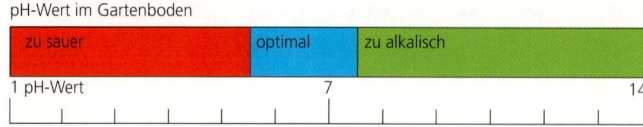

pH-Wert im Gartenboden

| zu sauer | optimal | zu alkalisch |

1 pH-Wert   7   14

pH-Wert des Bodens: für die meisten Pflanzen sind die im Boden vorhandenen Nährstoffe nur im neutralen Bereich um den Wert 7 optimal für die Pflanzen verfügbar (siehe auch Tabelle unten).

steuerte Stoffwechsel im Boden am intensivsten. Für die Gartenkultur bleibt uns die Erkenntnis, daß wir niemals falsch handeln, wenn wir mit der Natur arbeiten und die sinnreichen Stoffkreisläufe mit unseren naturgemäßen Kulturmaßnahmen begleitend unterstützen.

Bodenreaktion und Pufferung: pH-Wert

Die Bodenreaktion, angezeigt durch die Säuregrade des pH-Wertes, beeinflußt maßgeblich die Eigenschaften des Bodens sowie seine Umsetzungsprozesse und das Pflanzenwachstum.

pH ist die Abkürzung von potentia hydrogenii (= Kraft des Wasserstoffes). Der pH-Wert gibt an, wieviel elektrisch geladene Wasserstoffteilchen (Ionen) in einer wäßrigen Lösung, z. B. der Bodenlösung, enthalten sind; dabei wirken hohe Anteile sauer und geringe Mengen alkalisch. Böden mit pH-Werten um 7,0 werden als neutral bezeichnet.

Der pH-Wert eines Bodens ist auch vom Laien mit einfachen Hilfsmitteln, mit Indikatorpapier oder Hand-pH-Meter, selbst bestimmbar.

Die pH-Werte unserer Gartenböden zeigen uns an, ob eine Kalkdüngung zur Neutralisierung der Bodenlösung notwendig ist. Verfolgen wir ferner über einen längeren Zeitraum die pH-Werte des Bodens, erhalten wir Rückschlüsse über seine Eigenschaften. Wenn es nämlich gelingt, allein durch regelmäßige organische Düngung mit Kompost, Mulchen und Gründünger

den pH-Wert zu verbessern, ist ein hochwertiger Bodenzustand erreicht; zumindest sollte der pH-Wert durch die Kulturmaßnahmen konstant erhalten bleiben.

Sind dagegen regelmäßige Kalkgaben dringend erforderlich, müssen die Ursachen schwerwiegender sein. In diesen Fällen sollte die herkömmliche Anbauweise sorgfältig überprüft werden, und Umstellungen der Bewirtschaftung sind sicherlich unvermeidbar. Unsere Kulturpflanzen können nur in bestimmten pH-Wertbereichen des Bodens leben (siehe Übersicht unten). Ihre Optimalbereiche sind abhängig von der Bodenart.

Angemessene pH-Werte der Böden können auch die nachteiligen Wirkungen von Schadstoff-Immissionen auf das Bodenleben, Pflanzenwachstum und Nahrungsqualität vermindern.

Spricht man vom Boden als **Pufferungssystem,** so ist gemeint, daß z. B. durch saure Düngemittel, Schadstoffe oder sauren Regen der pH-Wert nicht oder kaum verändert werden kann. Für Pflanzen und Bodenorganismen ist die Pufferung deswegen von Bedeutung, weil sie gegen plötzliche pH-Wert-Änderungen besonders empfindlich

Ansprüche der Kulturpflanze

Pflanzenarten	Bereiche der pH-Werte
Moorbeet- und Heidepflanzen sowie Kultur-Heidelbeeren	3,5–5,5
Koniferen	5,0–6,5
Rasen	5,5–7,0
Sauerkirschen	5,5–6,5
Süßkirschen	6,5–7,5
Kernobst, Beerensträucher, Pflaumen und Zwetschen	6,0–7,0
Tomaten, Gurken, Rettich, Radies, Spargel und Rhabarber	5,5–7,0
Bohnen, Erbsen, Kopfkohl, Sellerie	6,0–7,0
Möhren, Schwarzwurzel, Zwiebeln, Spinat	6,5–7,5

Zwiebeln gedeihen am besten bei Boden-pH-Werten zwischen 6,5 und 7,5.

Gurken mögen leicht saure Böden mit pH-Werten zwischen 5,5 und 7.

sind. Überdurchschnittliches Pufferungsvermögen haben Gartenböden, die über längeren Zeitraum mit hochwertigen Komposten versorgt und zudem konsequent gemulcht wurden.

Bodenbiologie

Überwiegend unauffällig für uns verlaufen die Lebensvorgänge im Boden und dennoch spielen sie die Schlüsselrolle für dessen Aufbau sowie für die Fruchtbarkeit und das Pflanzenwachstum. In einem Gartenboden bis 0,20 m Krumentiefe kann die Menge Mikroorganismen 7% betragen, das sind immerhin 42 kg organische Masse je 100 m². Den Bodenorganismen obliegt die Aufgabe, abgestorbene organische Substanzen im Boden abzubauen und zu wertvollen Humusformen weiterzuentwickeln. Bei diesen Prozessen werden neben Kohlendioxid Mineralstoffe für die Pflanzenernährung freigesetzt.

Das Bodenleben insgesamt wird als Edaphon bezeichnet und besteht aus Boden-

flora und Bodenfauna, den pflanzlichen und tierischen Bodenlebewesen.

Bodenflora

Die pflanzlichen Organismen (siehe auch ab Seite 35) überwiegen an Zahl und Umfang ihrer Tätigkeit.

Am häufigsten ist die große Gruppe der **Bakterien** tätig.

Die einzelligen, bereits auch myzelbildenden **Strahlenpilze** (Aktinomyceten) gelten als Übergangsformen von Bakterien und Pilzen.

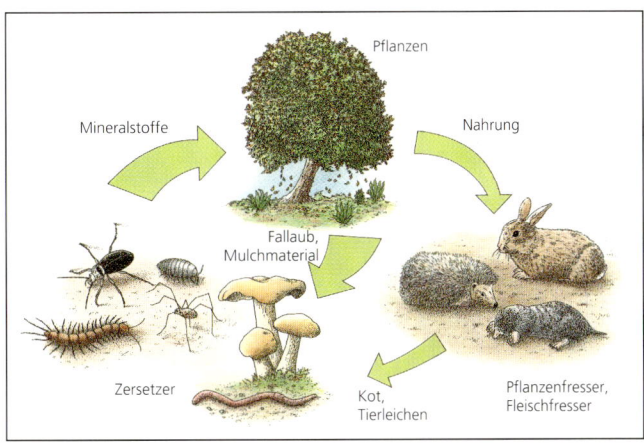

Ohne Bodenleben kann kein Leben gedeihen: Pflanzen sind die Nahrung für Tiere (Pflanzen- und letztlich auch Fleischfresser), zersetzende Lebewesen, wie z.B. Pilze oder Regenwürmer, bereiten aus Kot, Tierleichen, Fallaub usw. die Mineralstoffe für die Pflanzen.

Echte Pilze sind **Schimmel-, Schleim-** und **Hutpilze,** die mit ihrem Mycel (Pilzfäden) den Boden durchwachsen und sporenbildende Organe besitzen.

Die Gruppe der autotrophen, d. h. der chlorophyllführenden, **Grün-, Blau-** und **Kieselalgen** ist recht unterschiedlich im Boden verteilt anzutreffen.

Zusammenfassend kann zu den Lebensansprüchen im Boden festgestellt werden, daß überwiegend Bakterien, Strahlenpilze sowie Blau- und Kieselalgen optimal bei pH-Werten von 6,0–8,0 gedeihen. Pilze, auch Grünalgen, haben geringere Nährstoffansprüche, vermögen sich Nährstoffe besser anzueignen und dominieren in saureren Böden. Festsitzende Bakterien und Pilze befinden sich an den Wänden der luftgefüllten Bodenporen. Pilze überziehen diese mit ihrem Geflecht und können in die Hohlräume hineinwachsen, nematodenfressende Arten fangen mit ihren Schlinghyphen die Beute.

Bodenfauna

Auch bei den tierischen Bodenorganismen überwiegt die Mikrofauna (Mikrofauna = Tiere nicht größer als 2 mm) an Zahl und Artenumfang (siehe auch ab Seite 36) . So dominieren die einzelligen Protozoen, die Urtierchen. Schwimmend bewegen sich Geißel- und Wimpertierchen, Amöben, Räder- und Bärtierchen. In besonders großer Zahl sind Nematoden, die Fadenwürmer, im Boden anzutreffen, von denen verschiedene Arten als Parasiten die Wurzeln höherer Pflanzen schädigen. Umfangreich sind auch die Arten der Milben und Springschwänze, die organische Substanz mechanisch zerkleinern und für den weiteren Abbau für Bakterien und Pilze aufbereiten. Zu den bodenbiologisch bedeutendsten Tiergruppen zählen die Erdwürmer, darunter die Regenwürmer, die im besonderen ausführlicher behandelt werden sollen.

Zu den Krebstieren gehören die Asseln, recht artenreich sind die Vierfüßer als Streuzersetzer. Käfer und Zweiflügler leben nur immer zeitweilig in bestimmten Entwicklungsstadien im Boden, auch Schnecken, Spinnen und Ameisen. Wirbeltiere, die den größten Teil ihres Lebens im Boden verbringen, sind Maulwurf, Mäuse, Hamster und Kaninchen.

Das Vorkommen und die Besatzdichte von Bodentieren ist abhängig von dessen Hohlraumvolumen, von organischen Stoffen, von der Bewirtschaftung und dem Bodenklima. Tiere sind Indikatoren des Bodenzustandes und können als sogenannte „bodenanzeigende Tiere" für eine schnelle Bodenbeurteilung mitberücksichtigt werden (siehe Seite 135).

Regenwürmer

Ist genügend organische Masse vorhanden, „durchackern" schätzungsweise 2 000 kg Regenwürmer die Fläche von einem Hektar. Die einheimische Regenwurmfamilie hat etwa 50 Arten. Maximal zehn, meist nur vier, kommen in gärtnerischen Böden nebeneinander vor.

Regenwürmer ernähren sich von abgestorbenen Pflanzenteilen, die sie nachts in die tieferen Bodenregionen ihrer Gänge verfrachten. In den einzelnen Verdauungsabschnitten werden dem aufgenommenen Gemisch von organischen und mineralischen Bestandteilen Sekrete zugesetzt, intensiv durchmischt und belebt. Daraus entstehen die hochwertigen Ton-Humus-Komplexe in den nährstoffangereicherten Wurmlosungen (siehe Tabelle zum Wurmkompost auf Seite 31).

Regenwürmer sind Bohrgräber. In ihren senkrechten Gängen wachsen die Pflanzenwurzeln gerne in die tieferen Bodenhorizonte. Dies ist besonders für die Wurzelentwicklung in verdichteten Böden von wesentlicher Bedeutung.

Gemulchte Gartenböden bieten Regenwürmern eine angenehme Schutzzone bei deren Tätigkeit der Nahrungssuche.

Durch neuere Untersuchungen mit Hilfe der Computertomographie konnte am Institut für Bodenforschung in Müncheberg festgestellt werden, daß Regenwürmer oftmals kein durchgängiges Röhrensystem vom Oberboden zum Untergrund anlegen. Mit ihrem Kot verstopfen sie Röhrenabschnitte, so daß eindringendes Wasser nicht auf dem schnellsten Wege abfließt, sondern gestaut wird und über das wasserleitende Porensystem des Bodens versickert. Dadurch wird der Weg zum Grundwasser verlängert und die Filterwirkung des Bodens verbessert.

In belasteten Böden nehmen sie mit der Nahrung auch Schadstoffe auf, die in der ausgestoßenen Losung aber in geringerer Menge wiedergefunden werden, weil sie sich im Körper der Würmer anreichern können. Mehrfach wiederholte Anwendungen von Pflanzenschutzmitteln, teilweise auch von biologischen Präparaten sowie erhöhte Salzkonzentrationen durch Düngergaben, verschlechtern die Lebensbedingungen der Regenwürmer. Der günstigste pH-Wert des Bodens für sie liegt zwischen 5,5 und 7,0.

Regenwürmer

Der Boden als Pflanzenstandort

Gründiger Boden bietet den Pflanzen Wurzelraum für sicheren Stand und stellt für das Wachstum Nährstoffe und Wasser bereit. Andererseits schützt die Pflanzendecke die Bodenoberfläche und damit das Bodenleben vor Witterungseinflüssen, sie verhindert die nachteilige Plantschwirkung aufschlagender Regentropfen, schützt vor Verschlämmen und Verkrusten sowie vor Wind- und Wassererosionen.

Die wachsende Wurzel folgt entweder vorhandenen Poren oder versucht durch Eigendruck der Wurzelspitzen bis 15 bar/cm^2 den Boden zu durchstoßen. Das Wurzelbild kann uns also Hinweise für die Standortbeurteilung geben.

Abgestorbene Pflanzenwurzeln werden zu Gängen und Lockerungszonen für Bodentiere oder nach der Stoffzersetzung zu biogenen Poren. Über Wurzelausscheidungen

Der Besatz an Regenwürmern ist ein Maßstab für die Bodenfruchtbarkeit. Er ist mit dem **Regenwurmtest** nach folgender Anleitung bestimmbar:
❀ Boden in etwa 5 cm Tiefe mit dem Spaten abschürfen,
❀ die Testfläche 0,75 × 0,75 m abmessen und kennzeichnen,
❀ die angeschnittenen Regenwurmgänge auszählen und auf 1 m^2 umrechnen (0,75 × 0,75 = 0,50 × 2 = 1 m^2).
Angestrebter Regenwurmbesatz für Ackerböden = 500 Regenwurmgänge, für Gartenböden 1000 Regenwurmgänge je m^2.
Böden mit hohem Regenwurmbesatz haben auch hohe Anteile anderer Bodenlebewesen. Der jeweilige Wurmbesatz ist abhängig von der Nahrung und Witterung. Steigt die Zahl der Regenwurmgänge bei mehreren wiederholten Messungen an, ist die Bodenbewirtschaftung richtig.

Pflanzen finden auf einem gesunden Boden sicheren Stand und ausreichend Nährstoffe.

und wahrscheinlich auch durch Biophotonen verständigen sich die Pflanzenarten untereinander, begründen damit die Zusammenhänge der Pflanzenverträglichkeit untereinander. Ihre praktische Anwendung finden diese Erkenntnisse im naturgemäßen Gartenbau durch Mischkulturen mit Pflanzenarten, die sich gegenseitig in ihrer Entwicklung fördern.

Bodenbeurteilung nach Zeigerpflanzen und Zeigertieren

Die natürliche Vegetation und die Fauna eines Standortes erlauben Rückschlüsse auf wichtige Eigenschaften des Bodens. Nachdem in unseren Gärten kaum chemische Unkrautbekämpfungen erfolgen und naturgemäße Bewirtschaftung sich mehr und mehr durchsetzt, geben Unkrautflora und Tierwelt recht zutreffende Hinweise über die Struktur von Böden, deren Wasser- und Nährstoffhaushalt. Natürlich wird die Aussage jeweils bekräftigt, wenn mehrere charakteristische Arten gleichzeitig nebenein-

Einseitige Kulturführung, vor allem langfristige Monokulturen, sind Gründe für die nicht seltenen Erscheinungen der **Bodenmüdigkeit.** Besonders empfindsam dafür sind bekanntlich die Pflanzenarten aus der Familie der Rosengewächse, also neben den eigentlichen Zierrosen unsere meisten Baumobstarten. Die Ursachen der Bodenmüdigkeit konnten noch immer nicht ausreichend erklärt werden. Die Erkenntnisse konzentrieren sich auf toxische Ausscheidungen der Pflanzenwurzeln oder von Mikroorganismen und auf Nematoden beziehungsweise Bodenpilze als Schädiger. Zur Sanierung können im naturgemäßen Gartenbau nur biotechnische Maßnahmen in Betracht kommen. Mit Hilfe der Gründüngung, durch Ansaat von Tagetes und Ringelblumen oder Kapuzinerkresse, unterstützt mit wiederholten Gaben von hochwertigem Kompost und Mulchen, sowie weitgestellten Fruchtfolgen ist der Bodenmüdigkeit entgegenzuwirken. Nur wenn es gelingt, den Humuszustand und die Bodenaktivität optimal zu gestalten, dürfen wir am sichersten eine Bodengesundung erwarten.

ander vorgefunden und zudem sich zugehörige Bodentiere ermitteln lassen.

Folgende ausgewählte Zeigerpflanzen geben Hinweise über Bodenstruktur, Bearbeitungsfehler, Wasser- und Humushaushalt, Stickstoff- und Kalkzustand, Bodenreaktion und Bodenart:

Zeigerpflanzen

❀ **Verdichtete Böden**: Breit-Wegerich *(Plantago major)*, Strahlenlose Kamille *(Matricaria matricarioides)*, Gänsefingerkraut *(Potentilla anserina)*, Ackerfuchsschwanz *(Alopecurus myosuroides)*

❀ **Lockere, gut durchlüftete Böden:** Acker-Vergißmeinnicht *(Myosotis arvensis)*, Echter Erdrauch *(Fumaria officinalis)*

❀ **Trockene Böden:** Wegwarte *(Cichorium*

Rosen und alle Rosengewächse sind gegen Bodenmüdigkeit besonders empfindsam.

intybus), Feld-Thymian *(Thymus serpyllum)*, Ackerziest *(Stachys arvensis)*, Weißer Steinklee *(Melilotus alba)*, Floh-Knöterich *(Polygonum persicaria)*

❀ **Frische Böden:** Hundsveilchen *(Viola canina)*, Acker-Hellerkraut *(Thlaspi arvensis)*, Löwenzahn *(Taraxacum officinale)*

❀ **Staunasse Böden:** Sumpf-Schachtelhalm *(Equisetum palustre)*, Binsen *(Scirpus-Arten)*, Ackerminze *(Mentha arvensis,* Abb. auf Seite 134*)*, Kriechender Hahnenfuß *(Ra-*

nunculus repens), Schlangen-Knöterich *(Polygonum bistorta)*, Wald-Sumpfkresse *(Rorippa silvestris)*, Gemeines Rispengras *(Poa trivalis)*, Huflattich *(Tussilago farfara)*

❀ **Humusreiche Böden:** Vogel-Sternmiere *(Stellaria media)*, Efeublättriger Ehrenpreis *(Veronica hederifolia)*, Rote Taubnessel *(Lamium purpureum,* Abb. auf Seite 134*)*, Schwarzer Nachtschatten *(Solanum nigrum)*

❀ **Humusarme Böden und ungünstige Bodengare**: Echte Kamille *(Matricaria chamomilla)*, Hirtentäschel *(Capsella bursa pastoris)*, Hungerblümchen *(Draba verna)*

❀ **Stickstoffreiche Böden:** Gemeines Kreuzkraut *(Senecio vulgaris)*, Große Brennnessel *(Urtica dioica,* Abb. auf Seite 134*)*, Kohl-Gänsedistel *(Sonchus oleraceus)*, Weg-Malve *(Malva neglecta)*, Roßminze *(Mentha spicata)*

❀ **Stickstoffarme Böden:** Hasenklee *(Trifolium arvense)*, Wilde Möhre *(Daucus carota)*, Gemeines Leinkraut *(Linara vulgaris)*, Gemeiner Hornklee *(Lotus corniculatus)*, Hornkraut *(Cerastium arvense)*, Weinberg-Lauch *(Allium vineale)*, Kanadisches Berufskraut *(Erigeron canadensis)*

❀ **Saure, kalkarme Böden:** Hederich *(Raphanus raphanistrum)*, Wald-Ehrenpreis *(Veronica officinalis,* Abb. auf Seite 134*)*, Kleiner Sauerampfer *(Rumex acetosella)*, Sand-Stiefmütterchen *(Viola canina)*, Hühnerhirse *(Panicum crus-galli)*, Spörgel *(Spergula arvensis)*, Pechnelke *(Viscaria vulgaris)*

Breit-Wegerich zeigt verdichtete Böden an.

Acker-Vergißmeinnicht zeigt lockeren Boden an

Wegwarte – ein Zeichen für trockene Böden

Ackerminze

Rote Taubnessel

Echte Kamille

❀ **Schwach saure bis neutrale Böden:** Echte Kamille *(Matricaria chamomilla)*, Klatschmohn *(Papaver rhoeas)*, Acker-Hellerkraut *(Thlapsi arvense)*, Ackerwinde *(Convulvulus arvensis)*, Echtes Labkraut *(Galium verum)*, Ackerziest *(Stachys arvensis)*

❀ **Neutrale bis alkalische, meist kalkhaltige Böden:** Ackersenf *(Sinapis arvensis)*, Großer Ehrenpreis *(Veronica austriaca)*, Gemeiner Wundklee *(Anthyllis vulneria)*, Kohl-Kratzdistel *(Cirsium oleraceum)*, Rittersporn *(Delphinium consolida)*

❀ **Leitpflanzen für Sandböden:** Sand-Vergißmeinnicht *(Myosotis micrantha)*, Saat-Wucherblume *(Chrysanthemum segetum)*, Sand-Hohlzahn *(Galeopsis segetum)*, Hungerblümchen *(Draba verna)*, Grasnelke *(Armeria maritima)*

❀ **Leitpflanzen für Lehmböden:** Acker-hahnenfuß *(Ranunculus arvensis)*, Esparsette *(Onobrychis vicifolia)*, Ringelkraut *(Mercurialis annua)*, Acker-Gänsedistel *(Sonchus arvensis)*, Ackerröte *(Sherardia arvensis)*, Flughafer *(Avena fatua)*

❀ **Leitpflanzen für Tonböden:** Gänse-Fingerkraut *(Potentilla anserina)*, Kriechender Hahnenfuß *(Ranunculus repens)*, Teufelsauge *(Adonis aestivalis)*.

Zeigertiere

Bodenanzeigende Tiere bestätigen hilfreich die Schnelldiagnose mit Leitpflanzen. Aus der Vielfalt der Bodentier-Lebensgemeinschaften sind nachfolgende Arten besonders charakteristische Zeigertiere:

Brennesseln

Wald-Ehrenpreis

Ackerwinde

Hungerblümchen

Ackerhahnenfuß

Gänse-Fingerkraut

Tausendfüßerarten: bei kalk-, kalium- und phosphorverarmten Böden, dagegen nicht bei Stickstoffmangel.

Springschwänze: sie kennzeichnen Böden mit reichlicher Nährhumusversorgung, guter Bodengare sowie reichlichen Kalium- und Phosphatgehalten.

Asseln: sie brauchen immer feuchte Lebensräume.

Weberknechte und Schneckenkanker: bekannt als kalkanzeigende Tiere, sind in unbelasteten humusreichen Böden naturnaher Gärten häufiger zu finden.

Raubmilben: sind besonders wichtig für die biologische Schädlingsbekämpfung, häufig in ungestörten Gärten lebend. Hemmend auf die Entwicklung der nützlichen Raubmilben sind hohe anorganische Düngung und chemische Pflanzenschutzmaßnahmen.

Springschwänze zeigen Böden mit reichlicher Humusversorgung an.

Laufkäferarten: sie vertilgen Schnecken und andere wirbellose Gartenschädlinge. Der Gold-Laufkäfer zeigt schwere Böden an. Kanal- und Putzkäfer finden wir auf feuchteren Standorten. Schnellkäfer kennzeichnen

Den Gold-Laufkäfer findet man auf schwereren Böden.

leichte Böden und Grabläufer trockenen Bodenzustand. Der Großkopf bevorzugt magere, trockene Böden, und die Dammläufer der *Nebria*-Arten sind Humusanzeiger.

Bedeutung des Humus im Boden

Was verstehen wir unter Humus? Allgemein betrachtet umfaßt der Begriff Humus die Gesamtheit aller organischen Substanzen in und auf dem Boden. Es sind dies die Reste abgestorbener Pflanzen und Tiere und deren Umwandlungsprodukte. Strenggenommen ist Humus allerdings nur diejenige Substanz, die bereits weitgehende Veränderungen erfahren hat. Die Zellstrukturen sind aufgelöst und selbst mikroskopisch ist die Herkunft der Ausgangsstoffe, ob z. B. pflanzlicher oder tierischer Art, nicht mehr zu erkennen.

Humus gibt dem Mutterboden die dunkle Farbe und gilt allgemeinhin als Inbegriff der Fruchtbarkeit. Humus ist ein noch leichter zugänglicher Vorratsspeicher und Puffer für Nährstoffe als die Tonmineralien. Auch der Verbesserung des Wasser- und Lufthaushalts durch Humusstoffe im Boden gilt die besondere Aufmerksamkeit. Das Vermögen, bis zum Fünffachen des Eigengewichtes an Wasser zu speichern bedeutet, daß bei ausreichender Humusversorgung je nach Bodenart die Wasserverfügbarkeit nahezu verdoppelt werden kann.

Die Eigenschaft besserer Bodendurchlüftung hängt mit der Fähigkeit der Humusstoffe zusammen, Bodenteilchen zu dauerhaften Krümeln zu verkitten. Die so entstehende Krümelstruktur des Bodens ist also ein vielfältiges Luftspaltensystem, das vortrefflich die Bodenatmung gewährleistet. Humushaltige krümelige Böden können auch stärkere Niederschläge besser aufnehmen, vorteilhaft verteilen und Erosionen vorbeugen.

Zur Mengenberechnung der organischen Substanz wird der ermittelte Kohlenstoffgehalt mit dem Faktor 2,0 multipliziert; denn nach Scheffer-Schachtschabel besteht die organische Trockensubstanz im Boden mit 45–50% zur Hälfte aus Kohlenstoff (C), des weiteren aus 44% Sauerstoff (O), 7% Wasserstoff (H) und 0,5–3,0% Stickstoff (N).

Die wichtigsten in der Natur anzutreffenden Humusformen sind Mull, Rohhumus und Moder.

Mull ist die günstigste Humusform nährstoffreicher, aktiver Böden mit pH-Werten um 7,0 und ausreichendem Tongehalt. Es bestehen die besten Voraussetzungen zur Bildung stabiler organo-mineralischer Verbindungen. Typisch für Mull ist ein frischer angenehmer Erdgeruch.

Rohhumus finden wir auf untätigen Böden des Nadelwaldes, saurer Wiesen und

Allgemeine Humusuntersuchungen geben uns zwar Auskunft über die Menge der organischen Substanz im Boden, jedoch ohne Aussage über die Qualität des Humus. Wer künftig naturgemäß seinen Garten bewirtschaften will, sollte durch weitergehende Untersuchungen mehr über den Humusgehalt seines Bodens zu erfahren trachten. Mit Chromatest und Humuswertbestimmung nach Lübke (siehe Seite 143) erhält man Aussagen über die tatsächliche Bodenentwicklung und die biogene Güte des durch Bodenuntersuchungen festgestellten Humusgehaltes. Nach den üblich ermittelten Gehalten an organischer Masse erfolgt die Klassifizierung der Böden mit folgenden Bezeichnungen:

Humusarm (h'')	= 1,0%	organische Substanz
Schwach humos (h')	= 1,0 – 2,0%	
Humos (h)	= 2,0 – 4,0%	
Stark humos (<u>h</u>)	= 4,0 – 10,0%	
Humusreich (<u>h</u>)	= 10,0 – 15,0%	

Heideflächen. Die Zersetzung der organischen Masse ist stark gehemmt. Rohhumus ist sehr sauer. Bei der Rohhumus-Melioration (dem Kulturfähigmachen) kann durch Kalkung, Stickstoffdüngung und Vermischung mit der obersten Bodenschicht die Entwicklung zu Moder- und Mullhumus eingeleitet werden.

Moder als locker-krümeliges Gefüge wird unter ungünstigen Standortbedingungen gebildet. Die Zersetzung organischer Stoffe ist wegen Bodenversauerungen beeinträchtigt. Moder gilt als charakteristische Humusform der Sandböden mit einer Zwischenstellung von wertvollem Mull und geringgeachtetem Rohhumus.

Humushaltiger Boden

Mull – die günstigste Humusform entsteht in lichtreichen Laubwäldern vor allem aus dem herabfallenden Laub.

Nährhumus und Dauerhumus

Organische Substanz wird beim Abbau im Boden oder Komposthaufen unterschiedlich rasch umgewandelt. Alle grünen Weichteile von Pflanzen zeigen eine schnelle Zersetzung mit beinahe restlosem Verzehr durch die Bodenorganismen. Verholztes Material dagegen wird nur langsam zersetzt mit einem anschließenden Um- und Aufbau stabilerer Humusformen.

Für die beiden Humusarten, als Nähr- und Dauerhumus bezeichnet, sind folgende Merkmale charakteristisch:

Nährhumus ist die schnelle und reichhaltige Nahrungsquelle für die Mikroorganismen im Boden. Gründüngung, grüne Ernterückstände und Unkräuter haben hohe Anteile leicht umsetzbarer organischer Substanz für Nährhumus. Die Krümelstruktur wird durch Lebendverbauung gefördert, und die Bildung von Wirkstoffen beim Abbau dieser organischen

Substanzen sollten wir für Bodenleben und Pflanzengesundheit nicht unterschätzen.

Dauerhumus ist schwer mineralisierbar, dient bevorzugt der nachhaltigen Strukturverbesserung des Bodens. Aus bestimmten Ausgangsmaterialien hat sich also eine beständige Humusart entwickelt, die wichtig für die Dauerfruchtbarkeit der Kulturböden ist.

Bodenpflege – Bearbeitung mit schonenden Geräten

Gartenkultur ist mehr als begrünte Natur. Mit intensiver Bewirtschaftung werden von unseren Gartenböden regelmäßig hohe Erträge gefordert. Deshalb sind fortlaufend Eingriffe in die natürlichen Kreisläufe unumgänglich. Wenn dies allerdings in schonendster Art und Weise geschieht und mit Maßnahmen, die das Regenerierungsvermögen des Bodens nicht überfordern, sondern die Leistung im Laufe der Jahre sogar noch steigern können, entsprechen wir den Kriterien naturgemäßer Gartenbewirtschaftung. Dazu gehört bedeutsam auch die überlegte Bodenpflege mit geeigneten Geräten für eine stets schonende Bearbeitung.

Böden, auch unsere Gartenböden, entwickeln sich in Schichten mit unterschiedlichen Aktivitäten und wechselndem Besatz der Bodenlebewesen. Jede Vermischung dieser Schichtungen ist ein störender Eingriff in die Gefüge-Dynamik des Bodens.

Durch wiederholtes Lockern, Mischen oder Wenden wird mit viel Aufwand ein künstliches Lockergefüge bei offener Krume geschaffen. Diese instabile Oberflächenstruktur wird in der Regel bereits beim nächsten Regen wieder gefährdet und der Boden verkrustet erneut. Besonders

Kultivator

Fortsetzung auf Seite 140

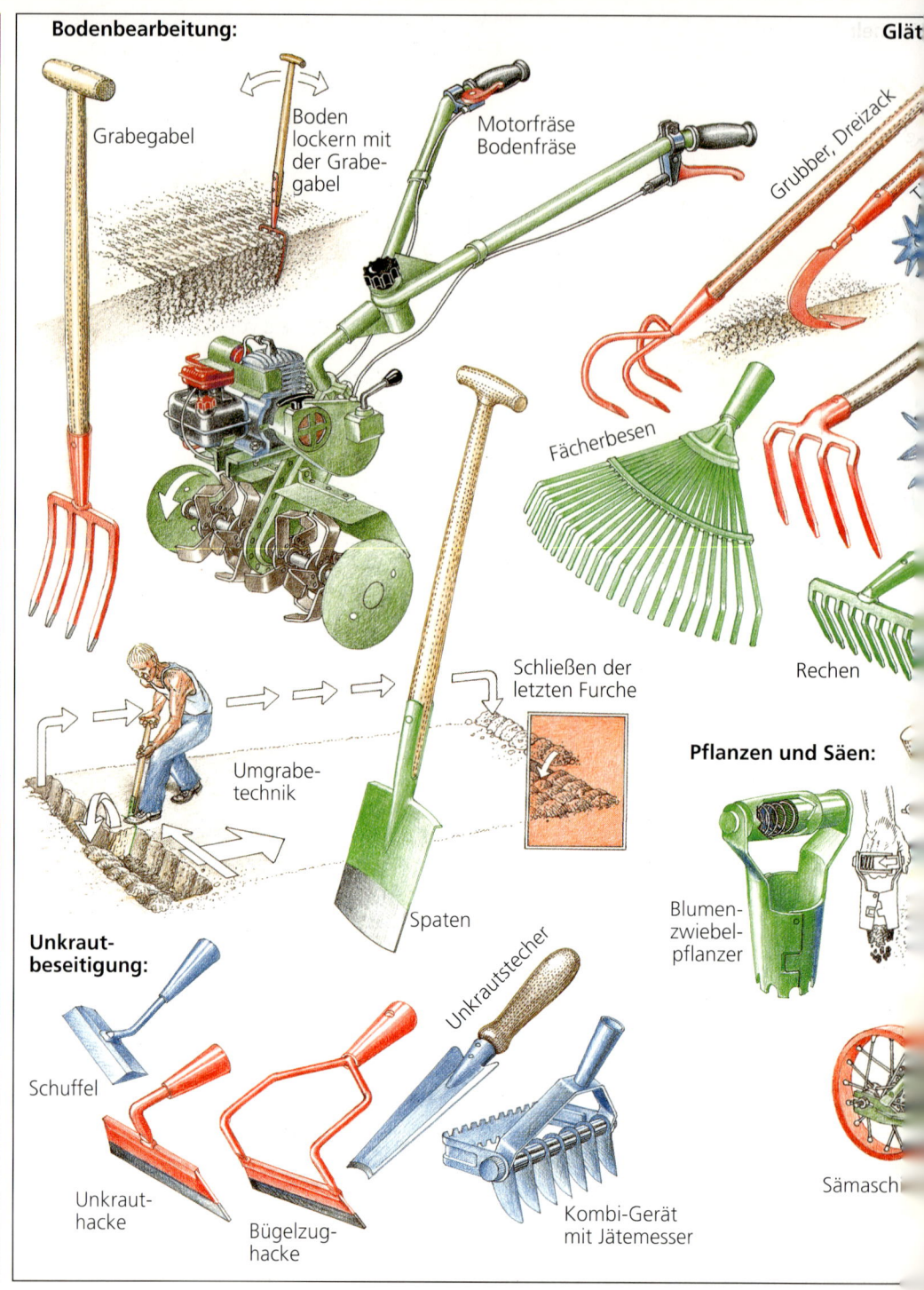

Bodenbearbeitung: Glät

Grabegabel

Boden lockern mit der Grabegabel

Motorfräse Bodenfräse

Grubber, Dreizack

Fächerbesen

Rechen

Umgrabetechnik

Schließen der letzten Furche

Spaten

Pflanzen und Säen:

Blumenzwiebelpflanzer

Unkrautbeseitigung:

Schuffel

Unkrauthacke

Bügelzughacke

Unkrautstecher

Kombi-Gerät mit Jätemesser

Sämaschi

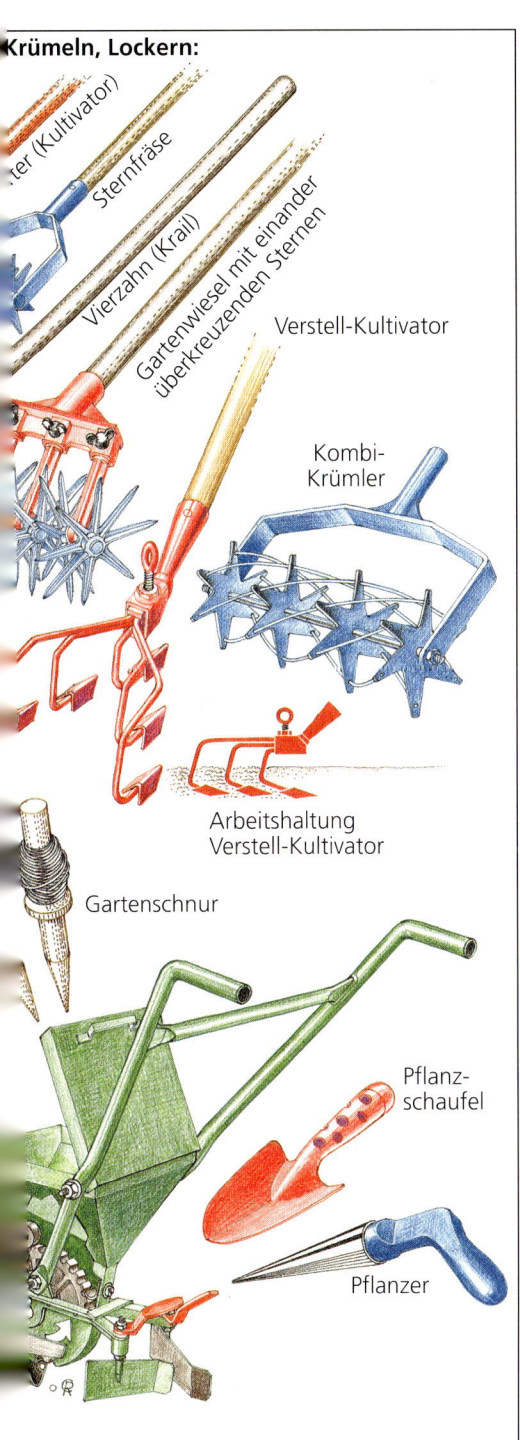

Krümeln, Lockern:

...ter (Kultivator)

Sternfräse

Vierzahn (Krail)

Gartenwiesel mit einander überkreuzenden Sternen

Verstell-Kultivator

Kombi-Krümler

Arbeitshaltung
Verstell-Kultivator

Gartenschnur

Pflanz-schaufel

Pflanzer

Gartengeräte

Die Bearbeitung des Bodens soll keine unangenehme Belastung sein. Mit bewährten Geräten kann diese Tätigkeit kräftesparend ausgeführt werden. Deshalb sollten die Geräte schon bei der Anschaffung sorgfältig ausgewählt werden.

Für die **Bodenbearbeitung** stehen Grabegabel, Spaten und Motorfräse (Bodenfräse) zur Verfügung (oben links). Mit der Grabegabel wird der Boden gelockert; ihr sollte immer der Vorzug vor dem Spaten gegeben werden!

Zum **Glätten, Krümeln** und der oberflächlichen **Lockerung** des Bodens verwendet man die verschiedensten Geräte (oben rechts): Grubber (auch Dreizack genannt), Tiefenlüfter (Kultivator), Sternfräse, Gartenwiesel mit überkreuzenden Sternen, Verstellkultivator, Kombikrümler, Fächerbesen und Rechen. In der Regel soll das Lockern immer nur oberflächig erfolgen, um das Bodenleben nicht unnötig zu stören. Kultur- und bodenschonendes Hacken erfolgt am besten auf mäßig feuchten Böden.

Für die **Unkrautbeseitigung** (unten links) verwendet man eine Schuffel, Unkrauthacke, Bügelzughacke, den Unkrautstecher oder aber ein Kombigerät mit Jätemesser. Jätemesser, dolch- oder sichelartig, sind am besten geeignet, besonders zur Entfernung von Wurzelunkräutern.

Auch für das **Säen** und **Pflanzen** gibt es die unterschiedlichsten Geräte zur Hilfe (unten rechts): Mit dem Blumenzwiebelpflanzer lassen sich leicht Pflanzlöcher für Blumenzwiebeln in die Erde bohren, Pflanzschaufel und Pflanzer sind weitere Hilfsgeräte beim Pflanzen; sie sorgen dafür, daß Pflanzenwurzeln, Zwiebeln und Knollen ohne große Mühe in die richtige Tiefe kommen. Klein-Sämaschinen garantieren eine korrekte Samenverteilung und sparen dabei meist Saatgut. Häufler sind schneepflugartig geformte Handpflugkörper, die vor allem zum reihenweisen Anhäufeln von Kartoffeln, Lauch, Bleichsellerie, Kohl, Buschbohnen, Erbsen usw. eingesetzt werden.

Mit dem verstellbaren Rillenzieher lassen sich gleichmäßige Saatrillen ziehen.

Handhäufelpflug zum Anhäufeln bei der Kultur von Lauch

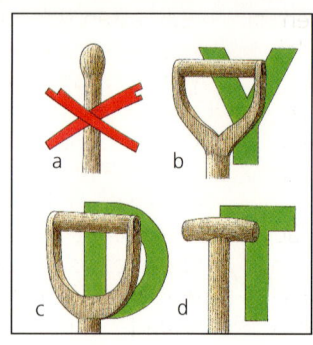

Griformen von Grabegabel und Spaten: a Knopfgriff, b Y-Griff, c D-Griff, d T-Griff

nachteilig und schwer zu regenerieren sind Gefügeschäden von zu feucht bearbeiteten tonigen Böden. Das Offenhalten von Böden mit wiederholter Oberflächenbearbeitung kann nach den heutigen Erkenntnissen nur bei besonders schwierigen tonhaltigen Böden (wegen besserer Durchlüftung) akzeptiert werden und wenn dann die Bearbeitungen jeweils zum günstigsten Zeitpunkt erfolgen. Auch in diesen Fällen sollte in der Zeit höchster Bodenaktivität, also in den wärmsten Sommermonaten, eine Bearbeitungspause folgen. Zu häufig wird gerade dann durch Hacken und andere Bearbeitungsmaßnahmen das weniger sichtbare Feinwurzelwerk, die Nährwurzeln, zerstört.

Statt sich selber mit schweren Bodenarbeiten zu plagen, sollte man vielmehr die Natur zu Bodenarbeiten veranlassen, durch Sommer- und Wintermulch, unter Berücksichtigung der Bodenart (siehe Seite 69).

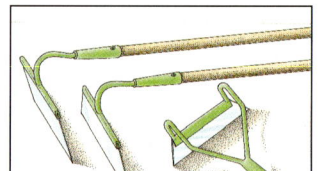

Zur Bodenlockerung und Unkrautbekämpfung werden Stoß-, Zieh- und Schlaghacken verwendet.

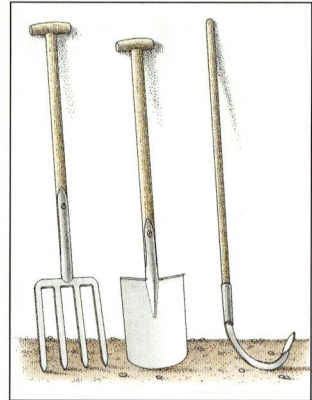

Spaten (Mitte) zum Wenden, Grabegabel (links) und Sauzahn (rechts) zum Lockern des Bodens

Geräte für die Bodenbearbeitung

Die Bearbeitung unserer Gartenböden erfolgt in den vier nachfolgend genannten Hauptaufgabenbereichen mit geeigneten Geräten:

1. Bodenbearbeitung zur Saat und Pflanzung mit Saatrillen und Pflanzlöchern: Dazu muß der Boden, besonders im Frühjahr, genügend abgetrocknet sein. Es erfolgt flache Bearbeitung mit dem Vierzahn (Krail), Beetkrümler oder Handkultivator durch Ziehen und nicht durch mischendes Umgraben oder Hacken. Auch Aufreißen mit dem Sauzahn und nachfolgendem Arbeitsgang mit dem Beetkrümler ist sinnvoll. Auf größeren Flächen macht die Gartenfräse die Beete in einem Arbeitsgang saat- und pflanzfertig. Die Feinarbeit zur Saatbeetherstellung geschieht im Garten jedoch im allgemeinen mit Holz- oder Eisenrechen. Mit dem abstandverstellbaren Rillengerät lassen sich zur Hilfestellung gleichmäßige Saat- und Pflanzrillen ziehen.

2. Einbringen von Saatgut, organischen Düngern und Ernterückständen sowie Arbeiten zur Flächenkompostierung:
Meist erfolgen im Garten Handaussaaten in die vorbereiteten Saatrillen. Wenn größere Flächen zu säen sind und eine exakte Saatablage erforderlich ist, übernehmen Sägeräte diese Aufgabe. Organische Dünger, auch zerkleinerte Ernterückstände nach dem Anwelken, werden zur Flächenkompostierung nur flach eingearbeitet und nicht vergraben, damit eine schnelle Rotte ablaufen kann.

3. Mechanische Unkrautbekämpfung und Bodenlockerung durch Hacken:
„Die Kulturen wollen großgehackt werden", sagen die alten Gärtner. Wird die Hackarbeit mit den genannten Einschränkungen durchgeführt, ist besonders auf schweren Böden eine bessere Durchlüftung der oberen Bodenschicht gegeben und unproduktive Verdunstung durch Unterbrechung der Kapillarsysteme möglich. Nach neueren Erkenntnissen ist schwacher Unkrautbesatz im Bestand nicht nachteilig, eher bodengesundend, solange die Schadschwelle, gemessen an der Zahl der Unkräuter je m², nicht überschritten wird. Die Hackarbeit erfolgt auch wegen Krafteinsparung und der besseren aufrechten Körperhaltung ziehend statt gebückt werkelnd. Auch Häufeln der Pflanzreihen im fortgeschrittenen Kulturzustand, besonders bei Lauch, Kartoffeln, auch Kohl und Sellerie, ist noch üblich, bedeutet zugleich mechanische Unkrautbekämpfung und gibt den Pflanzen eine höhere Standfestigkeit. Alle Hackarbeiten bringen wegen besserer Durchlüftung des Bodens auch verstärkten Abbau der organischen Masse in der Krume.

4. Umgraben oder Wenden des Bodens:
Schonender als mit dem Spaten arbeitet man mit der Grabegabel. Noch immer sind die Meinungen für oder wider das anstrengende Umgraben geteilt. Als Kompromiß

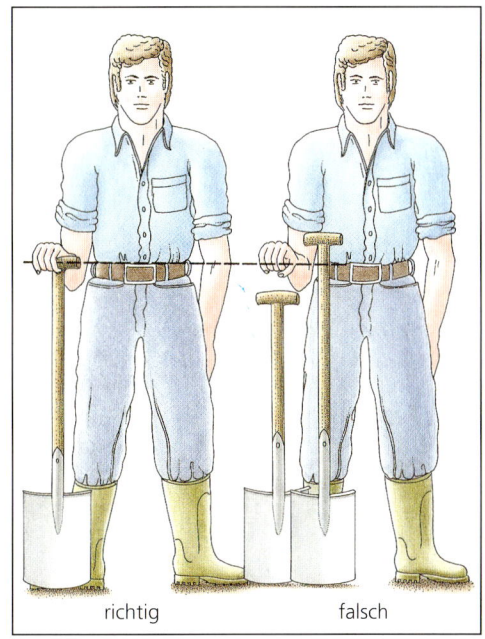

richtig   falsch

Optimale Stiellänge des Spatens: links richtig, rechts falsch. Dies gilt auch für die Grabegabel.

könnte gelten, daß leichtere humose fruchtbare Böden im Herbst nicht, schwerere dagegen, zumindest nur im Abstand von mehreren Jahren, umgegraben werden und im Sommer, wenn überhaupt, dann nur ganz flach.

Bodenbewertung und Bodenuntersuchung

Jeder Boden hat seine eigene Entwicklung, seine Geschichte und Besonderheiten. Unterschiedlich sind Bodenart, Kulturzustand, aber auch Ton-, Humus- und Nährstoffgehalte, die schließlich seine Ertragsleistung bestimmen. Als vielgliedriger Organismus gleicht der Boden manchen Kulturfehler und manche Mißhandlung vorübergehend aus. Dauerhafte Mißwirtschaft gefährdet allerdings seine Lebensfähigkeit und Fruchtbarkeit.

Bodenprofil

Außer den bekannten Bodenanalysen zur Ermittlung der Nährstoffgehalte, Bestimmung der Bodenart und des Humushaushaltes, brauchen wir zur Bewertung eines Bodens Kenntnisse über seinen Schichtenaufbau und über das **Bodenprofil.** Sie geben uns Aufschluß über Art und Mächtigkeit der einzelnen **Bodenhorizonte,** über deren Struktur und Zustandsstufe, Durchwurzelung, Regenwurmbesatz, Stauwasserspuren und Höhe des Grundwasserstandes. Profil-Untersuchungen bedingen Aufgrabungen mit rechteckigen Gruben bis mindestens 1 m Tiefe. Senkrechte Wände geben zuverlässige Einblicke über die Schichtenlagerung und lassen uns die Bodenhorizonte am besten bestimmen. Die ausführliche Profildarstellung enthält Angaben über Bodenart, Mächtigkeit der Schichten sowie

Bodenprofil eines gesunden Bodens, zu erkennen an der durch Humus verursachten Verfärbung, vor allem aber an der Durchwurzelung und den Regenwurmgängen

aller festgestellten Strukturveränderungen der Bodenhorizonte und ist deshalb unverzichtbar für eine gründliche Bodenbewertung. Einfacher und schneller kann auch das Bodenprofil mit Hilfe eines Tiefenbohrers untersucht werden. Oftmals sind kurzfristig schnelle Bodenbewertungen erforderlich. Dabei kann das Abtesten mit einem Meßstab Hinweise geben über den Verdichtungsgrad unserer Gartenböden. Bei garen, fruchtbaren Böden muß der Probestab mit dem Druck einer Hand mindestens 0,40 m eindringen können. Zur Schnellbestimmung helfen ergänzend auch Zeigerpflanzen und Zeigertiere (siehe Seite 132 und 134).

Bodenuntersuchungen

Nur wer seinen Gartenboden gut kennt, wird ihn auch richtig behandeln. Auskünfte über

Entnehmen einer Bodenprobe:
Links: **1.** *In einer bestimmten Fläche im Garten werden an wenigstens einem Dutzend Stellen spatentief Bodenproben entnommen.*
Rechts: **2.** *An der Seite kratzt man mit einem Löffel Erde von unten nach oben ab und sammelt sie mit den anderen Proben in einem Eimer. Die Bodenproben werden im Eimer intensiv gemischt.*

den Nährstoffzustand, über pH-Wert und Humusgehalte geben allgemeine Bodenuntersuchungen. Mit den Befunden erhält man von den Instituten pauschale Empfehlungen zur weiteren Bodenbehandlung und Düngung. Gewiß, Bodenuntersuchungen sind nur Momentaufnahmen, aber wer seinen Gartenboden alle drei

Im Labor wird der Boden untersucht.

bis fünf Jahre untersuchen läßt und die Beratungen auch befolgt, kann sicherlich oft Düngerkosten einsparen.

Bei der Umstellung auf naturgemäßen Gartenbau ist eine Bodenprobe deshalb sinnvoll, um die tatsächliche Ausgangsbasis zu kennen, damit die spätere Entwicklung richtig beurteilt werden kann. Wer allerdings schon über einen längeren Zeitraum bereits mit Erfolg naturgemäß wirtschaftet, den interessieren weniger die absoluten Nährstoffgehalte, auch der pH-Wert hat sich sicherlich

inzwischen natürlich eingespielt. In diesen Fällen möchte man meist gerne mehr wissen über Bodenaktivität und Humusentwicklung als Ausdruck der Bodenfruchtbarkeit und natürlich auch über das Ergebnis der eigenen Bemühungen gezielter Bodenpflege. Für Gärten mit organisch-biologischem Anbau sind Bodenuntersuchungen in Speziallabors üblich mit der Zellzahlenbestimmung für die Bereiche der mikrobiellen Boden- und Plasmagare.

Für die eigenhändige Probeentnahme sind die jeweiligen Anleitungen unbedingt sorgfältig zu befolgen, damit nicht hierbei schon gravierende Fehler entstehen, die das Untersuchungsergebnis verfälschen können. Das gilt insbesondere für Stickstoffuntersuchungen, den sog. N-min-Proben, die gekühlt, besser eingefroren, auf schnellem Weg zum Labor gelangen müssen. Für Analysen auf Phosphor, Kalium, Magnesium und pH-Wert sind dagegen keine besonderen Behandlungen erforderlich. Die ordnungsgemäß gezogenen Proben, aus einem Gemisch von mindestens 20 Einstichen je Fläche, können sogar vor dem Einsenden getrocknet werden.

Chromatest

Um mehr über die Bodenentwicklung und die Qualität des Kompostes zu erfahren, kann neben der Bestimmung der organischen Masse ein Chromatogramm mit dem inneren Bild des Bodens, seine biologische Aktivität, weiterhelfen. Mit dem sog. **Chromatest,** entwickelt von Dr. Erwin Pfeiffer und von dem österreichischen Bodenforscher Siegfrid Lübke zur Praxisreife ausgebaut, werden gelöste Substanzen auf Filterpapier getrennt, mittels Reagens sichtbar gemacht. Es entstehen charakteristische Far-

Oben: 3. Ca. 500 g der Bodenprobe kommen in einen Kunststoffbeutel und werden gut verschlossen und mit Ihrer Anschrift versehen. Diese Bodenprobe schickt man zur Untersuchung an ein Bodenuntersuchungsinstitut (Adressen siehe Seite 151).

Chromatest Boden:
Tonreicher Boden, seit etwa zehn Jahren nach naturgemäßem Anbau konsequent bewirtschaftet, inzwischen recht ertragssicher, jedoch noch in weiterer Entwicklung.
Untersuchungsergebnisse: Organische Masse = 3,7%, Humuswert nach Lübke = 17, daraus ermittelte Humusmeßzahl = 1:4,5 (bekanntlich soll die angestrebte Humusmeßzahl möglichst 1:2,5 bis 1:3 erreichen).

Chromatest Kompost:
Junger, nur wenige Monate alter Frischkompost, vorwiegend aus holzigen Kompostrohstoffen und pflanzlichen Gartenresten in niederen Mieten ohne hohe Erhitzung hergestellt. Ohne Zuschlagstoffe zur Beschleunigung und Steuerung der Rotte.
Untersuchungsergebnisse: Organische Masse = 13,0%, Humuswert nach Lübke = 18, daraus errechnete Humusmeßzahl = 1:1,4.

ben und Bildformen als Ringe, Punkt- und Zackenausprägungen, die Aufschlüsse vermitteln über den Zustand des Bodens. Im Vergleich mit bekannten Chromabild-Beispielen läßt sich der beprobte Boden einordnen und beschreiben. Es ist keinesfalls beabsichtigt, mit dem Chromatest andere Untersuchungsverfahren zu ersetzen. Chromatogramme sind eine instruktive Hilfe bei weitergehenden Beurteilungen von Böden und Komposten. Der Chromatest ist auch deshalb sympathisch, weil er von jedermann mit Hilfe schriftlicher Anleitung erlernbar und anwendbar ist. Unser gefundenes Chromabild gibt beispielsweise Auskunft über die mikrobielle Aktivität im Kompost, den Entwicklungszustand der organischen Masse und der Qualität des Humus, Mineralisierung, Garezustand des Bodens und Bearbeitungsfehler. Es ist sinnvoll, die Chromabilder

zu sammeln. Wenn etwa zweimal im Jahr von derselben Fläche Proben untersucht worden sind, dürfen wir davon besonders aufschlußreiche Aussagen erwarten.

Humuswertbestimmung

Die ebenfalls von Siegfried Lübke entwickelte Methode der Humuswertbestimmung zeigt die tatsächliche biologische Wertigkeit des vorgefundenen Humusgehaltes eines Bodens. Gefundener Humusgehalt, d. h. die mit üblicher Analyse bestimmte organische Masse mal dem Faktor von mindestens 2,5, ergibt die wünschenswerte Humusmeßzahl, die mit der Humuswertbestimmung nach Lübke (Adresse siehe Seite 151) nachgeprüft werden kann. Die Humusmeßzahl ist eine konkrete Aussage über die tatsächliche Humusqualität.

Jahres-Arbeitskalender

Januar

Allgemeine Arbeiten	❁	Aufstellen eines Fruchtfolge-, Gründüngungs- und Humusbedarfsplanes
	❁	Gartengeräte überprüfen, reparieren, einölen, auch ersetzen
	❁	Schneidmesser von Gartenhäckslern bei Bedarf erneuern
Kompost	❁	Schreddern von Schnittholz, Heckenschnittmaterial u. ä.
	❁	Eigenbau und Reparaturarbeiten an Kompostern, Umzäunungen u. a.
	❁	Haufenkompostierung: anfallendes Material aus Küche und Hof sofort mit Erde bedecken
	❁	Reste von Reifkompost verteilen, jedoch nicht auf gefrorene Böden
Mulchen	❁	Gemulchte Obstjunganlagen auf Mäuseschäden überwachen
Bodenpflege	❁	Humusgehalte und Schadstoffe untersuchen lassen (Untersuchungsstellen siehe Seite 151)

Februar

Allgemeine Arbeiten	❁	Mistbeet mit Laub und Stallmist packen und gegen Ende des Monats die ersten Aussaaten vornehmen
	❁	Hügel- und Hochbeete anlegen
	❁	Durch Samenkeimprobe feststellen, ob vorhandene Sämereien noch keimfähig sind
	❁	Schnitt der Sichtschutzsträucher an der Kompostanlage und Häckseln des Schnittholzes
Kompost	❁	Haufenkompost umsetzen, sofern nicht gefroren, mit Strohschicht bedecken
	❁	Kompostsilo: Kontrolle der Rotteentwicklung
	❁	Gemeinschafts-Kompostierung mit Interessenten überlegen
Bodenpflege	❁	Im Kleingewächshaus Boden mit Kompost verbessern

März

Allgemeine Arbeiten	❁	Staudenbeete abräumen und Reifkompost geben
	❁	Im Kräutergarten Abdeckmaterial wegnehmen und Rückschnitt, organisches Material kompostieren, Kräuterbeete mit Reifkompost düngen
Mulchen	❁	Wintermulch wegnehmen, damit Boden schneller erwärmen kann, Reste auf Kompostmiete

	❀ Häcksel- und Rindenmulch auf Gartenwegen aufbringen als Schutz vor Bodenverdichtungen
Pflanzenernährung	❀ Rasennarbe mit Fertigkompost düngen, ca. 1 cm dicke Auflage
	❀ Obstbäume und Sträucher mit Kompost düngen
Gründüngung	❀ Aussaat von Spinat, auch zwischen den Reihen von Gemüse
Bodenpflege	❀ Neupflanzungen von Bäumen und Sträuchern: Bodenverbesserung durch Kompost (mit Erde durchmischt) und Gaben von Bentonit in den Pflanzgruben, vor allem auf leichten Böden (Verbesserung der Quellfähigkeit und damit des Wasser- und Nährstoffhaushaltes)

April

Allgemeine Arbeiten	❀ Winterabdeckung der Rosen wegräumen, zerkleinern und kompostieren, Rosenbeete mit Kompost düngen
	❀ Rasenflächen jetzt neu anlegen
	❀ Hecken pflanzen, evtl. auf Kompostgräben des Vorjahres
	❀ Kräuterbeet bepflanzen und besäen
Kompost	❀ Für Schnellkompost, z.B. mit Stroh und Mist, Mieten aufsetzen
Mulchen	❀ Dünne Mulchschichten im Nutzgarten, z.B. mit erstem Rasenschnittgut
	❀ Strauchbeerenobst mulchen
	❀ Ende April schwarze Mulchfolien für Gurken und andere Kulturen auslegen
Pflanzenernährung	❀ Wichtiger Zeitpunkt für die Düngung der Erdbeeren zwischen den Reihen mit Fertigkompost
Gründüngung	❀ Aussaat von Senf und Schmetterlingsblütlern (Leguminosen)

Mai

Allgemeine Arbeiten	❀ Ziersträucher nach der Blüte schneiden, Holz schreddern, mulchen oder kompostieren
	❀ Kapuzinerkresse, Ringelblumen oder Borretsch auf Baumscheiben säen
	❀ Bei Neuanlagen von Hügelbeeten trockenes Material kräftig wässern
	❀ Im Gemüsegarten Mischkulturen bevorzugen
	❀ Kübelpflanzen in neue, kompostangereicherte Erde umsetzen und Balkonkästen bepflanzen
Kompost	❀ Kompostmiete mit Stroh oder Matten aus Schilf vor Austrocknung schützen
	❀ In besonderen Fällen Kompostierung in Gruben und Löchern möglich (siehe Seite 34)
	❀ Am Rand des Komposthaufens Kürbisse säen zur späteren Bedeckung und Beschattung

Mulchen	✱	Strauchbeerenobst mit anfallendem zerkleinertem organischem Material mulchen
	✱	Im Obstgarten nach der Blüte neu mulchen
	✱	Erdbeeren: Stroh als Unterlage und Mulch
Pflanzenernährung	✱	Rosen und Koniferen mit Kompost düngen
Bodenpflege	✱	In Rabatten Boden leicht bearbeiten und Rindenhumus aufbringen

Juni

Allgemeine Arbeiten	✱	Erdbeeren während der Erntezeit bei Trockenheit kräftig wässern
Kompost	✱	Beste Zeit für Schnellkompostierung hat begonnen
	✱	Mietenkompostierung: eventuell Material von Nachbargärten mitverwenden
	✱	Rasenschnitt anwelken lassen und mit Häckselgut zusammen kompostieren
	✱	Kompostwasser (Komposttee, siehe Seite 55) für flüssige Kopfdüngung herstellen, auch Kübelpflanzen und Balkonblumen damit regelmäßig düngen
Mulchen	✱	Kein nackter Boden, sondern sofort immer mulchen oder eingrünen
	✱	Auf Mulchdecke Gesteinsmehl und eventuell Kompostbeschleuniger streuen
	✱	Tomaten und Paprika mulchen, ebenso Zucchini und Gurken
	✱	Rasenmulch sorgfältig praktizieren
Pflanzenernährung	✱	Kürbis mit kräftiger Kompostgabe füttern
Gründüngung	✱	Untersaat, z.B. mit Kichererbsen oder Erdklee

Juli

Kompost	✱	Kräuterreste unter Kompostmaterial für Mietenkompostierung mischen (oder unter Mulch mischen)
	✱	Mieten umsetzen, Schnellkompost nach drei bis vier Wochen; auf genügend Feuchtigkeit achten
	✱	Kompostierhilfsmittel fördern die schnelle Rotte
	✱	Mietenkompostierung mit Kleintiermist und Unkräutern als Zusätze
Mulchen	✱	Ernterückstände, auch Schnittgut vom Sommerschnitt, zerkleinern, mulchen oder flächenkompostieren
	✱	Obstgarten mit Rasenschnitt mulchen, bei Jungbäumen nicht zu dicke Mulchschichten um den Stamm legen
Pflanzenernährung	✱	Spargelanlagen mit organischen Düngern versorgen
	✱	Starkzehrende Gemüsearten, wie z.B. Kohlarten und Sellerie, mit Kompost, auch flüssig mit Kompostwasser, nachdüngen
	✱	Mit Kompost nachdüngen, auch bei den Kübelpflanzen
Gründüngung	✱	Freiwerdende Beete sofort mit Gründüngung einsäen und mit Schnellkomposten nachmulchen

August

Allgemeine Arbeiten	❋	Reste vom Sommerschnitt, auch der Hecken, häckseln und verwerten, eventuell Sommerhügelbeet anlegen, allerdings nur mit gut durchfeuchtetem Material
	❋	Lauch (Porree) anhäufeln, um weiße Stangen zu erhalten
	❋	Chinakohl pflanzen, dabei Boden vorbereiten mit Algenkalk zur Vorbeugung gegen Kohlhernie
	❋	Rasen vertikutieren und Filzmaterial verkompostieren
	❋	Kraut von Frühkartoffeln zerkleinern und kompostieren
Kompost	❋	Kompostgruben für Sommerkompostierung herstellen
	❋	Kompostpflege durch Umsetzen, Wässern, vor Sonne schützen
Mulchen	❋	Mulchen mit Frischkompost, Vorsicht bei jungen Gemüsepflanzen!
	❋	Mulchbedeckte Flächen nach längerer Trockenheit einmal kräftig wässern
	❋	Erdbeeren in schwarze Mulchfolien pflanzen
	❋	Mulchfolien nicht auf trockene Böden aufbringen
Gründüngung	❋	Gründüngungspflanzen für Spätherbst und Winter säen

September

Allgemeine Arbeiten	❋	Herbstkulturen mit Feldsalat, Spinat, Endivien und Winter-Kopfsalat bestellen
	❋	Günstigster Zeitpunkt zum Pflanzen von Nadelgehölzen
Kompost	❋	Wandermiete bauen und mit Ernteresten Kompostierung beginnen
	❋	Mit Wiesenschnitt Schnellkompostmieten anlegen
	❋	Gemüse-Erntereste kompostieren
Mulchen	❋	Mulchen und Flächenkompostierung mit zerkleinerten Ernterückständen
Pflanzenernährung	❋	Rhabarber mit Frischkompost versorgen
	❋	Nach der Tee-Ernte von mehrjährigen Kräutern mit Kompost nachdüngen
Gründüngung	❋	Flächenbegrünen mit Breitsaaten von Spinat und Feldsalat oder für Gründüngung mit den schnellwachsenden Arten Senf und Raps; Vorsicht: bei Kohlhernie keine kreuzblütigen Gründüngungspflanzen!
Bodenpflege	❋	Bodenvorbereitung für Staudenpflanzung

Oktober

Allgemeine Arbeiten	❋	Herbstlaub zerkleinern, mulchen und kompostieren
	❋	Laub auf Rasen geben und mit Rasenmäher zerkleinern, gleichzeitig mit Grasschnitt mischen und z.B. in Solar- oder Thermokomposter geben
	❋	Bei Baum- und Strauchpflanzungen Kompost in die Pflanzlöcher geben
	❋	Staudenreste häckseln und kompostieren

❄ Jetzt Blumenzwiebeln pflanzen

❄ Reisig- und Steinhaufen anlegen als Winterquartiere der Garten-Nützlinge, wie z.B. Igel, Spitzmäuse usw.

Kompost ❄ Bei Kohlernte **keine** herniekranken Kohlstrünke in die Kompostmiete geben

Mulchen ❄ Wintermulch, in mindestens 5 cm starken Schichten, kann auf abgeernteten Beeten beginnen

Gründüngung ❄ Späte Gründüngungssaaten

November

Allgemeine Arbeiten ❄ Rosenbeete mit Fertigkompost versorgen, Winterschutz mit Fichtenreisig oder Anhäufeln; Hochstämmchen auch umlegen und in Boden eingraben

❄ Schutzdecke für empfindliche Stauden und Rhabarber, z.B. mit Stalldungschicht oder Rindenhumus

❄ Kräutergarten: mehrjährige Arten zurückschneiden; empfindliche Kräuterarten einwintern; Beete von ein- und zweijährigen mit Wintermulch versehen

❄ Nutzgarten: Boden nicht graben, Ausnahme sehr schwere Böden, Fertigkompost ausbringen und darüber Winterdecke legen

❄ Obst- und Ziergehölze pflanzen und den Boden der Pflanzgrube mit Kompost verbessern

Kompost ❄ Laub mit Ernterückständen zusammen kompostieren

❄ Mietenkompostierung – eventuell Schutz **mit** gebrauchten Folien vor starker Vernässung

❄ Kompostsilo leeren, damit für Winterfüllung verfügbar

Mulchen ❄ Laub zwischen Strauchreihen, auch auf Baumscheiben geben

Dezember

Allgemeine Arbeiten ❄ Winterschnitt der Obstbäume und Sträucher, Schnittmaterial häckseln oder als Unterschicht für Hoch- und Hügelbeete verwenden

❄ Koniferen bei anhaltend trockenem Winterwetter wässern

❄ Wildschutz überprüfen!

Kompost ❄ Kompostplatz (Kompostei) aufräumen

❄ Wege zum Kompostplatz und zwischen den Mieten mit Platten befestigen

❄ Kompostsilo und Überdachung von Kompostplätzen selbst herstellen

❄ Tonnen für Kompostwasser und Kräuterjauche vor Frostbeginn leeren

❄ Aus Kompost Blumen- und Anzuchterden herstellen und regengeschützt lagern

❄ Auswertung der Gartenaufzeichnungen für das neue „Kompostjahr"

Glossar

Aktinomyceten: einzellige Strahlenpilze, Übergangsform zwischen Bakterien und niederen Pilzen.

Alternativer Gartenbau: Methoden des sogenannten Biologischen oder Ökologischen Landbaues. „Ifoam" = Internationale Vereinigung biologischer Landbaubewegungen, Eisenbahnstraße 28 – 30, 67655 Kaiserslautern.

Bindungskräfte: von Bodenart und Humusgehalt sowie Tonmineralien abhängiges Wirkungspotential, um Wasser und Nährstoffe an das Bodengerüst zu binden.

Biologisch-dynamischer Gartenbau: in Anlehnung an den biologisch-dynamischen Landbau der Anthroposophen nach Rudolf Steiner.

Bodengare: Begriff gibt es nur in der deutschen Sprache. Idealzustand des Bodens, gekennzeichnet durch stabile Krümelstruktur. Bildlich ist der Vergleich mit garem Brotteig.

Bodenhorizonte: sind die einzelnen Schichten des Bodenprofils. A-Horizont = Oberboden, B-Horizont = Einwaschungs- oder Unterboden, C-Horizont = Untergrund, Ausgangsgestein.

Bodenprofil: vertikale Folge verschiedener Schichten (Bodenhorizonte) ergeben das Bodenprofil.

Bodenschätzung: erfolgt mit sogenannten Bodenzahlen. Diese sind ein Maß für die Bodenfruchtbarkeit und somit für den wirtschaftlichen Wert von Feldern und Wiesen, nach dem die Steuern festgesetzt werden. Man geht bei der Bodenschätzung von dem Boden aus, der die größte natürliche Fruchtbarkeit hat mit der höchstmöglichen Bodenzahl 100 und ordnet die zu schätzenden Böden hiernach ein.

Bodentypen: Böden mit gleichem Entwicklungszustand und daher gleichem Bodenprofil, z.B. Braunerde, Schwarzerde, Podsol, Pseudoglei u.a.

Chromatest-Chromatographie: Verfahren, um Unterschiede in der Bodenqualität farbgraphisch darzustellen. In der Chromatographie können auf Filterpapier gelöste Substanzen getrennt und mittels eines Reagens sichtbar gemacht werden. Der Chromatest, ursprünglich von Dr. Erwin Pfeiffer in USA für die Bodenbeurteilung entwickelt, wurde von Siegfried Lübke, Österreich, zur Praxisreife ausgebaut.

Dauermulch: ständige, mehrjährige Mulchschicht.

Flächenkompostierung: im Gegensatz zum Mulchen wird das zerkleinerte organische Bedeckungsmaterial leicht in den Oberboden eingearbeitet.

Flüssigdünger: zu unterscheiden sind wassergelöste Mineraldünger, vergärte Jauchen aus organischen Stoffen und Kompostwasser. Sie werden eingesetzt, um schnelle Wachstumswirkungen zu erzielen.

Haufenkompostierung: Mietenkompostierung, auch für Schnell- und Spezialkomposte geeignet.

Howard/Balfour: alternatives Bewirtschaftungssystem nach Sir Albert Howard, dem Begründer des Indore-Kompostierverfahrens, und Lady Balfour, in Indien begonnen und in England weiter entwickelt.

Humifizierung: Prozeß der Humusbildung aus organischer Masse.

Humine: schwarze Bauelemente der Huminstoffe; entstehen durch Alterung der Humate.

Huminsäuren: Bauelemente der Huminstoffe, z. B. Grauhuminsäure und Braunhuminsäure, deren Salze als Humate bezeichnet werden.

Huminstoffe: dunkle, feinzerteilte Stoffe mit leimartiger Beschaffenheit, großen Oberflächen und der Fähigkeit, Wasser und Nährstoffe besser als Tonminerale austauschbar einzulagern.

Humuswirtschaft: humusorientierter Bodenaufbau und Humuspflege im naturgemäßem Gartenbau.

Indikatorpflanzen: bodenanzeigende Pflanzen können zusätzlich Hinweise geben zur schnelleren Bodenbeurteilung.

Jean Pain: spezielles Kompostierungsverfahren für Gestrüpp und Unterholz von Wäldern; geschickte Kombination von Haufenrotte und Mulchen.

Kopfdüngung: dosierte Düngergabe während der Vegetationszeit, meist mit Flüssigdüngern oder schnellwirkenden Mineralsalzen.

Krümelbildung: Vorgang Humusstoffe mit Bodenteilchen zu dauerhaften Krümeln zu verkleben; Körpersubstanzen und Rückstände aus der Tätigkeit der Kleinstlebewesen bilden mit Gerüststoffen die sichtbaren Bodenkrümel.

Krümelstruktur: angestrebter idealer Zustand für Gartenböden, gewährleistet hohe und sichere Erträge.

Krume: oberste bearbeitete Schicht von Kulturböden in ca. 15 – 30 cm Stärke.

Lemaire-Boucher: alternatives Bewirtschaftungsverfahren für Landwirtschaft und Gartenbau, nach den französischen Begründern Raoul Lemaire und Jean Boucher benannt.

Makrobiotischer Gartenbau: alternatives Bewirtschaftungsverfahren nach Rudolf Kraft, geisteswissenschaftlich in Anlehnung an die Lehre des Zen-Buddhismus.

Mazdaznan-Gartenbau: mit der religiösen Begründung der Mazdaznan-Lehre nach Dr. Otto Hanisch, die nach Vergeistigung und Vollendung des Menschen strebt.

Mineralisation: Abbau und Umwandlung toter organischer Substanz durch Mikroorganismen. Die freiwerdenden Mineralstoffe sind im Kreislauf der Elemente Grundlage für das Wachstum der Pflanzen.

Mykorrhiza: Lebensgemeinschaft (Symbiose) zwischen Pilzen und Wurzeln höherer Pflanzen.

Nährmulch: Mulchdecke mit leicht zersetzbarer organischer Mulchmasse, die düngend wirkt.

Organisch-biologischer Gartenbau: alternative Bewirtschaftungsmethode nach Dr. Hans Müller und Dr. med. Peter Rusch auf der Basis eines gesunden, lebendigen Bodens, vor allem durch ganzjährige Bedeckung mit organischer Masse.

pH-Wert: gibt den Säuregehalt an, Gradmesser für die Bodenreaktion.

Plasmagare: Begriff des organisch-biologischen Land- und Gartenbaues für die Humusbildung im fortgeschrittenen Entwicklungsstadium.

Porenvolumen: Summe der Hohlräume eines Bodens.

Pufferwirkung: Vermögen eines Bodens durch Austauschvorgänge seinen Reaktionszustand (pH-Wert) nur wenig zu verändern.

Rohhumus-Melioration: Maßnahmen mit Hilfe von Kalk und

Stickstoffgaben aus Rohhumus wertvollere Entwicklungsformen zu erreichen.

Sommermulch: wiederholtes, dünnes, lückenloses Bedecken des Gartenbodens während der Sommermonate.

Ton-Humus-Komplexe: entstehen aus pflanzlichen und tierischen Zersetzungsprodukten in Verbindung mit Tonteilchen.

Tonminerale: entstehen durch Abbau und Umwandlung von Gesteinen. Wesentlich ist die schichtartige Struktur und die Fähigkeit der wichtigsten Tonmineralien, Wasser und Nährstoffionen austauschbar an- und zwischen den Schichten einzulagern. Wichtigste Tonminerale sind Montmorillonit und Illit. Als Ton werden mineralische Bodenteilchen unter 0,002 mm Korngröße verstanden.

Untersaaten: sie können bei höherwachsenden Kulturen mit weitem Reihenabstand als Gründüngungsmaßnahme erfolgen.

Veganistischer Gartenbau: alternative Gartenbewirtschaftung ohne Verwendung von Materialien tierischen Ursprungs als Dünger oder Kompostrohstoff.

Wintermulch: anstelle von Umgraben Schutz des Bodens im Winter mit einer 10 – 15 cm starken Mulchdecke, deren Reste im Frühjahr abgeräumt werden sollen, damit sich der Boden leichter erwärmen kann.

Zellgare: Begriff des organisch-biologischen Land- und Gartenbaues für das aktivste Rottestadium mit starker Zellvermehrung der Mikroorganismen, auch als mikrobielle Bodengare bezeichnet.

Zwischensaat: Einsaat schnellwachsender Gründüngungspflanzen, beispielsweise Senf und Spinat, zur raschen Bodenbedeckung zwischen Erdbeerreihen, Rhabarber und Strauchbeerenobst.

Bodenuntersuchungen, Kompostuntersuchungen

Landwirtschaftliche Untersuchungs- und Forschungsanstalten

Deutschland

Institut für landwirtschaftliche Untersuchungen – LUFA
Gustav-Kühn-Straße 8
D-04159 Leipzig

Landwirtschaftliche Untersuchungs- und Forschungsanstalt Sachsen-Anhalt
Schiepziger Straße 29
D-06120 Halle-Lettin

Landwirtschaftliche Untersuchungs- und Forschungsanstalt Thüringen
Naumburger Straße 98
D-07743 Jena-Zwätzen

Institut für Biotechnologie
Templiner Straße 21
D-14473 Potsdam

Landwirtschaftliche Untersuchungs- und Forschungsanstalt des Landes Mecklenburg-Vorpommern
Graf-Lippe-Straße 1
D-18059 Rostock

Institut für angewandte Botanik der Universität
Marseillerstraße 7
D-20355 Hamburg

Landwirtschaftliche Untersuchungs- und Forschungsanstalt
Gutenbergstraße 75 – 77
D-24116 Kiel

Landwirtschaftliche Untersuchungs- und Forschungsanstalt
Jägerstraße 23 – 27
D-26121 Oldenburg

Landwirtschaftliche Untersuchungs- und Forschungsanstalt
Finkenborner Weg 1 A
D-31787 Hameln

Hessische Landwirtschaftliche Versuchsanstalt
Am Versuchsfeld 13
D-34128 Kassel-Harleshausen

Hessische Landwirtschaftliche Versuchsanstalt
Rheinstraße 91
D-64295 Darmstadt

Landwirtschaftliche Untersuchungs- und Forschungsanstalt
Nevinghoff 40
D-48147 Münster (Westfalen)

Landwirtschaftliche Untersuchungs- und Forschungsanstalt
Siebengebirgsstraße 200
D-53229 Bonn

Landwirtschaftliche Untersuchungs- und Forschungsanstalt
Obere Langgasse 40
D-67346 Speyer

Landesanstalt für landwirtschaftliche Chemie (710) der Universität Hohenheim
Emil-Wolff-Straße 14
D-70599 Stuttgart

Staatliche Landwirtschaftliche Untersuchungs- und Forschungsanstalt Augustenberg
Neßlerstraße 23
D-76227 Karlsruhe

Bayerische Landesanstalt für Bodenkultur und Pflanzenbau
Menzinger Straße 54
D-80638 München

Bayerische Hauptversuchsanstalt für Landwirtschaft der TU München
D- 85354 Freising (Weihenstephan)

Bayerische Landesanstalt für Bodenkultur und Pflanzenbau
Vöttinger Straße 38
D-85354 Freising

Bayerische Landesanstalt für Bodenkultur und Pflanzenbau
Herrnstraße 8
D-97209 Veitshöchheim

Österreich

Bundesanstalt für Bodenwirtschaft
Abt. Bodenuntersuchung
Denisstr. 31 – 33
A-1200 Wien (20. Bezirk)

Höhere Bundeslehr- und Versuchsanstalt für Gartenbau
Grünbergstr. 24
A-1131 Wien-Schönbrunn

Landwirtschaftlich-chemische Versuchsanstalt
Wieninger Str. 8
A-4020 Linz

Landwirtschaftlich-chemische Versuchsanstalt
Rotholz
A-6200 Jenbach/Tirol

Landwirtschaftlich-chemische Versuchs- und Untersuchungsanstalt
Burggasse 2
A-8020 Graz

Schweiz

Eidg. Forschungsanstalt für Obst-, Wein- und Gartenbau
Bodenlabor
CH-8820 Wädenswil

Forschungsinstitut für biologischen Landbau
Bernhardsberg
CH-4104 Oberwil
(Untersuchungen für biologisch-organische Betriebe)

Private Bodenuntersuchungsstellen

Deutschland

Bodenuntersuchungsinstitut Koldingen
Holländerei 22
D-30982 Pattensen 1

Dr. Fritz Balzer
Oberer Ellenberg 5
D-35083 Wetter

Boden & Pflanze
Mooseurach 6
D-82549 Königsdorf

Labor für Umweltschutz und chemische Analytik
Dieter Immekus
Riedholz 46 a
D-88167 Maierhöfen

Österreich

Fam. Lübke
Unterleinsbach
A-4772 Peuerbach
(Chromatest, Humuswert)

Niederlande

Centraal Bodemkundig Bureau Rispens
Dipl. Ing. W. Felderer
Singelstraat 19 – 21
Deventer/Holland
(Untersuchung auf Nährstoffe, pH, Humus, Spurenelemente, Ton-Sandanteil, enzymatische Bestimmung)

Komposter

Dergart-Komposter
Heinrich Metsch
Blumenweg 13
D-30900 Wedemark

Bio-Kompostersack
Thermo-Komposter
Fa. Neudorff GmbH
Postfach 1209
D-31860 Emmerthal

Legi-Drahtkomposter
Legi-Drahtgitterwerk
Im Meerfeld 83
D-47445 Moers

Bio-Container
Silok-Pelzer GmbH
Postfach 65
D-48619 Heek/Kr. Borken

Komposttonne
Wachsendes Kompostsilo
„System Mücke"
Fa. Ing. H. Brandt
Remserweg 44
D- 33428 Harsewinkel

Wurmkomposter
Fa. R. Bindtner
Hochstraße 6
D-56321 Rhens

Werra-Plastik-Komposter
Fa. Werra-Plastik
Industriestraße 2
D- 36269 Philippstal

Mila-Komposter
Draht-Hiltscher KG
Nordring 17
D-76829 Landau

Schwarzwälder Kompostlege
Fa. H. Fleck
D-75387 Neubulach

Bio-Therm
Güttler GmbH
Drosselweg 5
D-73235 Weilheim/Teck

Kompostsilo „Beckmann"
Thermoquick
Ing. H. Beckmann
Simoniusstraße 18
D-88239 Wangen/Allgäu

Solarkomposter
Fa. Normstahl
Normstahlstraße 1 – 3
D-85368 Moosburg/Oberbayern

Kompostsilo Engel
Fa. Engel
Moorweg 22
D-85296 Rohrbach

Kompostsilo „Morill"
Fa. Morill
Kobergerstraße 49
D-90408 Nürnberg

Quelle Komposter
Garten-Quelle
D-90750 Fürth

Komfort-Silo „Soilsaver"
Fa. Steinmax
Dürrnerstraße 1
D-91522 Ansbach

Rotierender Komposter
„Ro-Si"
Fa. Leschen Maschinenfabrik
Ulmer Straße 249
D-86156 Augsburg

Lamellenkomposter
Heinrich Martin
D-91207 Lauf/Pegnitz

Com-Rotter Schnellkomposter
H. Ernst
Postfach 18 44
D-3000 Hannover 1

Therm-Hochleistungs-
komposter
Güttler
Ziegelstraße 16
D-73230 Kirchheim/Teck

remaplan-Komposter
Fa. remaplan
Unterhachinger Straße 75
D-81737 München

Herwi-Komposter
Fa. Herwi
Röllfelder Straße 17
D-63934 Röllbach

Netzkomposter
Fa. Theo Altenburger
Dorfstraße 15
D-72355 Schömberg

Graf-Schnellkomposter
Otto Graf GmbH
Carl-Zeiss-Straße 2 – 6
D- 79331 Teningen

Variokomposter
Fa. WEIKE GmbH
Postfach 2 49
D- 82054 Sauerlach

HK 90, WK 60
Fa. Giger und Hunziger
Hörgelestraße 67
CH-5400 Baden

Kompostierungs-
zubehör

Komposttechnik:
Fa. Claus Rühle
Wasenallee
D-68753 Waghäusel

Kompostthermometer:
K. Zimmermann
Am Damm 5
D-55232 Alzey

Bodentest-Set:
Fa. Neudorff GmbH
Postfach 1209
D-31860 Emmerthal

Teststäbchen für Kompostrei-
feprüfung („Merckoquant"):
E. Merck
Frankfurter Straße 250
D-64293 Darmstadt

Kompost-Service:
Gerhard Schlötterer
Aichelbergstraße 16
D-73760 Ostfildern

Haus- und Gartenservice:
Fa. Otto Graf
Carl-Zeiss-Straße 2 – 6
D-79331 Tenningen
(Lieferant für Kunststofftonnen,
Behälter für Kräuterjauchen etc.,
Komposter)

Kompost-Vlies TOP-TEX:
Fa. Polyfelt GmbH
St. Peterstraße 25
A-4021 Linz

Kompostierungs-
hilfsmittel

Alginure Kompost-Fix
Alginure Werk
Postfach 46
D-7000 Stuttgart 70

Bioco-Kompost
Bioco GmbH
Postfach
D-88145 Hergatz

Biorott
F. Schacht KG
Postfach 4823
D-3300 Braunschweig

Composta, Compovit
Chemische Fabrik Ronza
CH-Basel

Edafil
Helina GmbH
D-33647 Brackwede/Westfalen

Eokomit
Dr. Holzinger u. Co.
D-83209 Prien/Chiemsee

Nitralit, Biokomposter, Radivit
Fa. Neudorff
Postfach 1209
D-31860 Emmerthal

Oscorna-Kompostbeschleuniger
Corna-Werk, Wölper und Co
Postfach 905
D-7900 Ulm

Humofix
Abtei Fulda
Nonnengasse 16
D-36037 Fulda

Fertosan
Varley GmbH
In der Au 1
D-7851 Inzingen

Microbion-O
Hans-J. Grendel
Stephansweg 1a
D-32052 Herford

Compo Naturgarten Komposter
Compo
Postfach 2107
D-4400 Münster

CMC Kompoststarter 550
Fam. Lübke
Unterleinsbach
A-4772 Peuerbach

Biofix-Kompoststarter
Detia Freyberg GmbH
Postfach 9
D-71397 Leutenbach/Bergstraße

FerTo
FerTo H. Rösel
Am Buchrain 4
D-61476 Kronberg

Algimare
Dietrich Schäfer
Mühlenweg 17
D-35305 Grünberg

Kompostierungs-
hilfsmittel für
den alternativen
Gartenbau

Bakterienpräparat für Makro-
bioten – Schnellkompost:
Deutsche Arbeitsgemeinschaft
Bio-Elemente Kraft KG
Lortzingstraße 30
D-74080 Heilbronn-Böckingen

Zusätze für Mazdaznan-Kom-
post:
Diät- und Lebensschule
D-34549 Edertal-Bringhausen

Zusätze für biologisch-dyna-
mischen Kompost
(Präparate 502 – 507):
Institut für biologisch-dynamische
Forschung
Braunolschneise 5
D-64295 Darmstadt

Präparat für organisch-biolo-
gischen Gartenbau
(Symbiflor):
Dr. H.P. Rusch
Mikrobiologisches Labor
D-35745 Herborn

Wurmkompost
und Kompost-
würmer
(Regenwurmfarmen)

Hans-Gerhard Starck
Rosenheimer Straße 27
D-10781 Berlin
(Informationen)

Dallmann & Rundt GmbH
Moorweg 12
D-21261 Welle

Günter Heidbüchel
Gruberhagen
D-23747 Dahme

Erich Maas
Nübbeler Weg
D-24787 Fockbek

Vermi-HUM GmbH
Zum Ebersberg 53
D-31832 Springe

Neudorff GmbH KG
Postfach 12 09
D-31860 Emmerthal
(Bezug über Fachgeschäfte)

Gerlinde Schanze
Schaumburgstraße 20
D-34125 Kassel

Fa. Optimus
Hans-Werner Liesé
Frankfurter Straße 37
D-36179 Bebra-Blankenheim
(Humusvertrieb)

Humusaat Vertriebs GmbH
Parkstraße 11
D-36381 Schlüchtern-Ramholz
(nur Vertrieb von Humus)

Refa Regenwurmfarm
Rolf Kockskämper
Ruthstraße 24
D-45130 Essen
(in erster Linie Würmer)

Heinz-Josef Schlafhölter
Am Loh 21
D-45721 Haltern

Theo Tacke
Regenwurmfarm Kotten
am Klosterdiek
Borkener Straße 40
D-46325 Borken

Udo Werner
Wienkamp rechts 11
D-46354 Südlohn

Heinz Dieter Angelahr
Girlitzweg 8
D-47661 Issum

Ferdinand Otto
Roggendorfer Weg 7
D-50769 Köln

Hans-Peter Kuckelkorn
Wienand-Rosse-Straße 20
D-51375 Leverkusen

Paul Wilms
Rentner-aktiv-Club
Altes Klösterchen
D-54589 Stadtkyll

Georg Peter Sieben
Pariser Straße 90
D-55268 Nieder-Olm

Herwi-Recycling-GmbH
Röllfelder Straße 17 – 18
D-63934 Röllbach

Wurmzuchtfarm „Tennissy Whiggler"
Oskar Angst
Pflügergrund 33
D-68169 Mannheim

Oskar Angst
Gryphiusweg 15
D-68307 Mannheim-Schönau

Hans-Kurt Landenberger
Postfach 88
D-72355 Schömberg

A. Drumm
Am Auerbach 9
D-76307 Karlsbad
(in erster Linie Vertrieb von Würmern, Kompostbehälter)

WKZ Wurmzuchten
Klaus R. Töllner
Rappeneckstraße 4
D-79183 Waldkirch

Dr. Peter Wilde
v.-Schönau-Straße 21
D-79664 Wehr

Wurm- und Humusfarm
Theo Altenburger
Dorfstraße 15
D-79798 Jestetten

Hurmi Wurmzucht
Postfach 11 43
D-84524 Neuötting

Michael Bürger
Buchenstraße 19
D-85411 Hohenkammer
(Humus in kleinen Mengen)

Rolf Bürgel KG
Standenbergstraße 8
D-89438 Holzheim
(„Wurmhunal")

Roland Kuch
Am Steinbruch 30
D-97490 Poppenhausen, Unterfranken

Naturschutzzentrum NRW
Leibnizstraße 10
D-45659 Recklinghausen

Gartenhäcksler

Cramertechnik GmbH
Postfach 12 69
D-26762 Leer-Ostfriesland

Neudorff GmbH KG
Postfach 12 09
D-31860 Emmerthal

Tielbürger KG
Oppenwehe Nr. 284
D-32351 Stemwede

Diadem-Landmaschinen
D-49152 Bad Essen-Wittlage

Pühler KG
Postfach 14 56
D-51702 Bergneustadt

Gloria-Werke
Postfach 11 60
D-59329 Wadersloh/Westf.

Viking GmbH
Postfach 12 28
D-64807 Dieburg

Dalarö-Gartentechnik
E. Zirpel
Burgstraße 3
D-65183 Wiesbaden

Black und Decker GmbH
Black & Decker-Straße 40
D-65510 Idstein/Taunus

AS-Motor GmbH & Co. KG
Lindenstraße 1
D-74420 Oberrot

Möschle Apparatebau
D-77799 Örtenberg-Baden

Normstahl-Werk
Normstahlstraße 129
D-85368 Moosburg/Obb.

Ing. Beckmann
Simoniusstraße 10
D-88239 Wangen/Allgäu
(Schallemission-Gartenhäcksler)

Maschinenfabrik GmbH & Co.
J. Scheppach
D-89335 Ichenhausen

Steinmax-Gartenhäcksler
Postfach 11 05
D-91522 Ansbach

Voere GmbH & Co.
Postfach 4 16
A-6333 Kufstein

Handhäcksler

Fa. Keller
„Biogarten und Gesundheit"
Konradstraße 17
D-79100 Freiburg

Ering Metallwarenfabrik
Ringstraße 1
D-84030 Ergolding

Der grüne Laden
F. und H. Trauffer
Schloß Dätzingen
D-71117 Grafenau

Weiterführende Literatur

Bockmühl, J.: Vom Leben im Komposthaufen. Philosoph.-Anthropos. Verlag Dornach 1979
France', R.H.: Das Leben im Boden – Das Edaphon. Verlag Siebeneicher, München 1973
Kuntze, H. u.a.: Bodenkunde. Verlag E. Ulmer, Stuttgart 1988
Rusch, H.P.: Bodenfruchtbarkeit. Haug-Verlag, Heidelberg 1991
Scheffer, F./Schachtschabel, P.: Lehrbuch der Bodenkunde. F. Enke Verlag, Stuttgart 1992
Seitz, P.: Folien und Vliese für den Gartenbau. Verlag E. Ulmer, Stuttgart 1987
Seitz, P.: Das Kompostbuch für jedermann. Franckh-Kosmos-Verlag, Stuttgart 1990
Sulzberger, R.: Kompost und Wurmkompost. BLV-Verlag, München 1989
Topp, W.: Biologie der Bodenorganismen. Quelle und Meyer-Verlag, Heidelberg 1981
Voitl, H./Guggenberger, E.: Der Chroma-Boden-Test. Orac-Verlag, Wien 1986
Zimmermann, W.: Biobrüter zur Heizung von Kleingewächshäusern. Zeitschrift Garten organisch Nr. 4, 1979.

Mit 184 Farbfotos von
Angermayer/Pfletschinger, Holzkirchen: 36, 135 M., 135 u.
Johannes Apel, Elmshorn: 39
Rolf Bühl, Stuttgart: 118 l.
Gardena, Ulm: 137 u.
Grüne Laden, Grafenau: 51 r.
Güttler GmbH, Kirchheim-Teck: 30 o.
Ellen Henseler, Bonn: 17 r., 84 o. l., 84 o. r., 106 o.
Herwi-Solar-GmbH, Röllbach: 31 o.
Eberhard Morell, Dreieich: 63 u.
Polyfelt Ges.m.b.H., Linz (Österreich): 44
Wolfgang Redeleit, Bienenbüttel: 15 r., 21, 28, 29 l., 30 u., 33 l., 38, 46,
49 u. r., 55 l., 64 l., 64 r., 66 o., 85, 90, 91, 93 o., 93 M., 93 u., 95 o.l.,
95 o.r., 95 u., 96, 121, 122 u., 125 o., 125 u., 126, 136, 142
Reinhard Tierfoto, Heiligkreuzsteinach-Eiterbach: 2/3, 9, 10 o., 14 u., 17 l.,
25 u., 32, 49 o., 57, 61, 65 r., 66 u., 74 r., 75 o.l., 75 o.r., 76 r., 79, 81,
82 l., 82 r., 86, 92, 97, 99, 101, 105, 107, 108, 109, 110 o.r., 113 o., 115,
116 r., 116 M., 117 l., 117 r., 118 M., 118 r., 122 o., 127 r., 129 l., 132,
133 o., 133 u.l., 133 u.M., 133 u.r., 134 o.l., 134 o.M., 134 o.r., 134 u.M.,
134 u.r., 135 o.l., 135 o.M., 135 o.r.
Bildarchiv Sammer, Neuenkirchen: 8, 11, 13, 15 l., 16, 26 o.l., 26 u.l., 26
u.r., 33 M., 34, 40, 43, 48 l., 55 r., 56 l., 56 r., 58, 65 M., 68, 73, 74 l., 75
u., 78 u., 80 o. r., 103 l., 103 r., 112 u., 116 l., 124 l., 129 r., 131, 134 u.l.,
137 o., 143 u.l.
Paul Seitz, Stadtallendorf: 10 u., 20, 27, 29 r., 33 r., 35 o., 35 u., 49 u.l.,
51 l., 59, 63 o., 69, 72 M., 72 o., 72 u., 74 M., 77 l., 77 r., 78 o., 80, 84 u.l.,
84 u.r., 98, 110 o.l., 113 u., 119, 127 l.
Siegfried Stein, Vastorf: 110 u.l., 110 u.r., 111 o.l., 111 o.r., 112 o.
Robert Sulzberger, Freising: 71, 87, 111 u., 113 M.
Sulzberger/Kopp, Freising: 124 r.
Wolf Geräte GmbH, Betzdorf: 140
Jürgen Wolff, Gengenbach: 14 o., 25 o., 37, 48 r., 52, 54, 60, 65 l., 76 o.,
89, 106 u., 143 o.

Mit 37 Farbzeichnungen von
Johannes-Christian Rost, Stuttgart: 18–19, 23, 138–139
alle anderen von Horst Lünser, Berlin

Die Chromatest-Bilder stammen vom Autor.

Umschlaggestaltung von Atelier Reichert, Stuttgart, unter Verwendung von
zwei Farbfotos von Robert Sulzberger, Freising (Titelbild) und Eberhard Morell,
Dreieich

Die Deutsche Bibliothek – CIP-Einheitsaufnahme

Kompost und Boden / Paul Seitz. [In Zusammenarbeit mit
„Mein schöner Garten"]. – Stuttgart : Franckh-Kosmos, 1994
(Kosmos-Garten-Bibliothek)
ISBN 3-440-06670-3
NE: Seitz, Paul

Alle Angaben in diesem Buch sind sorgfältig geprüft und geben den
neuesten Wissensstand bei der Veröffentlichung wieder. Da sich das
Wissen aber laufend in rascher Folge weiterentwickelt und vergrößert,
muß jeder Anwender prüfen, ob die Angaben nicht durch neuere
Erkenntnisse überholt sind. Dazu muß er zum Beispiel Beipackzettel zu
Dünge-, Pflanzenschutz- bzw. Pflanzenpflegemitteln lesen und genau
befolgen sowie Gebrauchsanweisungen und Gesetze beachten.

© 1994, Franckh-Kosmos Verlags-GmbH & Co., Stuttgart
Alle Rechte vorbehalten
ISBN 3-440-06670-3
Lektorat: Bärbel Oftring
Herstellung, Satz u. Lithografie: Concept GmbH, Höchberg bei Würzburg
Printed in Italy/Imprimé en Italie
Druck und buchbinderische Verarbeitung: Printer Trento S.r.l., Trento